스마트폰 센서로 신나는 플레이 앱 메이킹

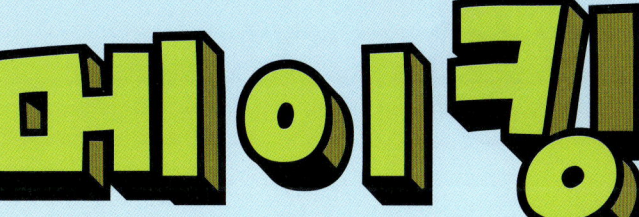

초판 발행일 | 2019년 6월 25일
지은이 | 창의콘텐츠연구소
펴낸이 | 박재영
총편집인 | 이준우
기획진행 | 김미경

㈜해람북스   **주소** | 서울시 마포구 양화로 125, 8층 (서교동, 경남관광빌딩)
문의전화 | 02-6337-5419   팩스 02-6227-1334
홈페이지 | http://www.hrbooks.co.kr

발행처 | ㈜에듀파트너   **출판등록번호** | 제2016-000047호

ISBN 979-11-88450-35-0

이 책은 저작권법에 따라 보호받는 저작물이므로 무단전재와 무단복제를 금지하며,
이 책 내용의 전부 또는 일부를 이용하려면 반드시 저작권자와 ㈜에듀파트너의 서면동의를 받아야 합니다.

※ 잘못된 책은 바꾸어 드립니다.
※ 책 가격은 뒷면에 있습니다.

게임 캐릭터 소개

난 세상에서 제일 빠른 손가락을 가졌지! 못 믿겠다고?
그럼 나랑 한 번 겨뤄볼래? 그럼 믿게 될 거야!

배가 고파서 물건을 좀 훔쳤는데, 맨홀 아래 갇혀버렸어!
어서 날 좀 꺼내줘!

난 화장실이 너무 좋아! 근데 우리를 다 잡고 화장실을 청소한다고?
그래도 우린 분신 능력이 있으니까! 누가 이기나 겨뤄볼까?

난 빵을 너무 좋아해! 그래서 밤낮 없이 빵을 먹었더니 이렇게
살이 쪄버렸어! 근데 일곱 난쟁이들이 살을 빼라고 날 헬스장에
가둬버렸지 뭐야. 빨리 살을 빼서 빵을 먹고 말 거야!

우린 그냥 심심해서 나온 건데 너무 멀리 나왔나봐. 집에 가는 길을 모르겠어. 그래도 다행히 우리가 오면서 과자랑 사탕을 떨어뜨려 놨는데 그걸 따라가면 금방 집에 도착할 수 있을 거야!

우리 몬스터는 인간 몰래 세상에 숨어 살고 있지. 그러던 어느 날 인간들이 우릴 잡아가기 시작했어! 내 친구를 놓아줘!

난 이 지겨운 성을 하루라도 빨리 탈출하고 싶어! 근데 미로가 너무 복잡해서 성을 탈출하는 게 쉽지 않아. 내가 성을 탈출할 수 있도록 도와줄래?

난 미세먼지로 더러워진 창문을 닦는 일을 하고 있어. 어서 미세먼지가 사라졌으면 좋겠어!

차례

Part 1 앱 인벤터 너 뭐야!   007

Chapter 01. 앱 인벤터2 알아보기   008
1. '앱 인벤터2' 접속하기   009
2. '앱 인벤터2' 화면 구성 알아보기   011
3. '프로젝트' 저장하기   014
4. 앱 QR 코드로 설치하기   017

척척박사의 퀴즈 타임!   020

Part 2 두다다다! 이 손은 뭐지?   021

Chapter 02. 번개보다 빠른 내 손가락   022
1. 스크린 디자인하기   023
2. 컴포넌트 속성 변경하기   027
3. 앱 정보 확인하기   031
4. 블록 코딩하기   032

척척박사의 퀴즈 타임!   038

Chapter 03. 장화 신은 고양이를 잡아라!   039
1. 스크린 디자인하기   040
2. 컴포넌트 속성 변경하기   043
3. 앱 정보 확인하기   047
4. 블록 코딩하기   048

척척박사의 퀴즈 타임!   053

Chapter 04. 징그러운 파리를 잡아줘!   054
1. 스크린 디자인하기   055
2. 컴포넌트 속성 변경하기   059
3. 앱 정보 확인하기   063
4. 블록 코딩하기   064

척척박사의 퀴즈 타임!   072

Part 3 흔들어봐! 쉐킷쉐킷 다이어트   073

Chapter 05. 화면 디자인하기   074
1. 스크린 디자인하기   075
2. 컴포넌트 속성 변경하기   078

척척박사의 퀴즈 타임!   082

Chapter 06. '초기화' 코딩하기   083
1. 앱 정보 확인하기   084
2. 블록 코딩하기   085

척척박사의 퀴즈 타임!   091

CONTENTS

Chapter 07. '타이머' 코딩하기 — 092
   1. 블록 코딩하기 — 093
   척척박사의 퀴즈 타임! — 099

Chapter 08. '가속도 센서' 코딩하기 — 100
   1. 블록 코딩하기 — 101
   척척박사의 퀴즈 타임! — 108

Part 4 여기로 슉! 저기로 슉! 냠냠 과자 먹기 — 109

Chapter 09. 화면 디자인하기 — 110
   1. 스크린 디자인하기 — 111
   2. 컴포넌트 속성 변경하기 — 115
   척척박사의 퀴즈 타임! — 119

Chapter 10. '초기화' 코딩하기 — 120
   1. 앱 정보 확인하기 — 121
   2. 블록 코딩하기 — 122
   척척박사의 퀴즈 타임! — 127

Chapter 11. '과자' 코딩하기 — 128
   1. 블록 코딩하기 — 129
   척척박사의 퀴즈 타임! — 134

Chapter 12. '자이로 센서' 코딩하기 — 135
   1. 블록 코딩하기 — 136
   척척박사의 퀴즈 타임! — 142

Part 5 딱 걸렸어! 교실 속 몬스터를 찾아라! — 143

Chapter 13. 화면 디자인하기 — 144
   1. 스크린 디자인하기 — 145
   2. 컴포넌트 속성 변경하기 — 149
   척척박사의 퀴즈 타임! — 153

Chapter 14. '초기화' 코딩하기 — 154
   1. 앱 정보 확인하기 — 155
   2. 블록 코딩하기 — 156
   척척박사의 퀴즈 타임! — 162

Chapter 15. '타이머' 코딩하기 — 163
   1. 블록 코딩하기 — 164
   척척박사의 퀴즈 타임! — 169

CONTENTS

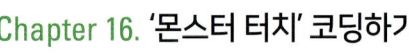

Chapter 16. '몬스터 터치' 코딩하기	**170**
1. 블록 코딩하기	171
척척박사의 **퀴즈 타임!**	177

Part 6. 요리조리 미로 탈출하기   179

Chapter 17. 화면 디자인하기	**180**
1. 스크린 디자인하기	181
2. 컴포넌트 속성 변경하기	185
척척박사의 **퀴즈 타임!**	190
Chapter 18. '초기화' 코딩하기	**191**
1. 앱 정보 확인하기	192
2. 블록 코딩하기	193
척척박사의 **퀴즈 타임!**	199
Chapter 19. '충돌' 코딩하기	**200**
1. 블록 코딩하기	201
척척박사의 **퀴즈 타임!**	207
Chapter 20. '타이머' 코딩하기	**208**
1. 블록 코딩하기	209
척척박사의 **퀴즈 타임!**	216

Part 7. 쓱싹쓱싹 창문 닦기   217

Chapter 21. 화면 디자인하기	**218**
1. 스크린 디자인하기	219
2. 컴포넌트 속성 변경하기	223
척척박사의 **퀴즈 타임!**	227
Chapter 22. '초기화' 코딩하기	**228**
1. 앱 정보 확인하기	229
2. 블록 코딩하기	230
척척박사의 **퀴즈 타임!**	233
Chapter 23. '근접 센서' 코딩하기	**234**
1. 앱 정보 확인하기	235
척척박사의 **퀴즈 타임!**	238
Chapter 24. '타이머' 코딩하기	**239**
1. 블록 코딩하기	240
척척박사의 **퀴즈 타임!**	242

척척박사의 **퀴즈 타임! 정답**	244

Part 01

[앱 인벤터2 소개]

앱 인벤터 너 뭐야!

Chapter 01
앱 인벤터2 알아보기

앱 인벤터2 알아보기

- 앱 인벤터2 접속 방법을 알아봅니다.
- 앱 인벤터2 화면 구성을 알아봅니다.
- 파일을 저장하고 불러옵니다.
- 제작한 'apk' 파일을 다운받습니다.
- 앱('App')을 설치해 봅니다.

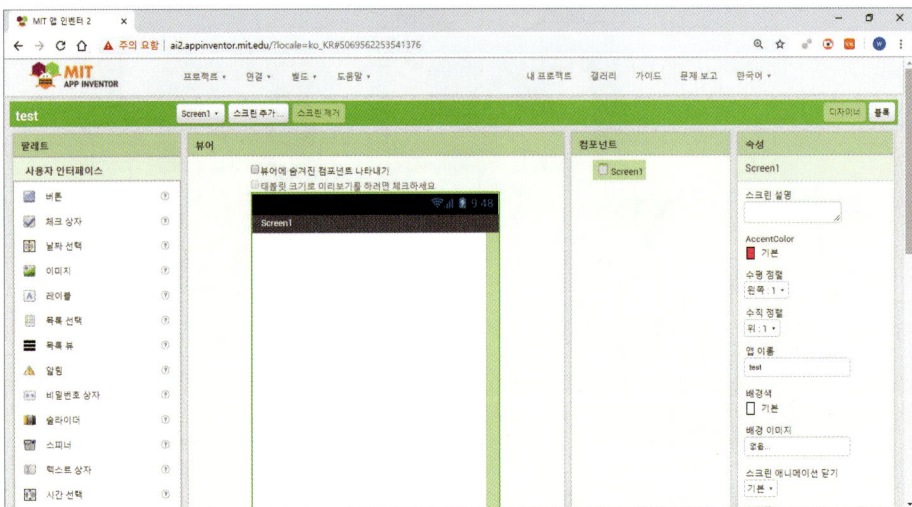

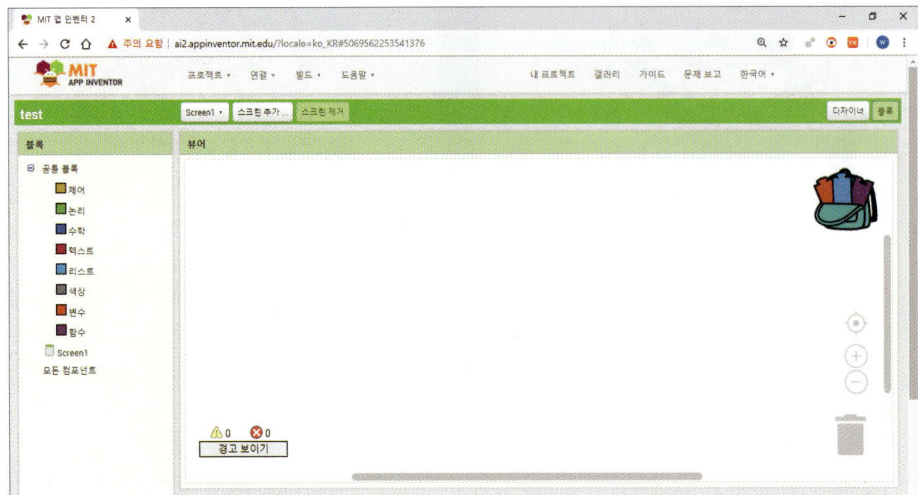

▲ 디자이너 화면과 블록 화면

 **'앱 인벤터2' 접속하기**

 척척박사님! '앱 인벤터2' 프로그램은 어떻게 접속할 수 있나요?

1️⃣ '앱 인벤터2'는 구글 크롬 브라우저에서 사용할 수 있는 온라인 프로그램입니다. 크롬(◉)을 실행한 후 '앱 인벤터2'를 검색합니다. 검색창이 열리면 'MIT App Inventor2'를 클릭하여 사이트에 접속합니다.

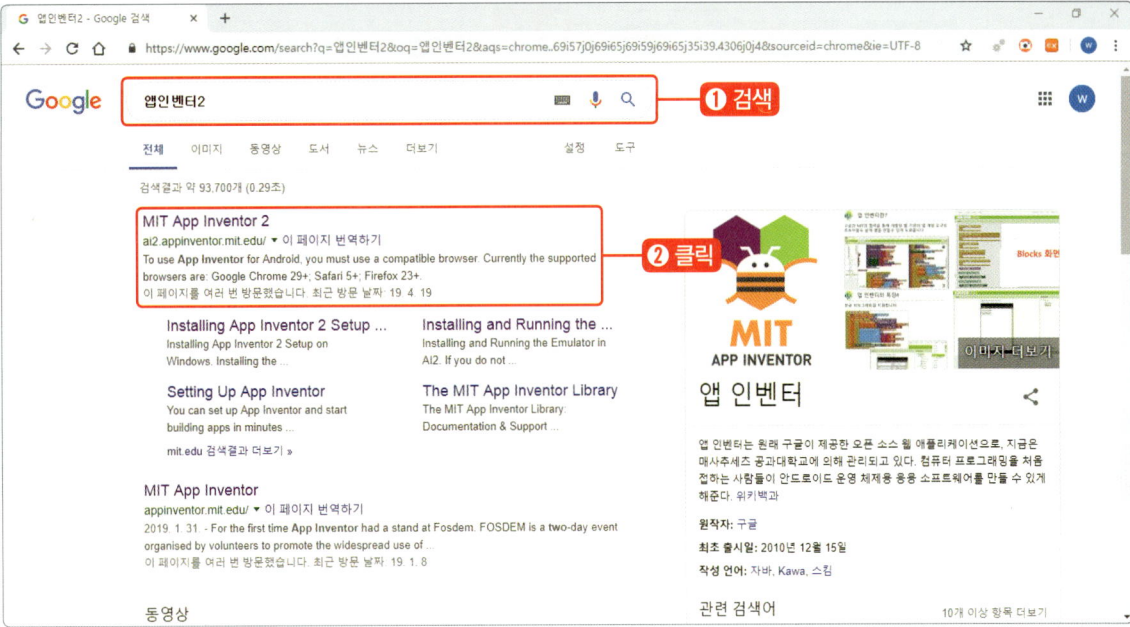

2️⃣ '앱 인벤터2'는 구글 아이디만 있으면 가입 없이 로그인할 수 있습니다. 'MIT App Inventor2' 창이 열리면 구글 아이디로 로그인한 후 열린 창에서 'I accept the terms of service!' 버튼을 클릭합니다.

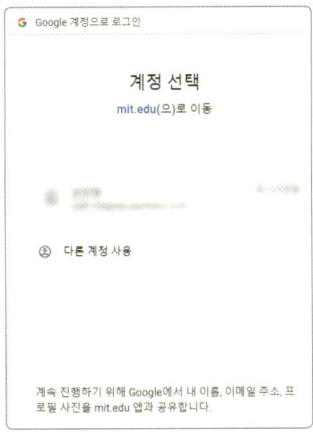 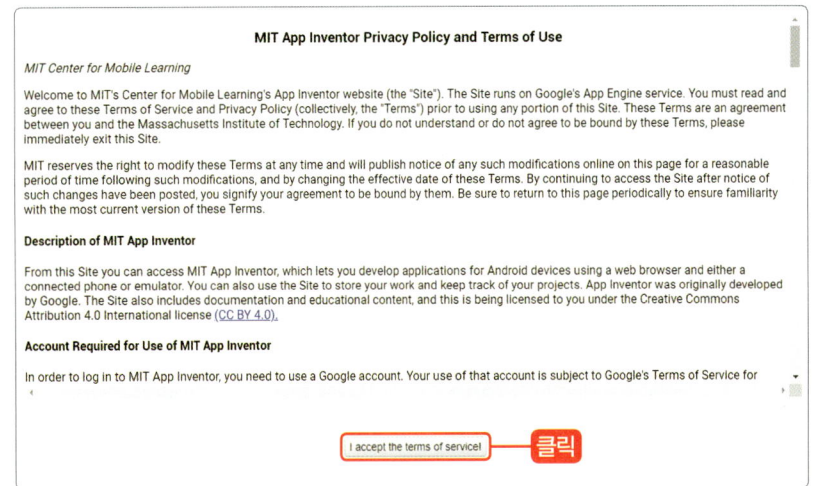

3 'Welcome to App Inventor!' 대화상자가 열리면 세 번째 'Never Take Survey' 버튼을 눌러 설문조사 창을 닫고, 이어서 'Welcome to App Inventor' 대화상자가 열리면 왼쪽 하단의 'Continue' 버튼을 클릭하여 창을 닫습니다.

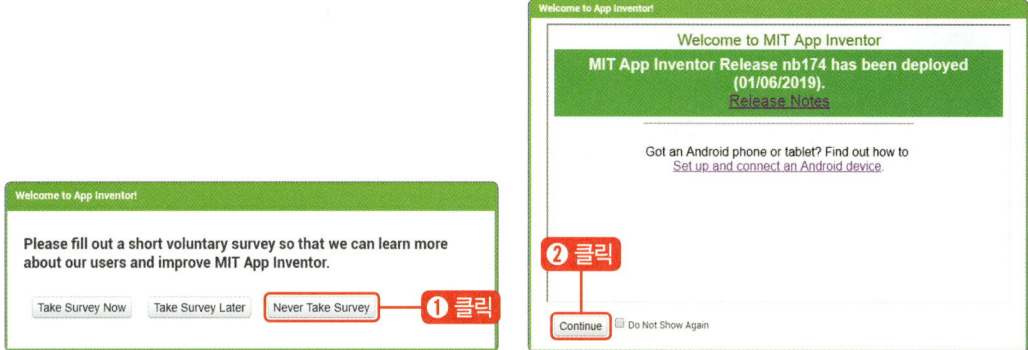

4 '앱 인벤터2'에 접속한 후 언어를 바꾸기 위해 상단 메뉴 중 [English]를 클릭한 후 '한국어'를 클릭합니다.

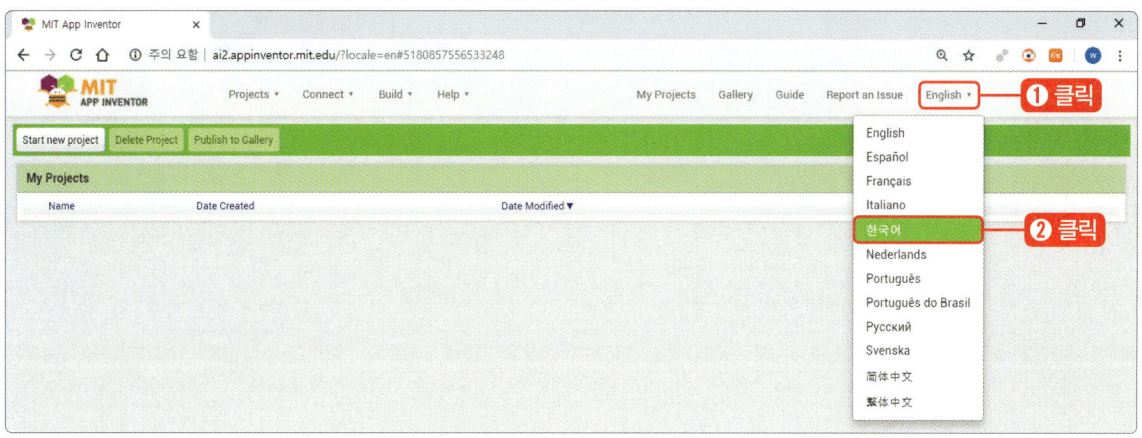

5 새 프로젝트를 생성하기 위해 상단 메뉴 중 [프로젝트]의 [새 프로젝트 시작하기]를 클릭합니다. [새 앱 인벤터 프로젝트 생성] 대화상자가 열리면 '프로젝트 이름'에 "test"를 입력하고 [확인] 버튼을 클릭합니다.

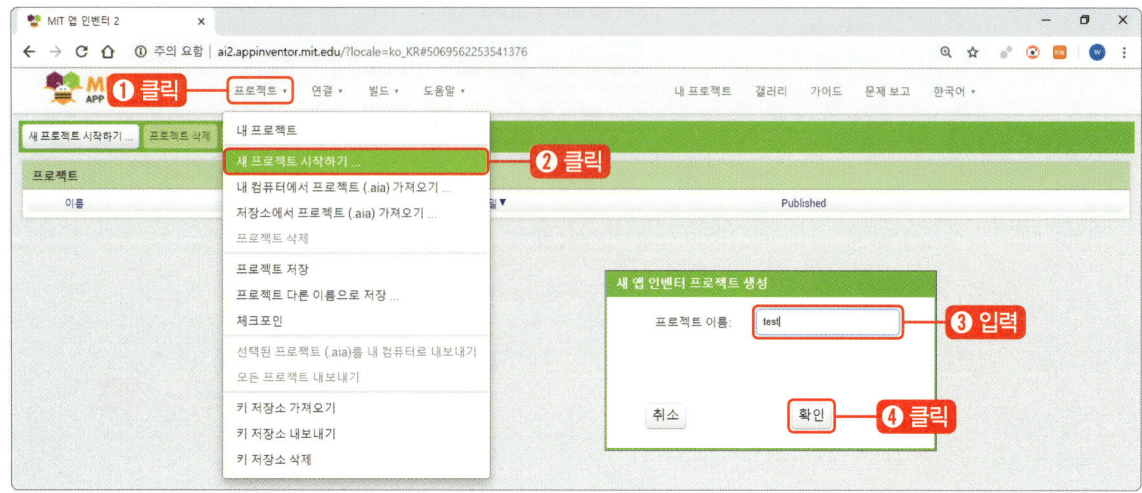

 '앱 인벤터2' 화면 구성 알아보기

 척척박사님! '앱 인벤터2'에 접속은 했는데 뭐가 뭔지 하나도 모르겠어요.

1 '앱 인벤터2'의 '디자이너' 화면 구성을 확인합니다.

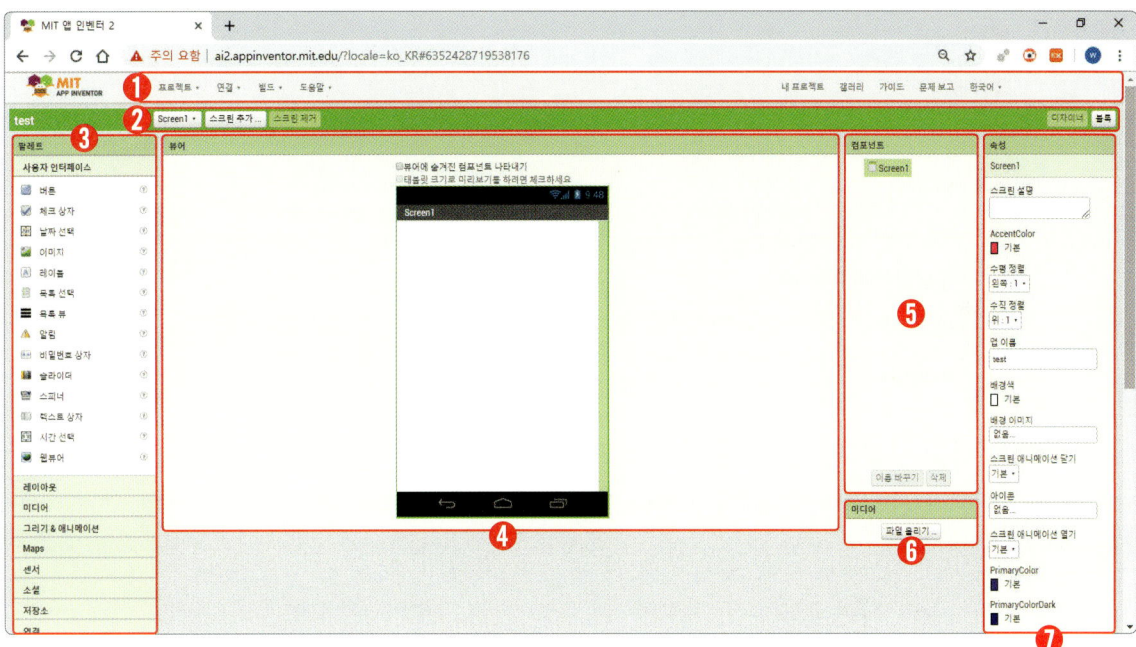

❶ **메뉴** : 프로젝트 생성, 프로젝트 저장, apk 생성, 언어 등을 설정합니다.
❷ **화면 이동** : 스크린 추가/삭제/이동, 디자이너 화면/블록 코딩 화면으로 이동할 수 있습니다.
❸ **팔레트** : 앱('App') 개발에 필요한 컴포넌트가 모여 있습니다.
❹ **뷰어** : 앱('App')이 실행되었을 때 보이는 화면을 디자인할 수 있습니다.
❺ **컴포넌트** : 사용한 컴포넌트가 기록되는 곳으로, 이름을 변경할 수 있습니다.
❻ **미디어** : 앱에 필요한 이미지나 음악을 추가할 수 있습니다.
❼ **속성** : 컴포넌트의 속성을 변경할 수 있습니다.

2 [팔레트]에는 앱('App')의 화면을 디자인할 수 있는 컴포넌트가 모여 있습니다. 각 컴포넌트 그룹마다 어떤 기능이 포함되어 있는지 확인해 봅니다.

❶ 뷰어를 꾸밀 수 있는 기본 컴포넌트가 모여 있습니다.

❷ 컴포넌트를 정렬할 때 사용합니다.

❸ 카메라나 소리, 음성 기능 등을 사용할 수 있습니다.

❹ 앱('App') 화면에서 움직임을 줄 수 있는 컴포넌트가 모여 있습니다.

❺ 지도와 관련된 컴포넌트가 모여 있습니다.

❻ 스마트폰의 센서를 활용할 수 있는 컴포넌트가 모여 있습니다.

❼ 정보 공유 기능을 가진 컴포넌트가 모여 있습니다.

❽ 저장과 관련된 컴포넌트가 모여 있습니다.

❾ 블루투스 기능으로 연결 기능이 필요한 컴포넌트가 모여 있습니다.

❿ 전자로봇을 제어할 때 사용하는 컴포넌트로 사용할 때는 미리 설정을 하고 사용해야 합니다.

3 '앱 인벤터2'의 '블록' 화면 구성을 확인합니다.

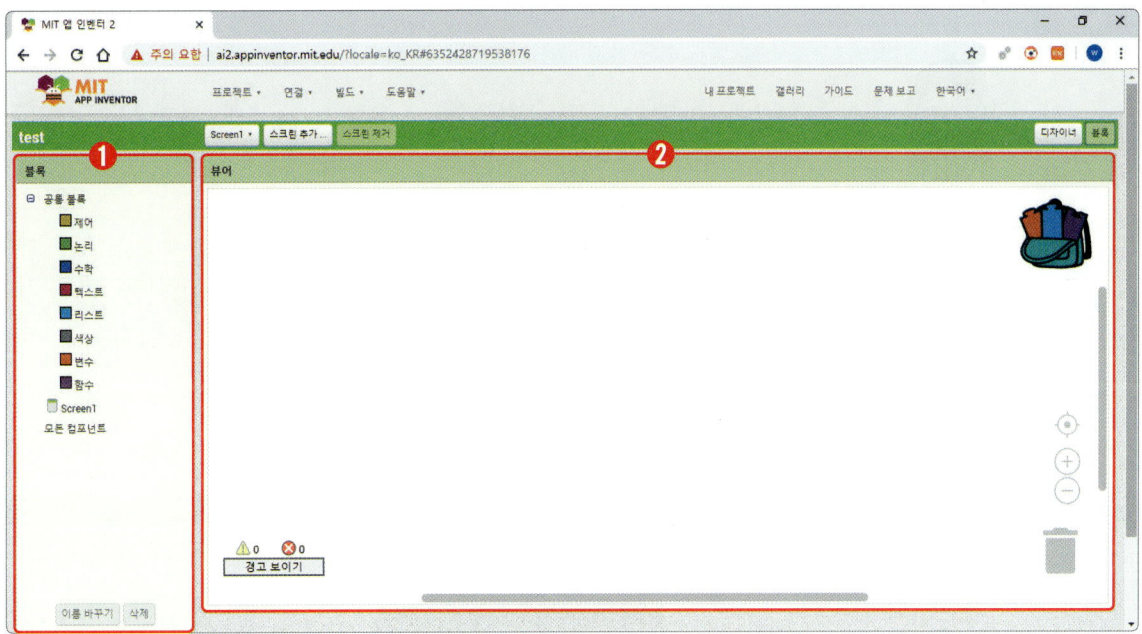

❶ 블록 모음 : 앱('App') 제작에 필요한 컴포넌트의 블록 목록을 확인할 수 있습니다.

❷ 뷰어 : 블록 모음에서 드래그한 블록을 조립하여 앱('App')의 동작을 코딩할 수 있습니다.

4 컴포넌트를 제어할 수 있는 공통 블록에는 어떤 블록들이 있는지 확인합니다.

❶ 기능을 컨트롤하는 블록들이 모여 있습니다.
❷ 논리적인 문제를 해결하는 블록들이 모여 있습니다.
❸ 사칙연산이나 수학과 관련된 블록들이 모여 있습니다.
❹ 텍스트를 표현할 수 있는 블록들이 모여 있습니다.
❺ 리스트를 만들고 사용할 수 있는 블록들이 모여 있습니다.
❻ 색상을 변경할 수 있는 색깔 블록들이 모여 있습니다.
❼ 변수를 만들어 사용할 수 있는 블록들이 모여 있습니다.
❽ 즐겨 사용하는 블록을 모아 놓을 수 있는 함수를 만드는 블록들이 모여 있습니다.

'앱 인벤터2'의 화면 구성과 컴포넌트의 성격을 기억하고 있으면 앱('App')을 제작할 때 도움이 될 거야!

'프로젝트' 저장하기

척척박사님! 앱('App')을 만들다가 다음에 다시 작업하고 싶으면 만들던 파일은 어떻게 해야 하나요?

1 '인사 버튼'을 누르면 "안녕하세요."라고 대답하는 간단한 앱('App')을 만들기 위해 [팔레트]의 [사용자 인터페이스] 그룹에서 '레이블'과 '버튼' 컴포넌트를 [뷰어]에 순서대로 드래그합니다.

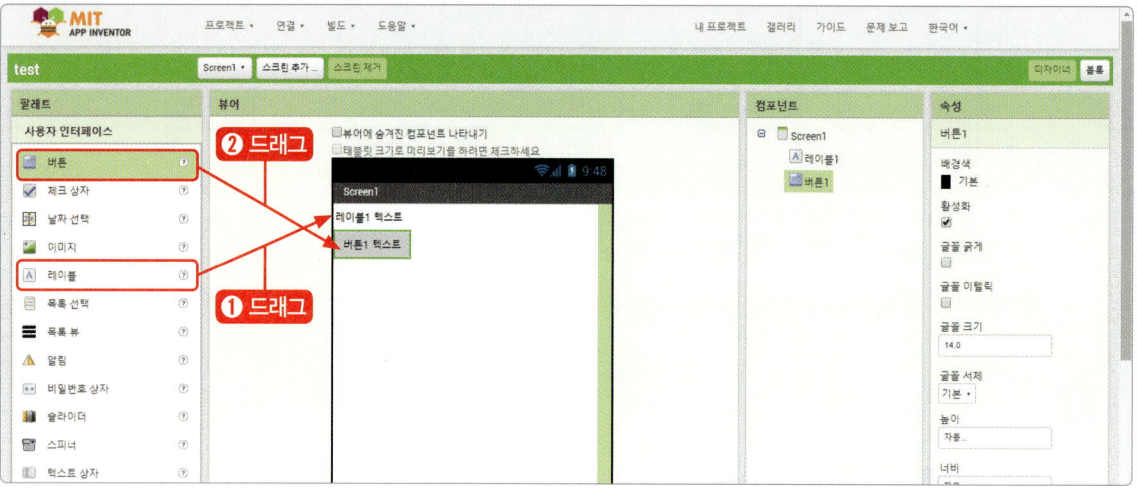

2 컴포넌트를 용도에 맞게 사용할 수 있도록 속성을 변경합니다. [컴포넌트] 창에서 '레이블1'을 선택하고 [속성]의 '텍스트'에 "준비"를 입력합니다. 이어서 [컴포넌트] 창에서 '버튼1'을 선택하고 '이름 바꾸기'를 클릭하여 '이름'을 "인사"로 변경한 후 [속성]의 '텍스트'에 "인사하기"를 입력합니다.

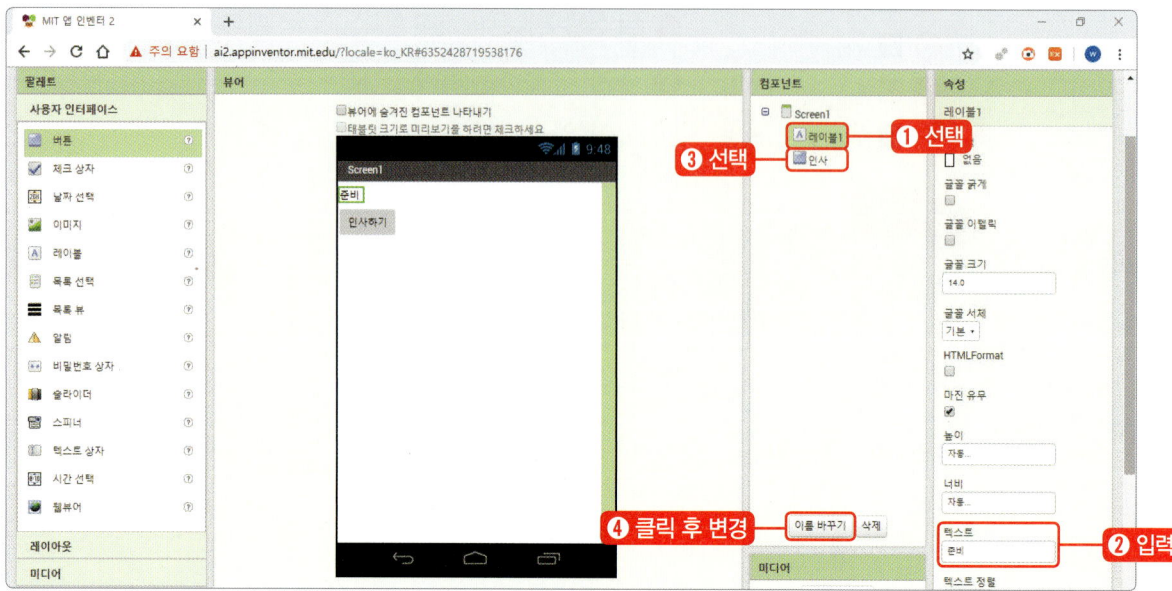

3 '인사' 버튼을 누르면 "안녕하세요."라고 메시지를 띄우기 위해 '블록' 화면으로 이동한 후 왼쪽 [블록]-[Screen1]-[인사]에서 [언제 인사 클릭 실행] 블록을 [뷰어]로 드래그 합니다.

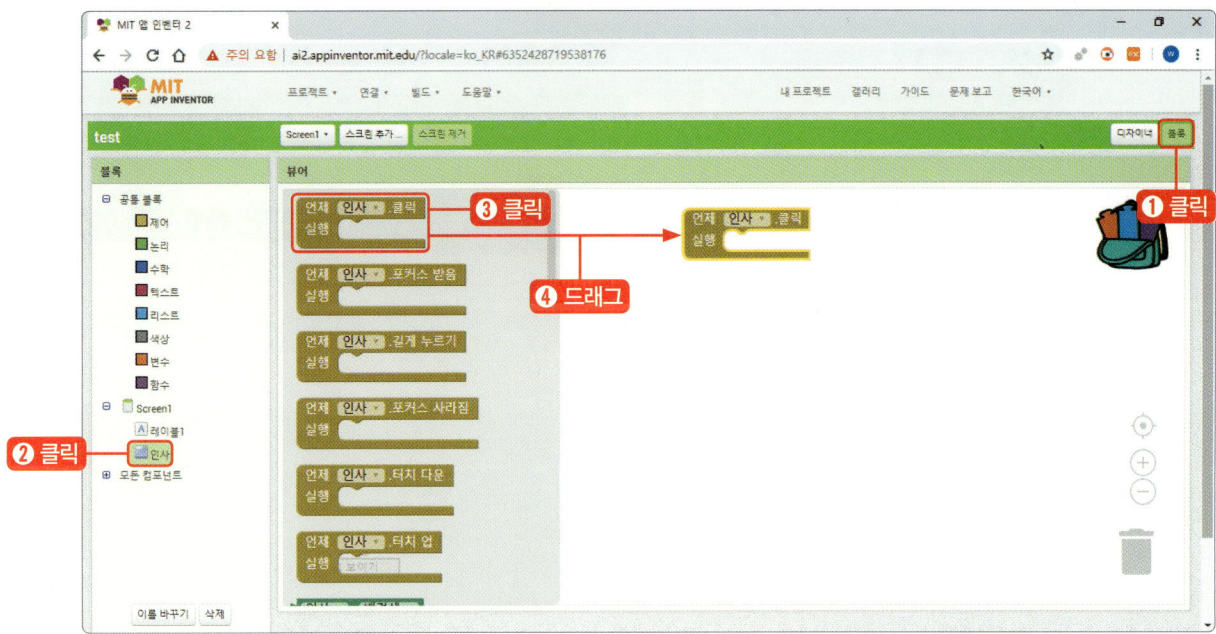

4 이어서 [블록]-[Screen1]-[레이블1]을 선택하여 [지정하기 레이블1 . 텍스트 값] 블록과 [블록]-[공통 블록]-[텍스트]에서 [" "] 블록을 불러와 "안녕하세요."를 입력한 후 조립하여 실행 블록 안쪽으로 끼워 넣습니다.

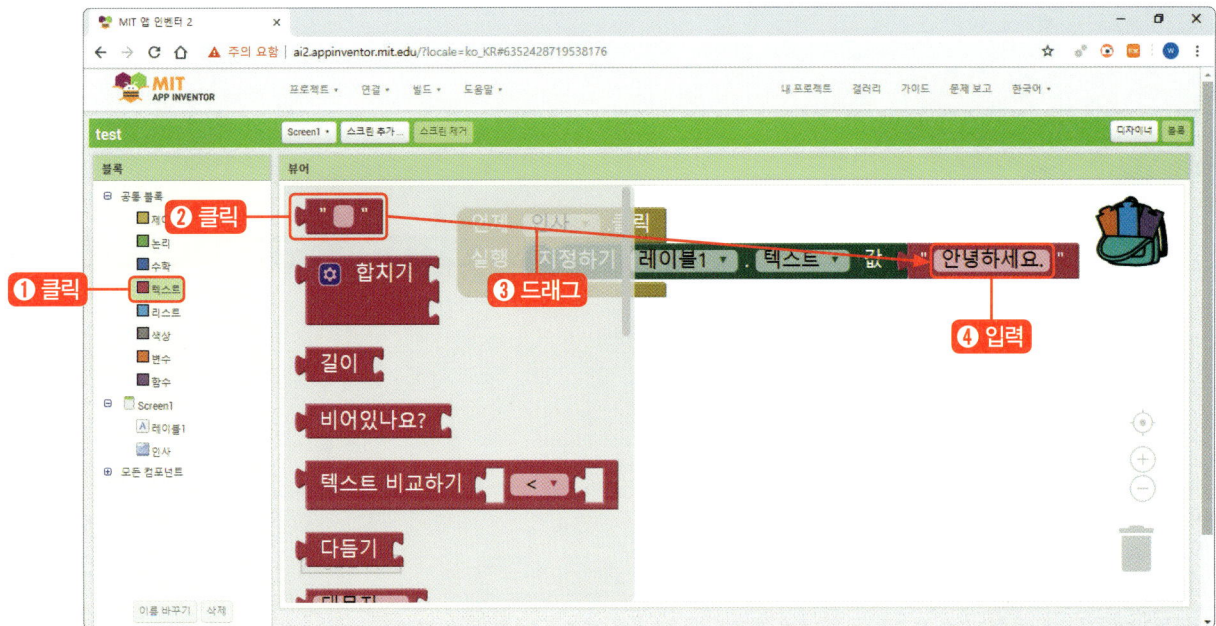

5 작업하던 '프로젝트'를 저장하기 위해 상단 도구의 [프로젝트]-[프로젝트 저장]을 클릭합니다.

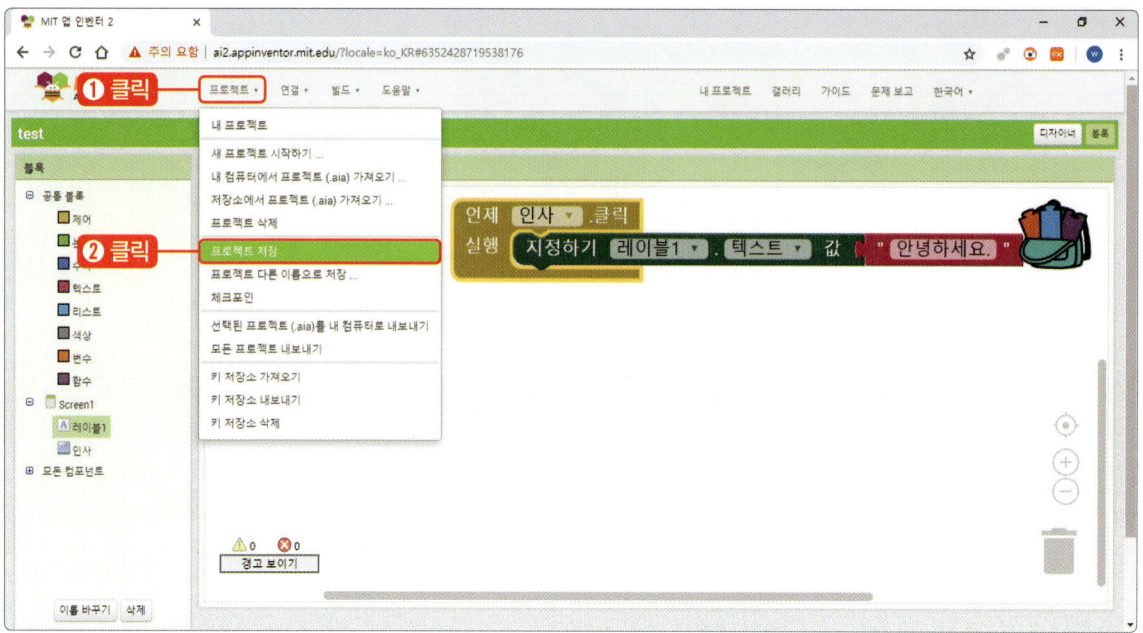

> **Tip**
> 작업하던 프로젝트를 온라인이 아닌 '내 컴퓨터'에 저장하고 싶다면 [프로젝트]-[선택된 프로젝트 (.aia)를 내 컴퓨터로 내보내기]를 클릭하면 돼!

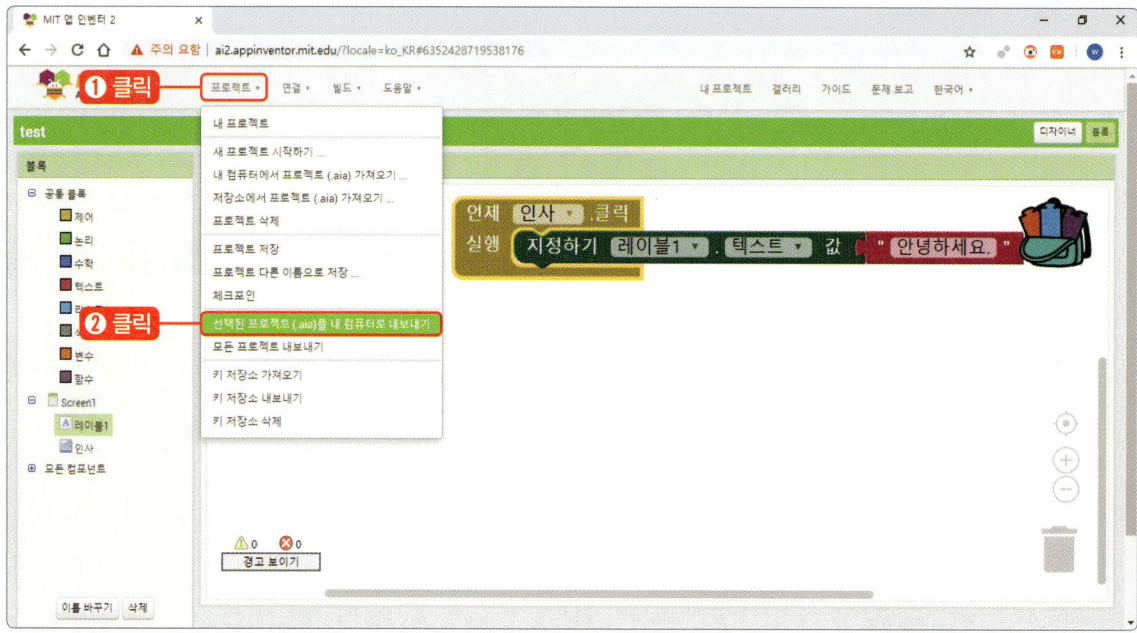

> **Tip**
> 반대로 외부에 있는 프로젝트 파일을 온라인으로 불러올 때는 [프로젝트]-[내 컴퓨터에서 프로젝트 (.aia) 가져오기]를 클릭하면 돼!

4 앱 QR 코드로 설치하기

척척박사님! 제작한 앱('App')을 스마트폰에 설치하려면 어떻게 해야 하나요?

1 스마트폰에서 'Play 스토어'를 실행시켜 'MIT AI2 Companion'을 검색한 후 앱('App')을 설치합니다.

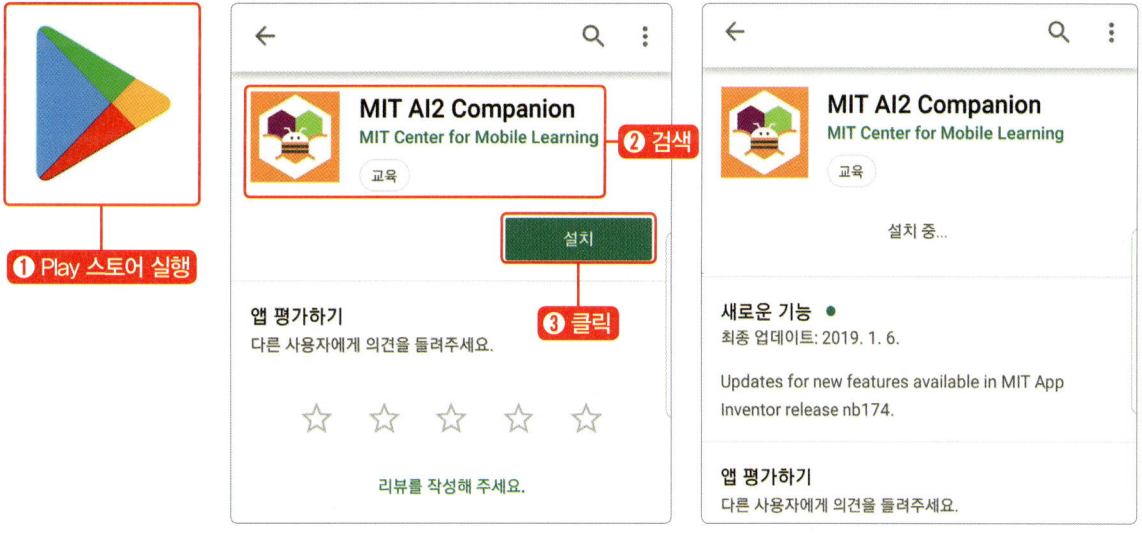

2 설치된 'MIT AI2 Companion' 앱('App')을 실행하여 'scan QR code'를 클릭합니다.

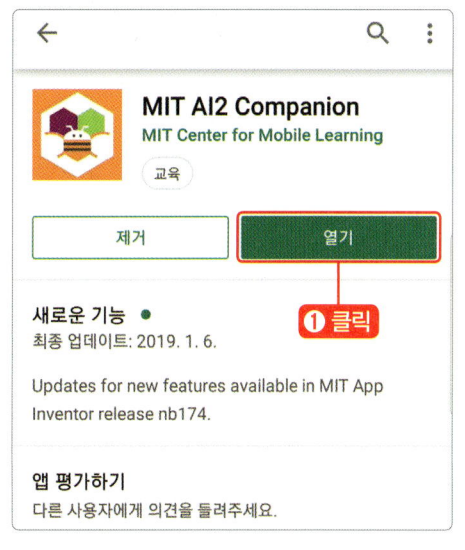
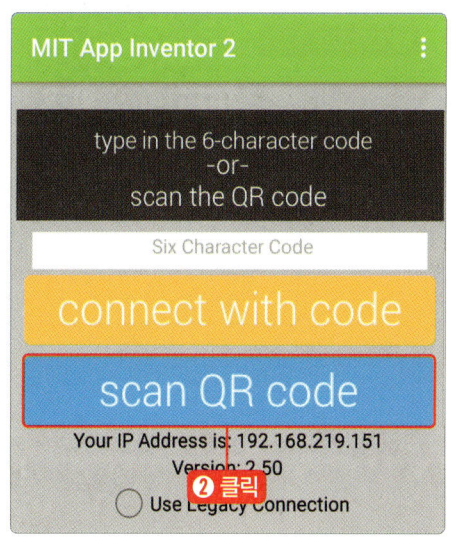

3 작업한 앱('App')의 QR 코드를 확인하기 위해 상단 메뉴의 [빌드]-[앱(.apk용 QR 코드 제공)]을 클릭합니다.

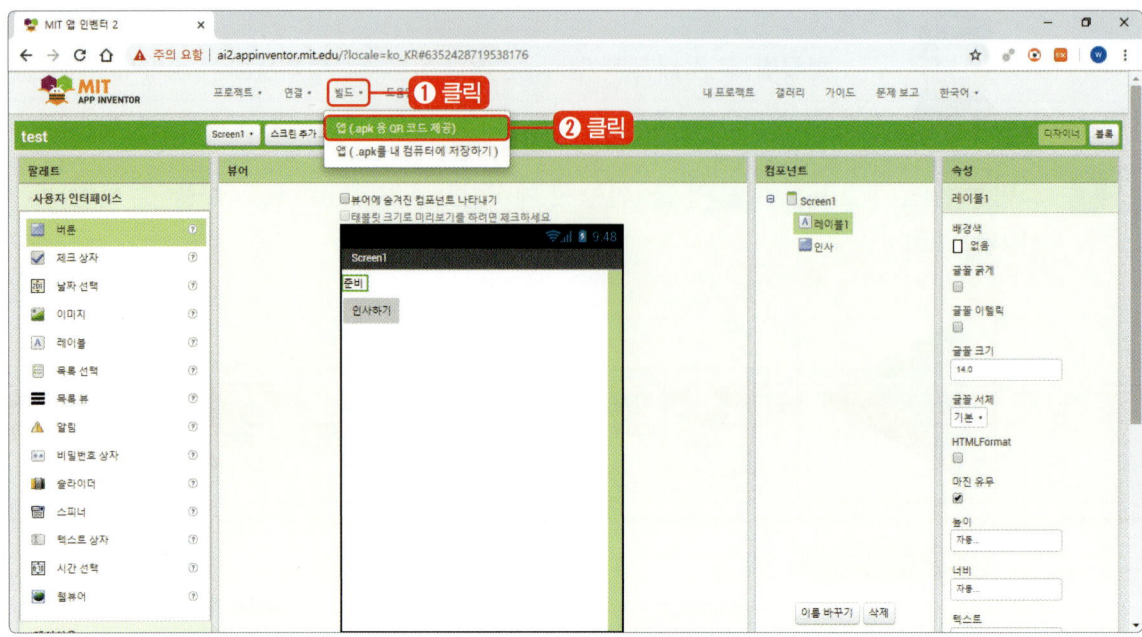

4 '앱 인벤터2'의 QR 코드를 찍어 'Six Character Code' 칸에 입력된 주소를 복사하여 인터넷 주소창에 붙여 넣습니다.

  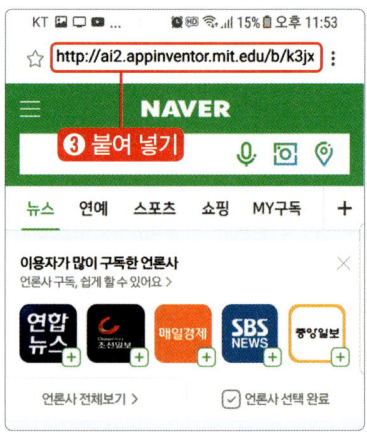

5 다음 그림과 같이 파일을 다운로드 하고 보안 설정한 후 앱('App')을 설치합니다.

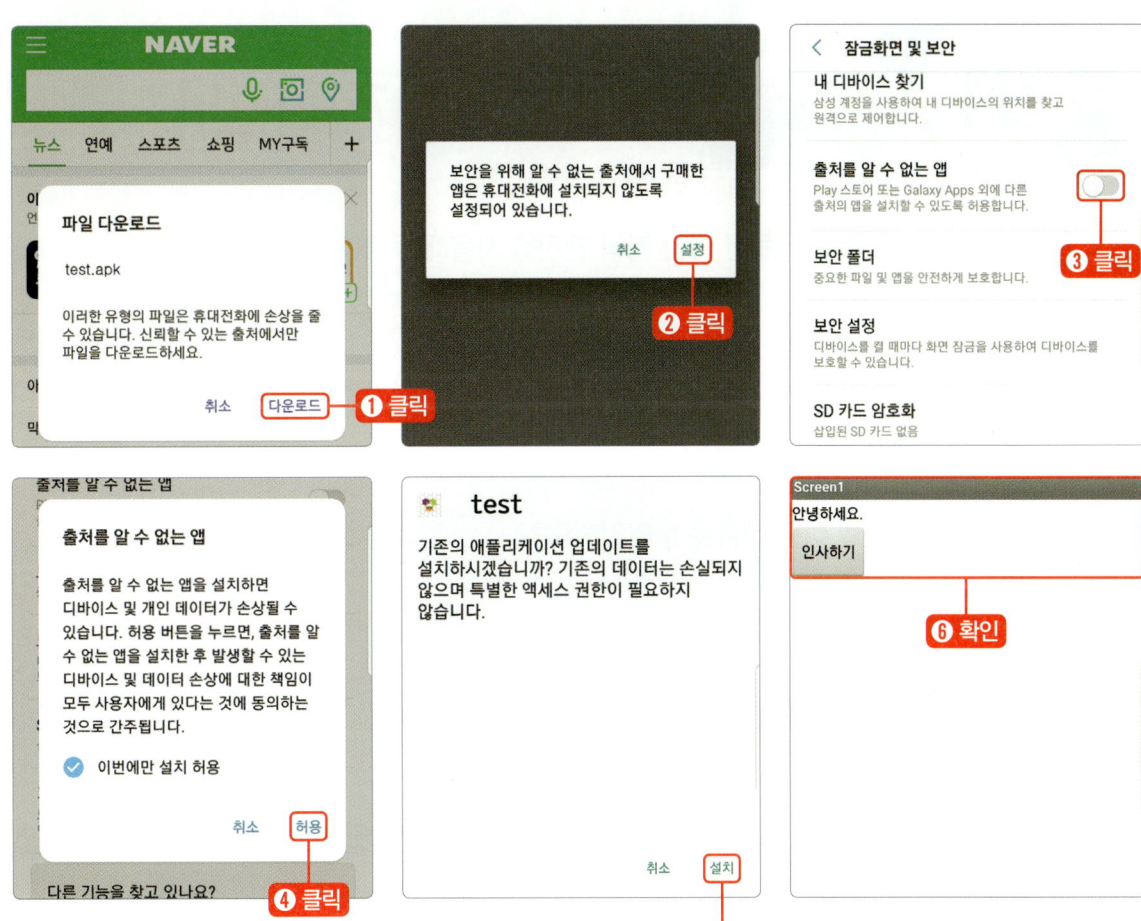

Chapter 01 척척박사의 퀴즈 타임!

01 '앱 인벤터2'를 사용하면 어떤 검색 엔진을 사용해야 하나요?

① 네이버 ② 구글 크롬
③ 다음 ④ 티스토리

02 '앱 인벤터2'의 어플 이름은 무엇일까요?

① MIT AI2 Companion ② Kakaotalk
③ YouTube ④ Chrome

03 작업하던 프로젝트를 저장하려면 [프로젝트]의 어느 메뉴를 클릭해야 하나요?

① 내 프로젝트 ② 새 프로젝트 시작하기
③ 체크포인 ④ 프로젝트 저장

04 외부에 있는 파일을 불러오려면 [프로젝트]의 어느 메뉴를 클릭해야 하나요?

① 불러오기 ② 내 프로젝트
③ 내 컴퓨터에서 프로젝트 (.aia) 가져오기 ④ 키 저장소 가져오기

05 작성하던 '프로젝트 (.aia)'를 외부에 저장하려면 [프로젝트]의 어느 메뉴를 클릭해야 하나요?

① 프로젝트 저장
② 선택된 프로젝트 (.aia)를 내 컴퓨터로 내보내기
③ QR code
④ 프로젝트 삭제

Part 02

[터치 센서]

두다다다! 이 손은 뭐지?

◆ 터체 센서는 스크린을 터치하면 터치한 위치의 정보 값을 받아들여 인식하는 센서입니다. 터치 스크린에는 저항막 방식과 정전용량 방식 2가지가 있는데, 저항막 방식은 화면에 압력을 주어 위치를 찾는 방식이고 정전용량 방식은 사람 몸에서 발생하는 정전기로 터치한 위치를 찾아내는 방식입니다. 멀티 터치가 필요한 스마트폰에서는 정전용량 방식을 사용하고 있습니다.

Chapter 02
번개보다 빠른 내 손가락

Chapter 03
장화 신은 고양이를 잡아라!

Chapter 04
징그러운 파리를 잡아줘!

Chapter 02 번개보다 빠른 내 손가락

- 핑크, 옐로우 버튼을 누르면 터치 횟수가 증가합니다.
- 배경음악을 실행합니다.
- 앱을 종료하거나 재시작할 수 있습니다.

▶ 예제 파일 : touch_speed.aia ▶ 중간 파일 : touch_speed_incomplete.aia ▶ 완성 파일 : touch_speed_complete.aia

• 게임 난이도 : ☆☆☆★★   • 진행 시간 : 30초   • 디자인 난이도 : ☆☆☆★★

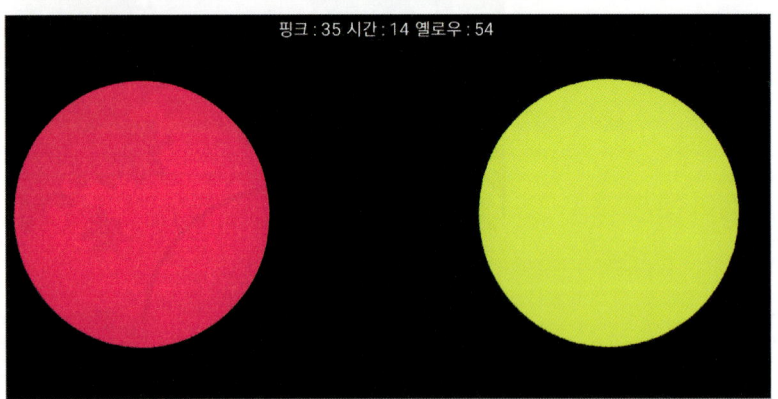

▲ 번개보다 빠른 내 손가락 디자인 완성 화면

영상 파일₩2강_번개보다 빠른 내 손가락.mp4   **영상 위치**

컴포넌트 스토리

❶ 캔버스 1개, 이미지 스프라이트 5개
❷ 수평배치 1개, 레이블 3개
❸ 플레이어 1개, 시계 1개

1 스크린 디자인하기

척척박사님! '번개보다 빠른 내 손가락' 앱('App') 디자인하는 방법을 빨리 알려주세요!

1 '크롬()'에서 '앱 인벤터2'를 검색한 후 'MIT App Inventor2'에 접속합니다. 상단 메뉴 중 [프로젝트]의 [내 컴퓨터에서 프로젝트 (.aia) 가져오기]를 클릭하여 예제 파일('touch_speed.aia')을 불러옵니다.

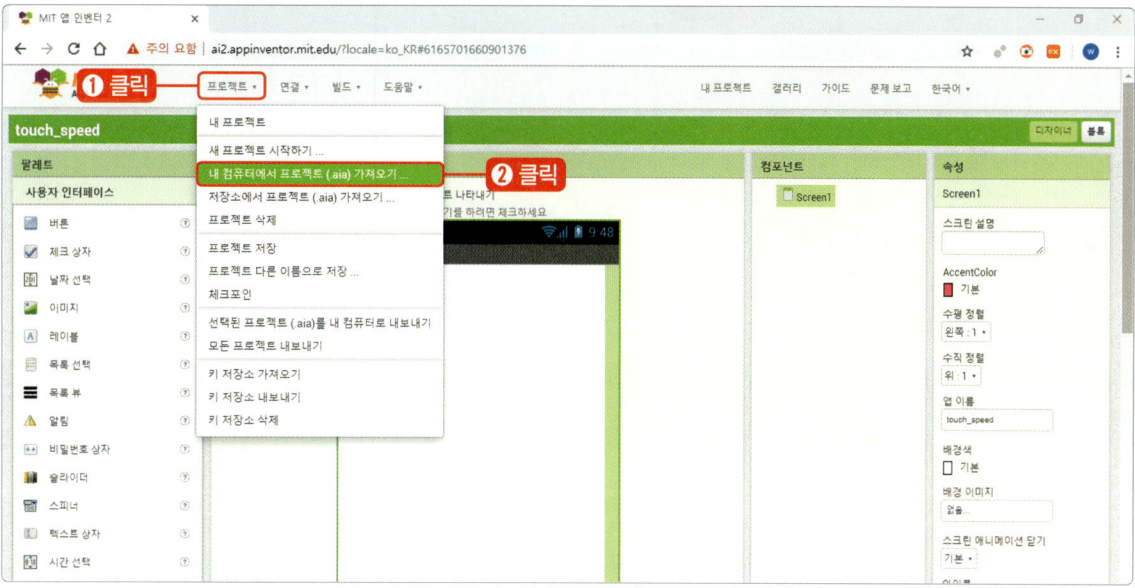

2 터치할 수 있는 배경을 만들기 위해 왼쪽 [팔레트]의 [그리기 & 애니메이션] 그룹에서 '캔버스' 컴포넌트를 [뷰어]로 드래그 합니다.

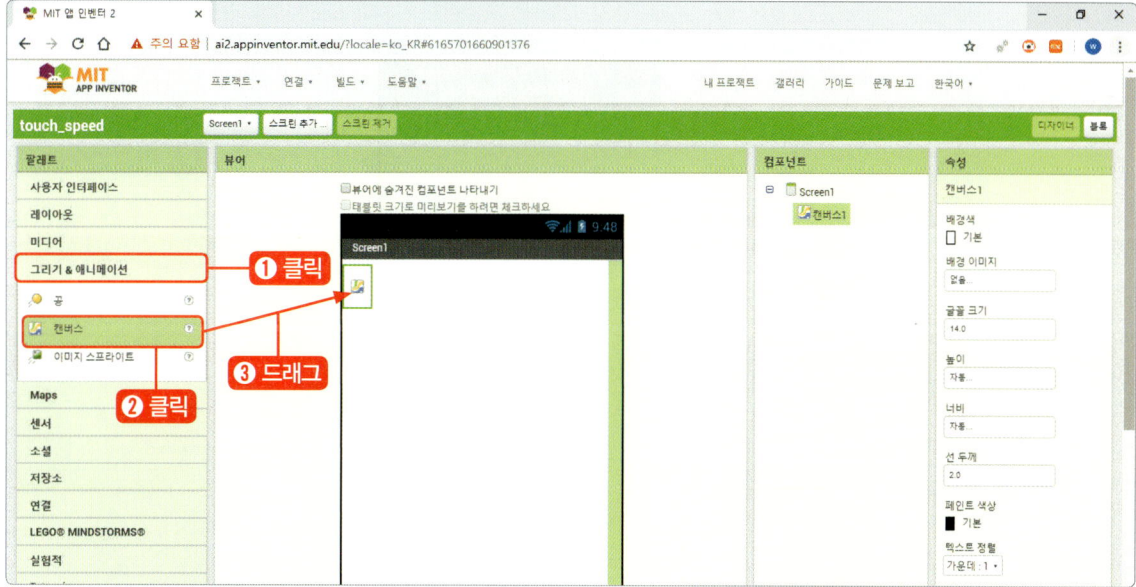

3 터치가 되는 '버튼'을 만들기 위해 [팔레트]의 [그리기 & 애니메이션] 그룹에서 '이미지 스프라이트' 컴포넌트를 [뷰어]의 '캔버스' 안쪽으로 드래그 합니다.

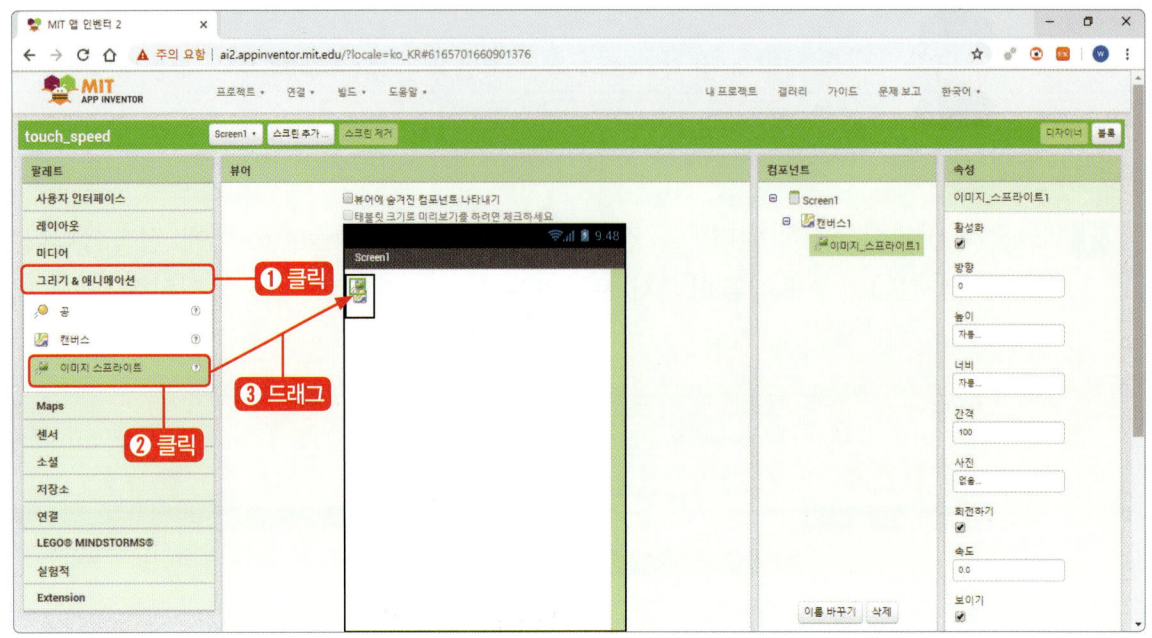

 Tip

'이미지 스프라이트' 컴포넌트는 캔버스 바깥쪽으로 드래그 하면 컴포넌트가 삽입되지 않고 사라져!

4 이어서 '버튼' 4개를 더 만들기 위해 동일한 방법으로 '캔버스' 안으로 '이미지 스프라이트'를 4개 더 드래그 하여 총 5개를 만듭니다.

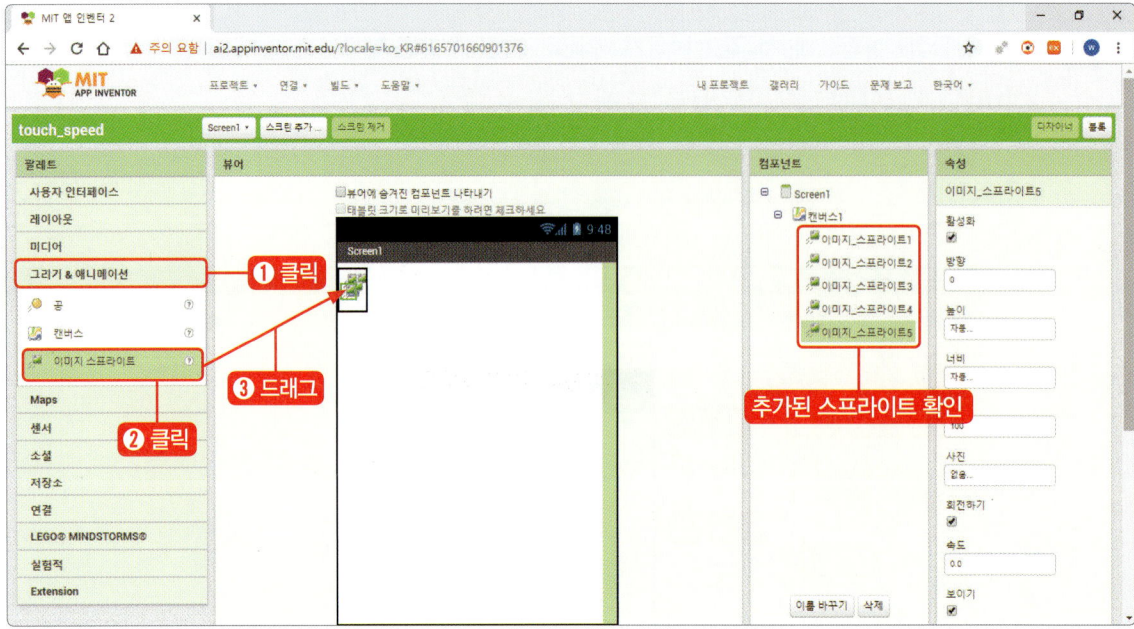

5 스마트폰 화면에 '시간'과 '횟수'를 한 줄에 표시하기 위해 [팔레트]의 [레이아웃] 그룹에서 '수평배치' 컴포넌트를 [뷰어]의 '캔버스' 위쪽으로 드래그 합니다.

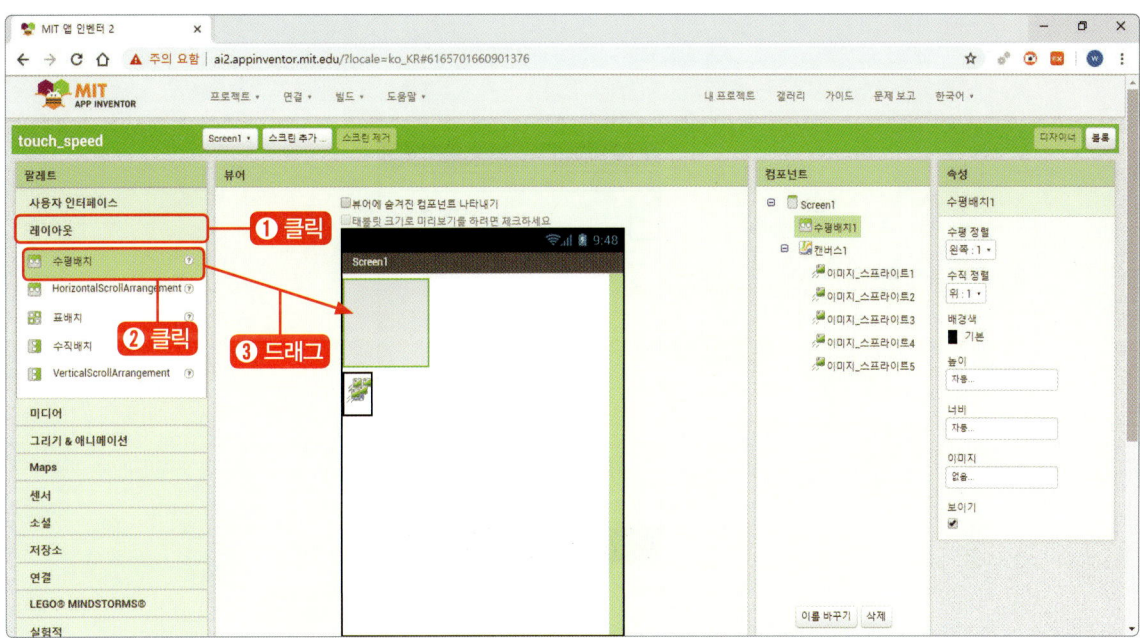

6 이어서 글자를 스마트폰 화면에 표시할 수 있도록 [팔레트]의 [사용자 인터페이스] 그룹에서 '레이블' 3개를 '수평배치1' 안쪽으로 드래그 합니다.

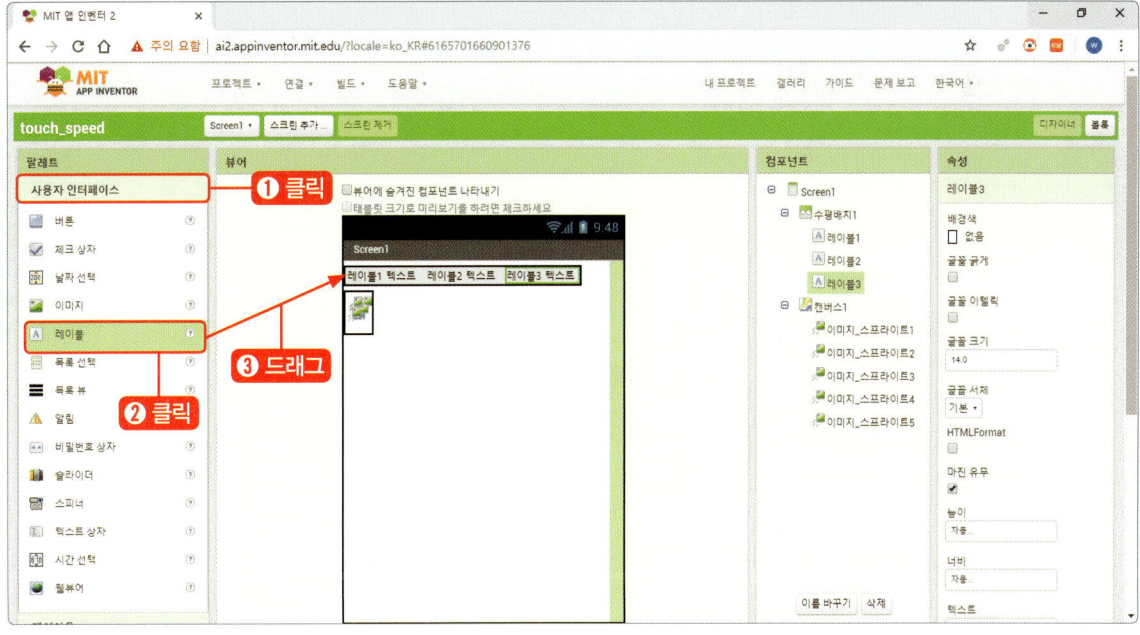

> **Tip**
> '레이블'은 제목이나 내용을 입력할 수도 있지만 앱('App')의 결과 값을 사용자에게 보여줄 때도 사용할 수 있어!

7 앱('App')이 실행되면 음악을 재생시키기 위해 [팔레트]의 [미디어] 그룹에서 '플레이어' 컴포넌트를 [뷰어]로 드래그 합니다.

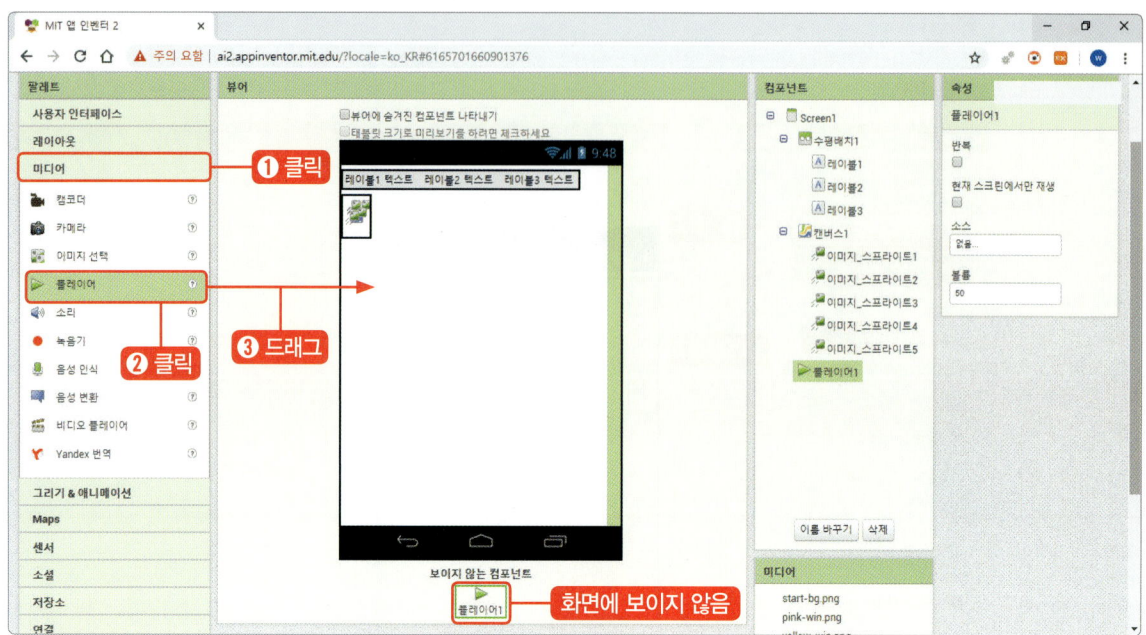

Tip

'보이지 않는 컴포넌트'는 스마트폰에 보여지는 컴포넌트가 아니고, 센서처럼 프로그램의 기능을 사용하기 위해서 필요한 컴포넌트야!

8 게임의 미션을 '시간'으로 컨트롤하기 위해 [팔레트]의 [센서] 그룹에서 '시계' 컴포넌트를 [뷰어]로 드래그 합니다.

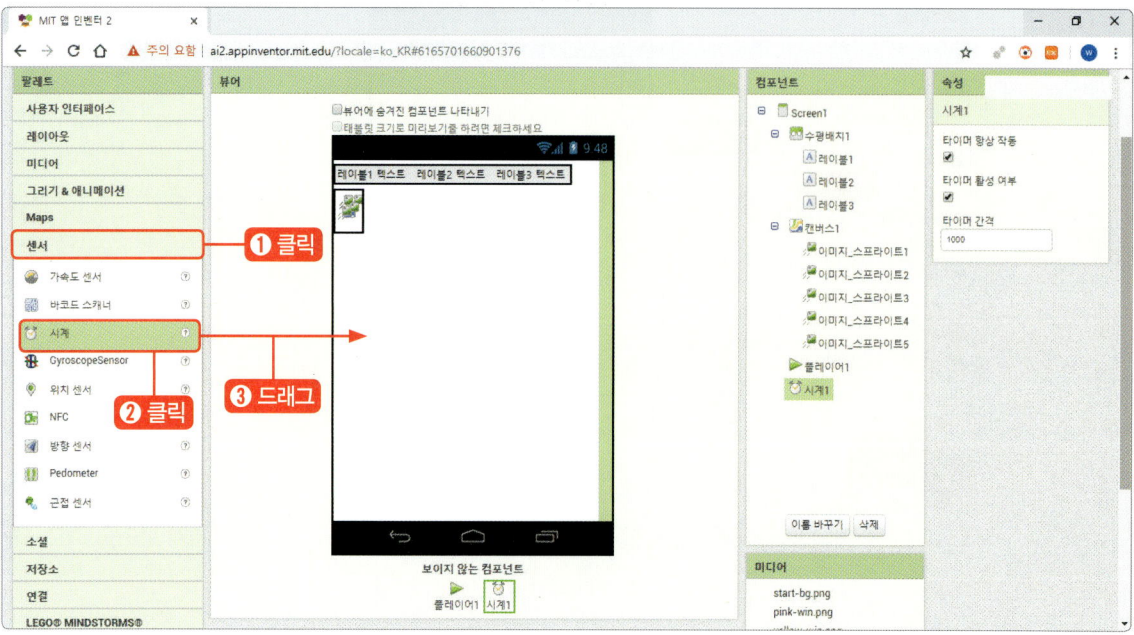

2 컴포넌트 속성 변경하기

'뷰어'로 옮긴 '컴포넌트'의 '속성'을 변경하여 디자인을 마무리해 볼까?

1 앱('App')의 아이콘 모양이나 화면 방향, 앱 제목 등을 정하기 위해 [컴포넌트] 창에서 'Screen1'을 선택한 후 속성을 변경해 봅니다.

Screen1

속성	❶ 수평 정렬	❷ 수직 정렬	❸ 앱 이름	❹ 배경색
변경	중앙 : 3	가운데 : 2	번개 손가락	검정
속성	❺ 아이콘	❻ 스크린 방향	❼ 크기	❽ 제목 보이기
변경	icon.png	가로	고정형	비활성화

2 'Screen1'의 배경색에 맞춰 '수평배치1'의 속성을 변경하기 위해 [컴포넌트] 창에서 '수평배치1'을 선택한 후 속성을 변경해 봅니다.

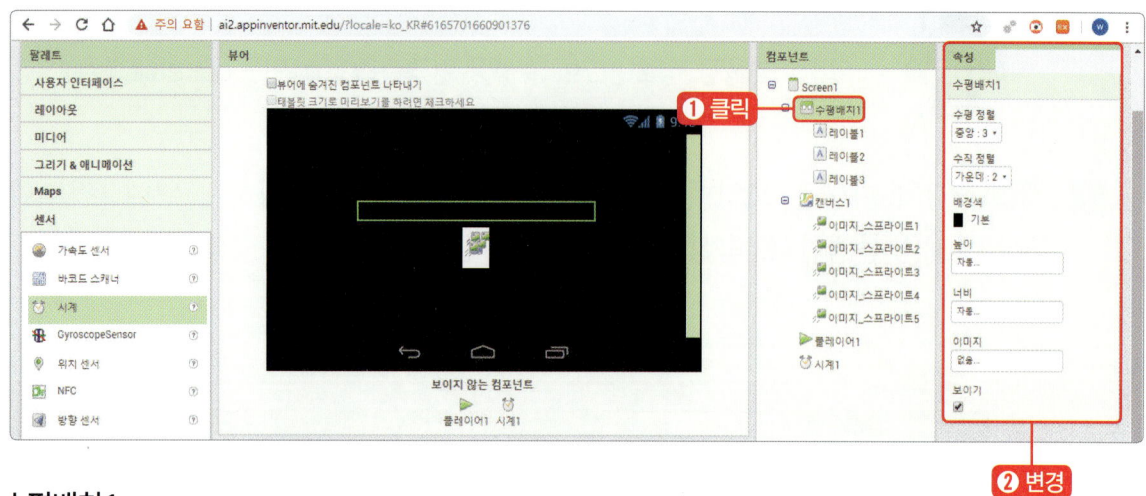

● 수평배치1

속성	❶ 수평 정렬	❷ 수직 정렬	❸ 배경색
변경	중앙 : 3	가운데 : 2	검정

3 '수평배치1'의 배경색이 변경되면서 보이지 않게 된 '레이블'을 보이게 하기 위해 [컴포넌트] 창에서 '레이블1'을 선택하여 속성을 변경한 후 이어서 동일한 방법으로 '레이블2'와 '레이블3'도 속성을 변경해 봅니다.

● 레이블1~3

속성	❶ 이름	❷ 텍스트	❸ 텍스트 색상
변경	핑크 레이블	핑크 : 0	흰색
	시간 레이블	시간 : 0	흰색
	옐로우 레이블	옐로우 : 0	흰색

4 앱에 배경을 삽입하기 위해 [컴포넌트] 창에서 '캔버스1'을 선택한 후 속성을 변경해 봅니다.

○ 캔버스1

속성	① 이름	② 배경 이미지	③ 높이	④ 너비
변경	배경	start-bg.png	부모에 맞추기	부모에 맞추기

5 스마트폰 화면에 각각의 기능(시작, 종료, 재시작, 터치)에 맞는 버튼을 만들기 위해 [컴포넌트] 창에서 '이미지 스프라이트1'~'이미지 스프라이트5'를 각각 선택한 후 속성을 변경해 봅니다.

Chapter 02. 번개보다 빠른 내 손가락 _ **029**

이미지 스프라이트1~5

속성	❶ 이름	❷ 높이	❸ 너비	❹ 사진	❺ 보이기	❻ x	❼ y
변경	앱 종료	70	150	close_button.png	비활성화	174	137
	다시 시작	70	150	restart_button.png	비활성화	353	137
	시작버튼	70	150	start_button.png	활성화	229	74
	핑크 단추	220	220	left_button.png	비활성화	-11	22
	옐로우 단추	220	220	right-button.png	비활성화	375	22

6 플레이어와 시계를 사용하기 위해 [컴포넌트] 창에서 '플레이어1'과 '시계1'을 각각 선택한 후 속성을 변경해 봅니다.

플레이어1

속성	❶ 이름	❷ 반복	❸ 소스	❹ 볼륨
변경	플레이어	활성화	music.mp3	100

시계1

속성	❶ 이름	❷ 타이머 활성 여부
변경	시계	비활성화

7 디자인이 끝났다면 [프로젝트]-[프로젝트 저장]을 클릭하여 파일을 저장합니다.

3 앱 정보 확인하기

 척척박사님! 오늘 만들 앱에 대한 정보를 알려주세요.

1. 앱 이름 : 번개 손가락
2. 게임 시간 : 30초
3. 플레이 : 2인용
4. 게임 방법

   ❶ 앱('App')이 실행되면 START 버튼을 눌러 게임을 시작합니다.

   ❷ 게임이 시작되면 핑크색 버튼과 옐로우 버튼을 친구와 나눠 누릅니다.

   ❸ '30'초 후 게임의 결과가 화면에 나타납니다.

   ❹ 게임을 다시 시작하려면 'Restart' 버튼을 누르고 끝내려면 'CLOSE' 버튼을 누릅니다.

터치 센서란?
스마트폰의 화면을 손으로 터치했을 때 사람의 정전기를 인식하여 터치 위치를 알아냅니다. 스마트폰의 화면은 정전 용량 방식으로, 멀티 터치가 가능합니다.

4 블록 코딩하기

척척박사님! 블록 코딩은 어떻게 하는 건가요? 빨리 앱을 만들고 싶어요!

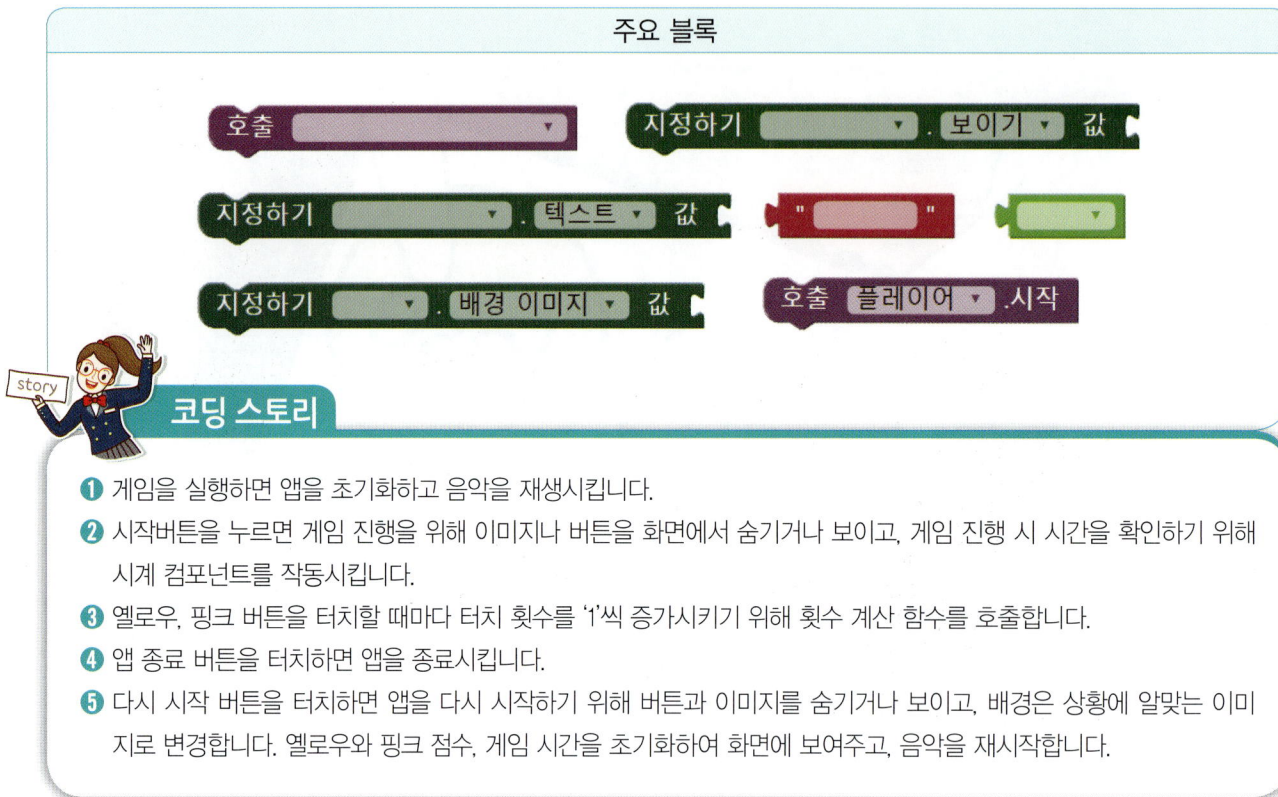

코딩 스토리

❶ 게임을 실행하면 앱을 초기화하고 음악을 재생시킵니다.
❷ 시작버튼을 누르면 게임 진행을 위해 이미지나 버튼을 화면에서 숨기거나 보이고, 게임 진행 시 시간을 확인하기 위해 시계 컴포넌트를 작동시킵니다.
❸ 옐로우, 핑크 버튼을 터치할 때마다 터치 횟수를 '1'씩 증가시키기 위해 횟수 계산 함수를 호출합니다.
❹ 앱 종료 버튼을 터치하면 앱을 종료시킵니다.
❺ 다시 시작 버튼을 터치하면 앱을 다시 시작하기 위해 버튼과 이미지를 숨기거나 보이고, 배경은 상황에 알맞은 이미지로 변경합니다. 옐로우와 핑크 점수, 게임 시간을 초기화하여 화면에 보여주고, 음악을 재시작합니다.

1 [프로젝트]-[내 컴퓨터에서 프로젝트 (.aia) 가져오기]를 클릭하여 중간 파일('touch_speed_incomplete.aia')을 불러온 후 오른쪽 상단 메뉴 중 [블록]을 클릭하여 코딩창으로 이동합니다.

2️⃣ '번개 손가락' 앱('App')을 실행하면 앱('App')을 초기화하기 위해 왼쪽 [블록]의 [Screen1]에서 [언제 Screen1 초기화 실행] 블록을 [뷰어]로 드래그 합니다.

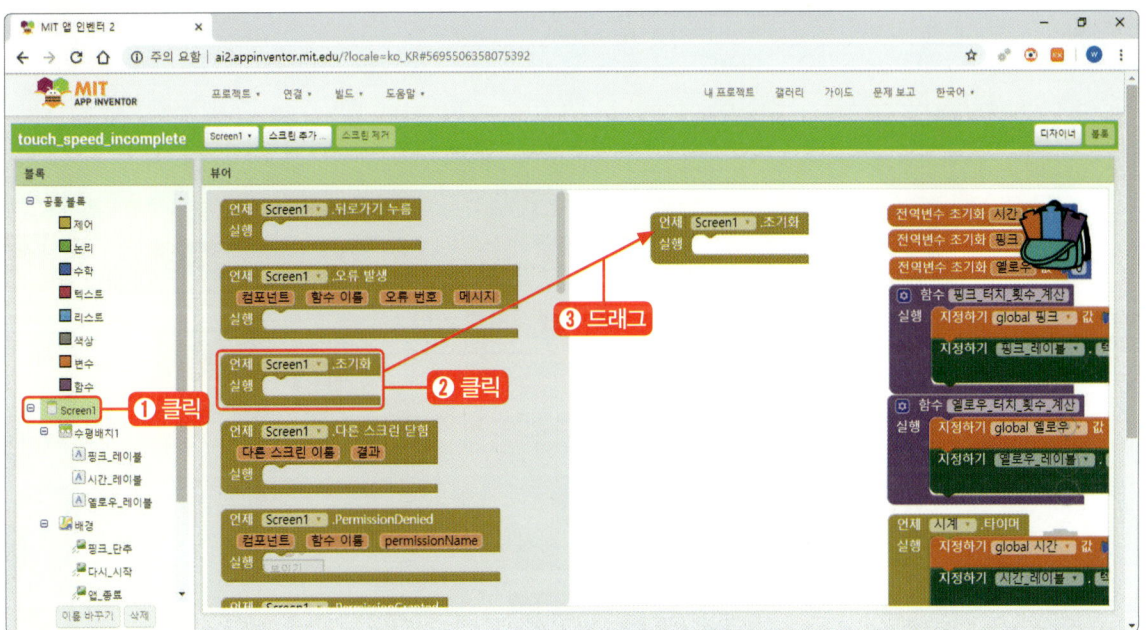

3️⃣ 이어서 앱('App')이 초기화될 때 다음 조건을 실행할 수 있도록 [언제 Screen1 초기화 실행] 블록 안쪽에 다음과 같이 [블록]에서 '명령 블록'을 가져와 코딩을 완성합니다.

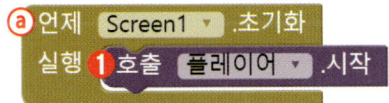

⬢ 블록 위치 확인

❶ [블록]-[Screen1]-[플레이어]

⬢ 블록 이해하기

ⓐ 처음 앱('App')을 시작하면 음악을 재생시킵니다.

 **Tip**

플레이어의 위치를 모르겠다면 블록 위치 확인을 참고하면 돼! 블록창의 'Screen1' 아래쪽 '플레이어'를 클릭하면 필요한 블록이 숨겨져 있는 걸 볼 수 있을 거야.

4 앱('App')이 실행되면 '시작버튼'을 터치했는지 확인할 수 있도록 왼쪽 [블록]의 [Screen1]의 '시작버튼'에서 [언제 시작버튼.터치] 블록을 [뷰어]로 드래그 합니다.

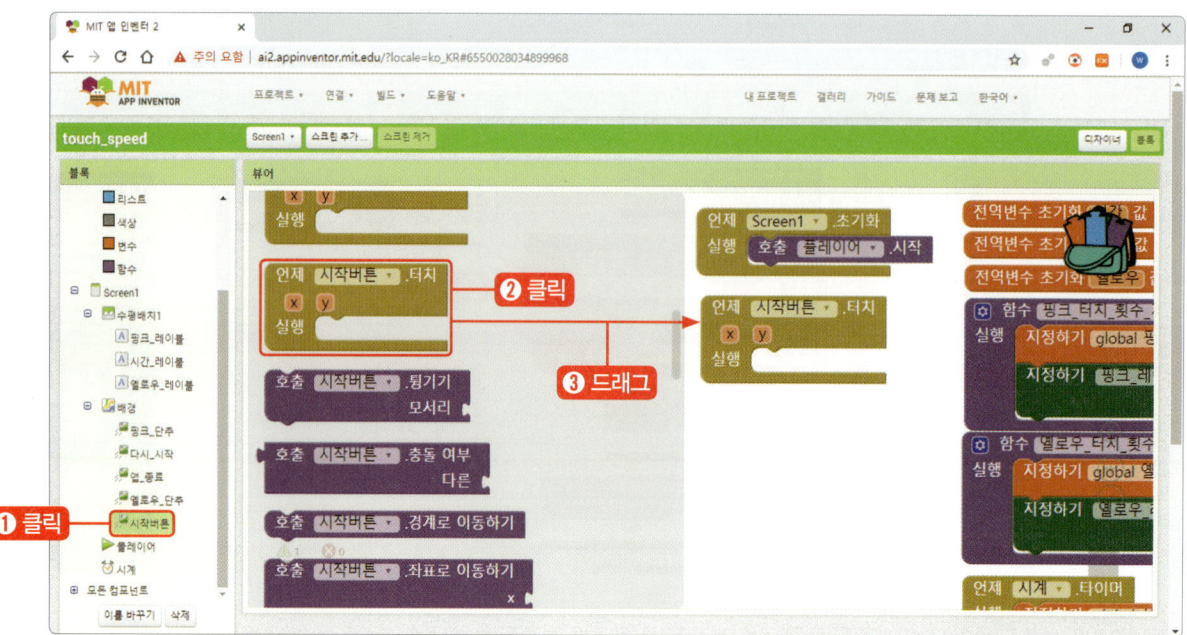

5 이어서 '시작버튼'을 터치했을 때 게임 환경을 마련하기 위해 [언제 시작버튼.터치] 블록 안쪽에 다음과 같이 [블록]에서 '명령 블록'을 가져와 코딩을 완성합니다.

🔷 **블록 위치 확인**

❶ [블록]-[Screen1]-[시계]
❷ [블록]-[Screen1]-[배경]-[시작버튼]
❸ [블록]-[Screen1]-[배경]-[핑크 단추]
❹ [블록]-[Screen1]-[배경]-[옐로우 단추]
❺ [블록]-[Screen1]-[배경]
❻ [블록]-[공통 블록]-[논리]
❼ [블록]-[공통 블록]-[텍스트]

🔷 블록 이해하기

ⓐ '시작버튼'을 누르면 멈춰 있는 시계를 작동시킵니다.
ⓑ '시작버튼'을 누르면 시작버튼을 화면에서 숨깁니다.
ⓒ '시작버튼'을 누르면 핑크 단추를 화면에 보입니다.
ⓓ '시작버튼'을 누르면 옐로우 단추를 화면에 보입니다.
ⓔ '시작버튼'을 누르면 배경을 화면에서 숨깁니다.

6 게임을 진행할 때 '핑크 단추'와 '옐로우 단추'를 터치했는지 확인하기 위해 왼쪽 [블록]의 [Screen1]-[배경]의 '핑크 단추'와 '옐로우 단추'를 각각 클릭하여 [언제 핑크_단추.터치, 언제 옐로우_단추.터치] 블록을 [뷰어]로 드래그 합니다.

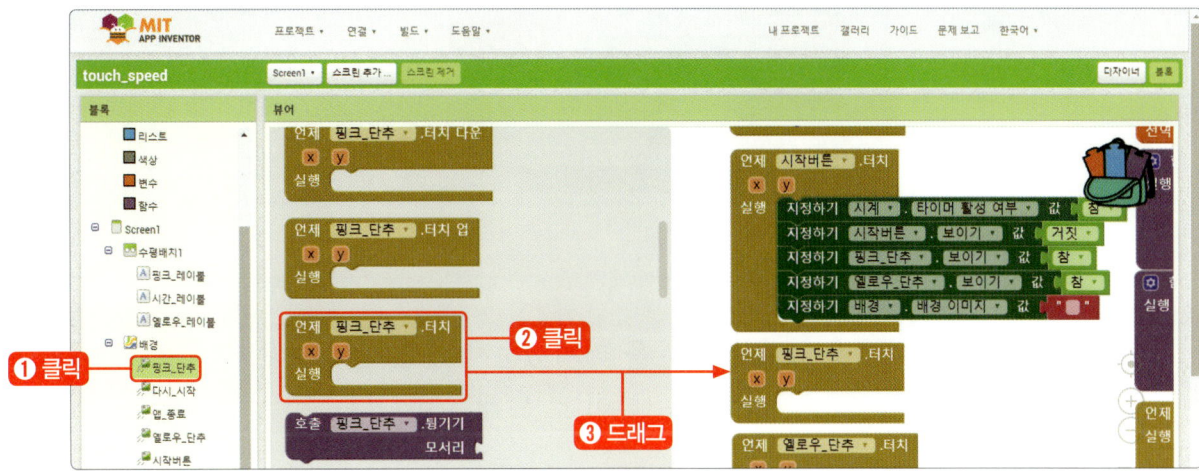

7 이어서 '핑크 단추'와 '옐로우 단추'을 터치했을 때 터치한 횟수가 증가할 수 있도록 [언제 핑크_단추.터치, 언제 옐로우_단추.터치] 블록 안쪽에 다음과 같이 [블록]에서 '명령 블록'을 가져와 코딩을 완성합니다.

🔷 블록 위치 확인

❶ [블록]-[공통 블록]-[함수]
❷ [블록]-[공통 블록]-[함수]

🔷 블록 이해하기

ⓐ '핑크 단추'를 누르면 터치 횟수를 '1'씩 증가하기 위해 '핑크 터치 횟수 계산' 함수를 호출합니다.
ⓑ '옐로우 단추'를 누르면 터치 횟수를 '1'씩 증가하기 위해 '옐로우 터치 횟수 계산' 함수를 호출합니다.

8 '앱 종료' 버튼을 누르면 앱('App')이 종료될 수 있도록 [블록]-[Screen1]-[배경]-[앱 종료]에서 [언제 앱_종료.터치] 블록을 [뷰어]로 드래그 한 후 [블록]-[공통 블록]-[제어]에서 [앱 종료]를 가져옵니다.

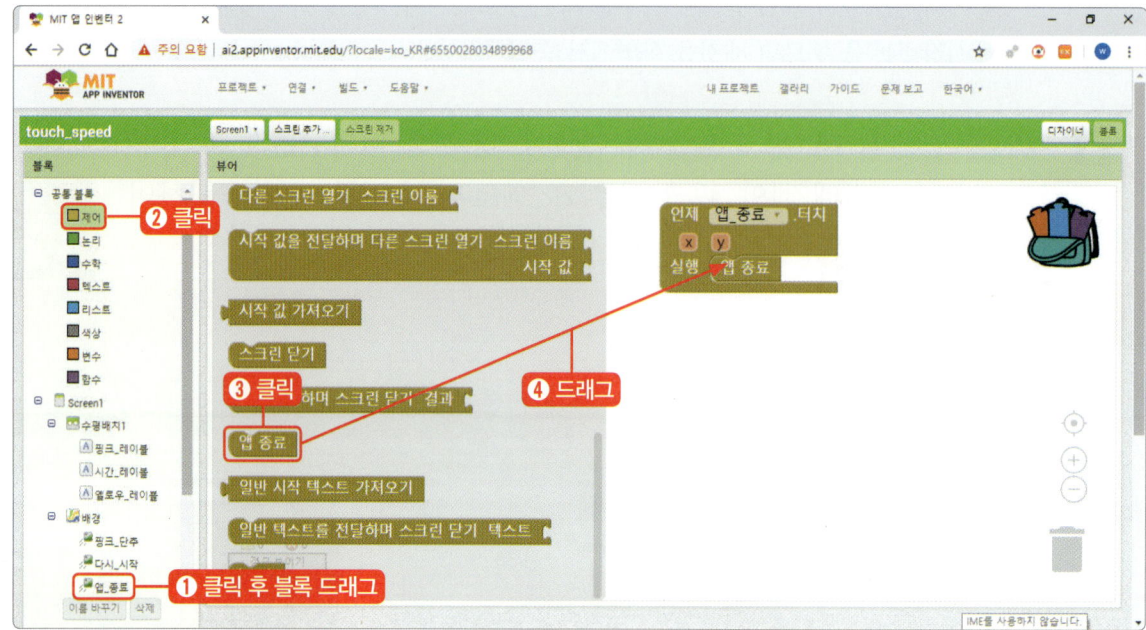

9 앱을 재시작할 때 '다시 시작' 버튼을 터치했는지 확인하기 위해 [블록]-[Screen1]-[다시 시작]에서 [언제 다시_시작.터치] 블록을 [뷰어]로 드래그 합니다.

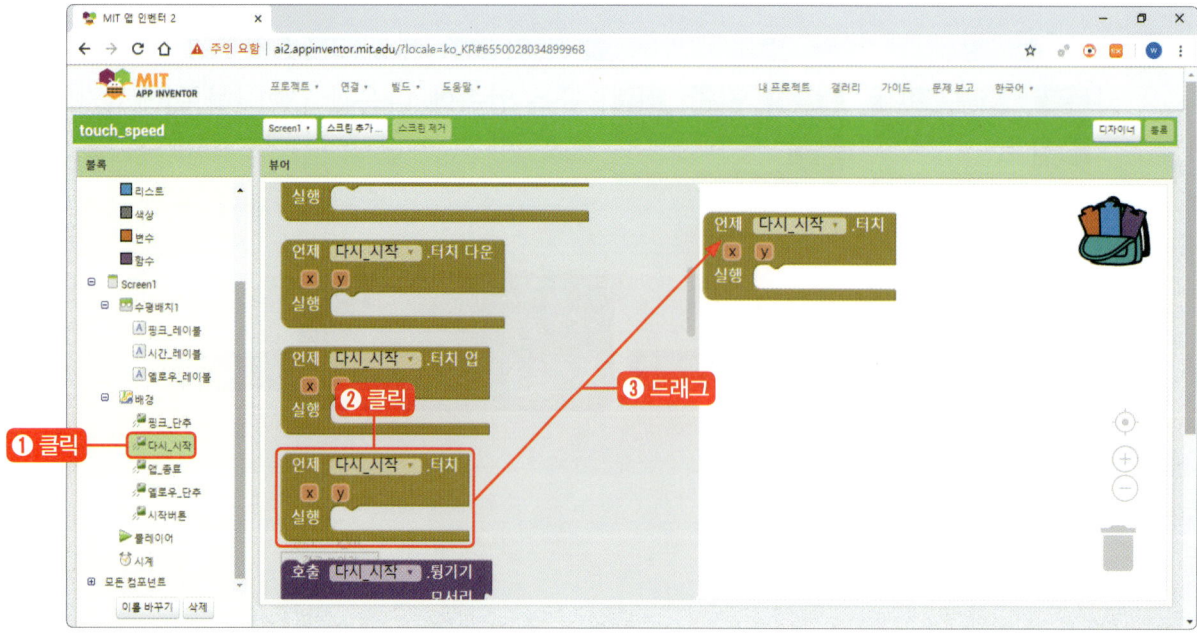

10 이어서 게임이 재설정되도록 '다시 시작' 버튼을 터치했을 때 블록 안쪽에 다음과 같이 [블록]에서 '명령 블록'을 가져와 코딩을 완성합니다.

```
언제 다시_시작.터치
 x  y
실행 ⓐ ❶ 호출 플레이어.시작
    ⓑ ❷ 지정하기 시작버튼.보이기 값 ⓫ 참
    ⓒ ❸ 지정하기 앱_종료.보이기 값 ⓫ 거짓
    ⓓ ❹ 지정하기 다시_시작.보이기 값 ⓫ 거짓
    ⓔ ❺ 지정하기 옐로우_단추.보이기 값 ⓫ 거짓
    ⓕ ❻ 지정하기 핑크_단추.보이기 값 ⓫ 거짓
    ⓖ ❼ 지정하기 배경.배경 이미지 값 ⓬ "start-bg.png"
    ⓗ ❽ 지정하기 핑크_레이블.텍스트 값 ⓭ "핑크 : 0"
    ⓘ ❾ 지정하기 옐로우_레이블.텍스트 값 ⓮ "옐로우 : 0"
    ⓙ ❿ 지정하기 시간_레이블.텍스트 값 ⓯ "시간 : 0"
```

🔶 블록 위치 확인

❶ [블록]-[Screen1]-[플레이어]
❷ [블록]-[Screen1]-[배경]-[시작버튼]
❸ [블록]-[Screen1]-[배경]-[앱 종료]
❹ [블록]-[Screen1]-[배경]-[다시 시작]
❺ [블록]-[Screen1]-[배경]-[옐로우 단추]
❻ [블록]-[Screen1]-[배경]-[핑크 단추]
❼ [블록]-[Screen1]-[배경]
❽ [블록]-[Screen1]-[수평배치1]-[핑크 레이블]
❾ [블록]-[Screen1]-[수평배치1]-[옐로우 레이블]
❿ [블록]-[Screen1]-[수평배치1]-[시간 레이블]
⓫ [블록]-[공통 블록]-[논리]
⓬ [블록]-[공통 블록]-[텍스트]("start-bg.png" 입력)
⓭ [블록]-[공통 블록]-[텍스트]("핑크 : 0" 입력)
⓮ [블록]-[공통 블록]-[텍스트]("옐로우 : 0" 입력)
⓯ [블록]-[공통 블록]-[텍스트]("시간 : 0" 입력)

🔶 블록 이해하기

ⓐ '다시 시작' 버튼을 누르면 음악을 재시작합니다.
ⓑ '다시 시작' 버튼을 누르면 '시작버튼'이 화면에 보입니다.
ⓒ '다시 시작' 버튼을 누르면 '앱 종료'를 화면에서 숨깁니다.
ⓓ '다시 시작' 버튼을 누르면 '다시 시작'을 화면에서 숨깁니다.
ⓔ '다시 시작' 버튼을 누르면 '옐로우 단추'를 화면에서 숨깁니다.
ⓕ '다시 시작' 버튼을 누르면 '핑크 단추'를 화면에서 숨깁니다.
ⓖ '다시 시작' 버튼을 누르면 배경('start-bg.png')을 변경합니다.
ⓗ '다시 시작' 버튼을 누르면 핑크 터치 횟수('핑크 : 0')를 초기화합니다.
ⓘ '다시 시작' 버튼을 누르면 옐로우 터치 횟수('옐로우 : 0')를 초기화합니다.
ⓙ '다시 시작' 버튼을 누르면 시간('시간 : 0')을 초기화합니다.

Chapter 02

01 시간을 활성화하기 위해 알맞은 블록은 무엇일까요?

① 지정하기 시계▼ . 타이머 활성 여부▼ 값
② 지정하기 핑크_단추▼ . 보이기▼ 값
③ 지정하기 시작버튼▼ . 보이기▼ 값
④ 지정하기 배경▼ . 배경 이미지▼ 값

02 '핑크 단추'을 터치했을 때 터치 횟수를 올릴 수 있는 함수 호출문은 무엇일까요?

① 호출 플레이어▼ .시작
② 호출 핑크_터치_횟수_계산▼
③ 호출 옐로우_터치_횟수_계산▼
④ " ▢ "

03 앱('App')을 종료시킬 수 있는 블록은 무엇일까요?

① 언제 다시_시작▼ .터치 x y 실행
② 언제 옐로우_단추▼ .터치 x y 실행
③ 언제 핑크_단추▼ .터치 x y 실행
④ 언제 앱_종료▼ .터치 x y 실행

04 '시계'를 활성화하여 재시작할 때 '값'에 어울리는 블록은 무엇일까요?

① 참▼
② 거짓▼
③ " 시간 : 0 "
④ " ▢ "

Chapter 03. 장화 신은 고양이를 잡아라!

- 고양이를 터치하면 화면에서 고양이가 사라집니다.
- 배경음악을 실행합니다.
- 앱을 종료하거나 재시작할 수 있습니다.

▶ 예제 파일 : Puss_in_Boots.aia ▶ 중간 파일 : Puss_in_Boots_incomplete.aia ▶ 완성 파일 : Puss_in_Boots_complete.aia

- 게임 난이도 : ☆☆★★★
- 진행 시간 : 30초
- 디자인 난이도 : ☆☆☆★★

▲ 장화 신은 고양이를 잡아라! 디자인 완성 화면

영상 파일₩3강_장화 신은 고양이를 잡아라!.mp4 **영상 위치**

컴포넌트 스토리

❶ 캔버스 1개, 이미지 스프라이트 4개
❷ 레이블 1개, 플레이어 1개, 시계 1개

1 스크린 디자인하기

척척박사님! '장화 신은 고양이를 잡아라!' 앱('App') 디자인하는 방법을 빨리 알려주세요!

1 '크롬( )'에서 '앱 인벤터2'를 검색한 후 'MIT App Inventor2'에 접속합니다. 상단 메뉴의 [프로젝트]-[내 컴퓨터에서 프로젝트 (.aia) 가져오기]를 클릭하여 예제 파일('Puss_in_Boots.aia')을 불러옵니다.

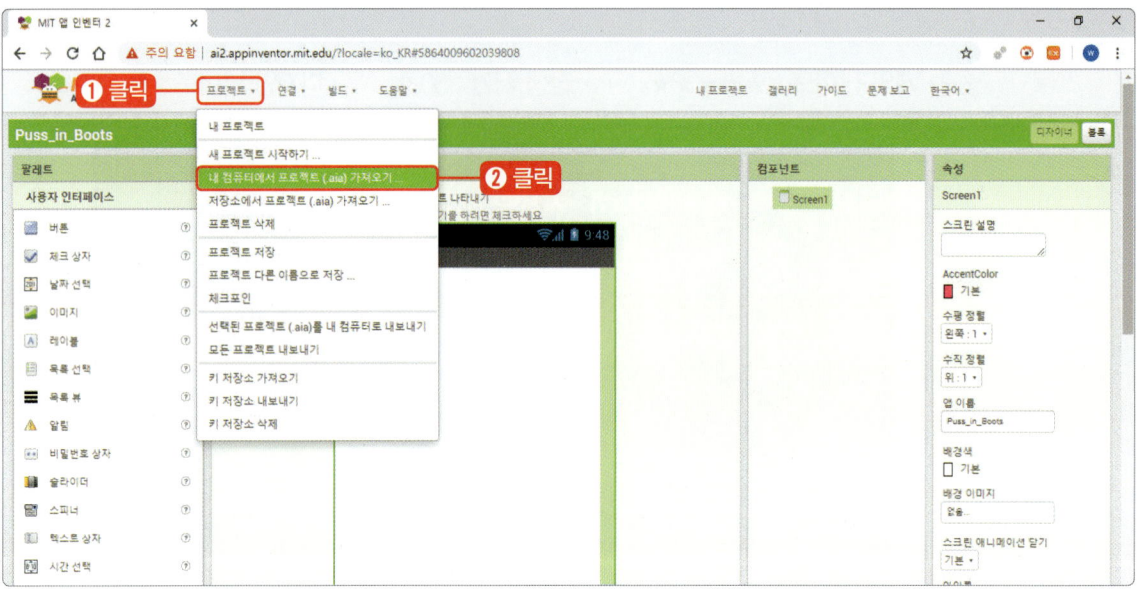

2 터치가 가능한 배경을 만들기 위해 왼쪽 [팔레트]의 [그리기 & 애니메이션] 그룹에서 '캔버스' 컴포넌트를 [뷰어]로 드래그 합니다.

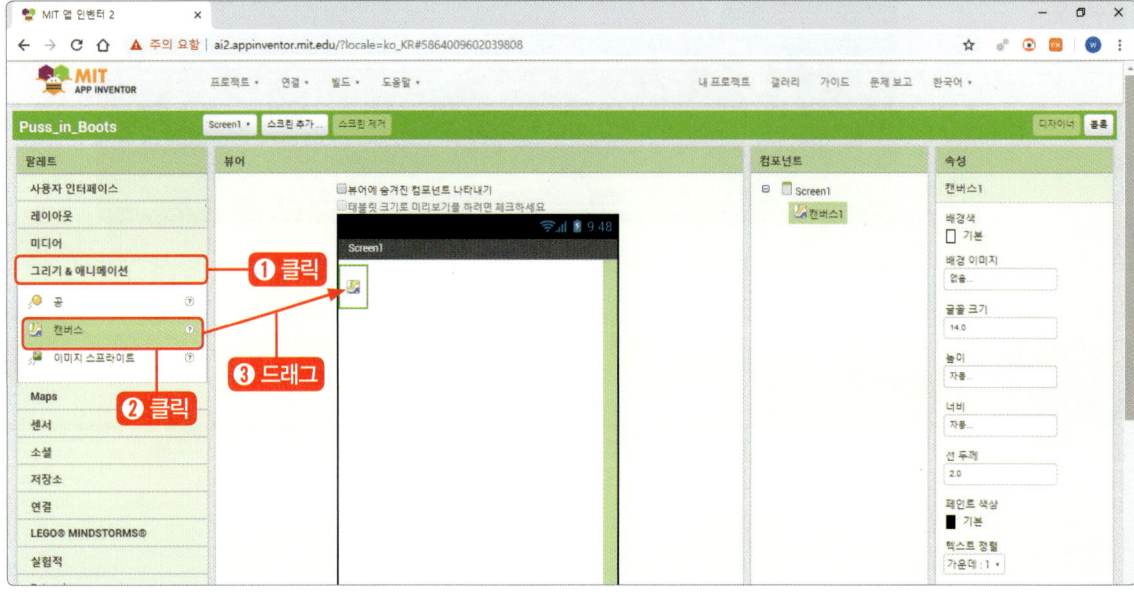

3 화면을 이동하는 '장화 신은 고양이' 캐릭터와 시작버튼 등을 만들기 위해 [팔레트]의 [그리기 & 애니메이션] 그룹에서 '이미지 스프라이트' 컴포넌트를 [뷰어]의 '캔버스' 안쪽으로 4개 드래그 합니다.

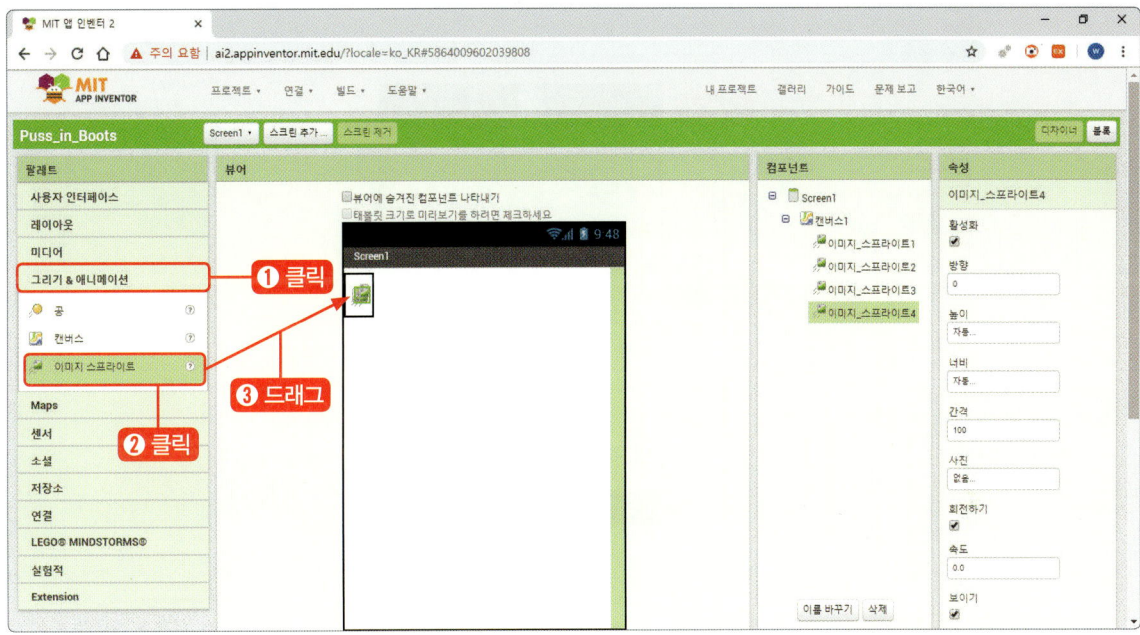

4 스마트폰 화면에 앱('App') 진행 시간을 표시하기 위해 [팔레트]의 [사용자 인터페이스] 그룹에서 '레이블' 컴포넌트를 [뷰어]의 '캔버스' 아래쪽으로 드래그 합니다.

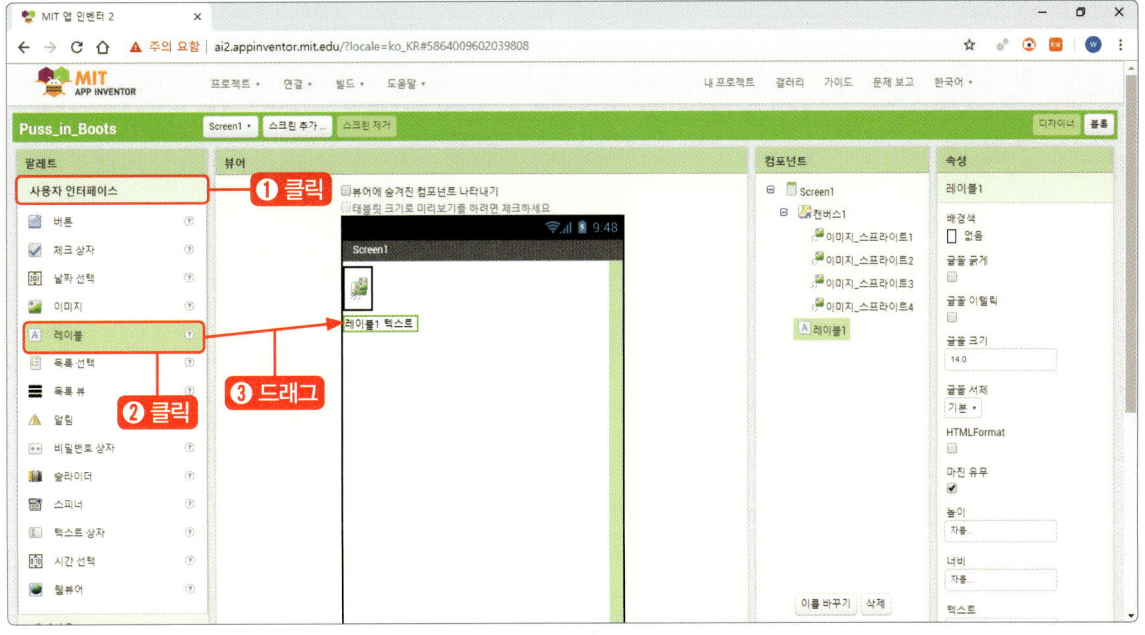

 Tip

앱('App')에 대한 '공지사항'이나 '주의사항' 등을 알려줄 때도 '레이블'을 사용할 수 있어!

5 앱('App')이 실행되면 음악을 재생시키기 위해 [팔레트]의 [미디어] 그룹에서 '플레이어' 컴포넌트를 [뷰어]로 드래그 합니다.

 Tip

앱('App')을 실수로 여러 개 삽입했을 땐 [컴포넌트] 창에서 삭제할 컴포넌트를 선택한 후 하단의 '삭제' 버튼을 클릭하면 돼!

6 캐릭터를 일정한 시간 간격으로 이동시키기 위해 [팔레트]의 [센서] 그룹에서 '시계' 컴포넌트를 [뷰어]로 드래그 합니다.

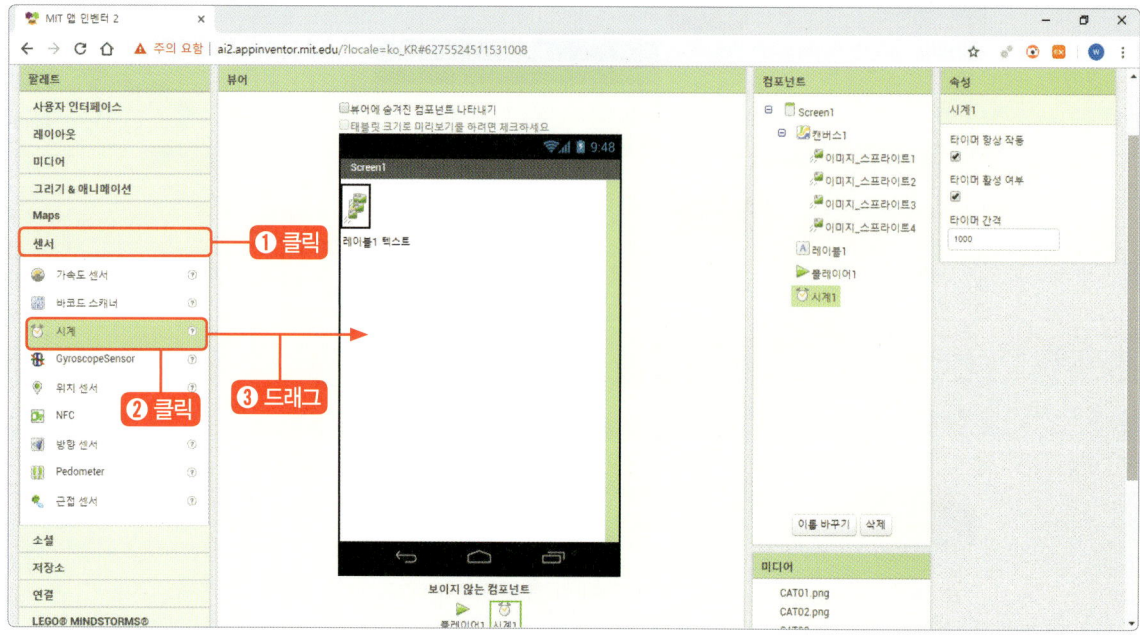

2 컴포넌트 속성 변경하기

'뷰어'로 옮긴 '컴포넌트'의 '속성'을 변경하여 디자인을 마무리해 볼까?

1 앱('App')의 아이콘 모양이나 화면 방향, 앱 제목 등을 정하기 위해 [컴포넌트] 창에서 'Screen1'을 선택한 후 속성을 변경해 봅니다.

Screen1

속성	❶ 수평 정렬	❷ 수직 정렬	❸ 앱 이름	❹ 배경색
변경	중앙 : 3	가운데 : 2	도둑 고양이	검정
속성	❺ 아이콘	❻ 스크린 방향	❼ 크기	❽ 제목 보이기
변경	CAT04.png	가로	고정형	비활성화

Chapter 03. 장화 신은 고양이를 잡아라!

2 검정색 화면에서 시간이 잘 보일 수 있도록 [컴포넌트] 창에서 '레이블1'을 선택한 후 속성을 변경해 봅니다.

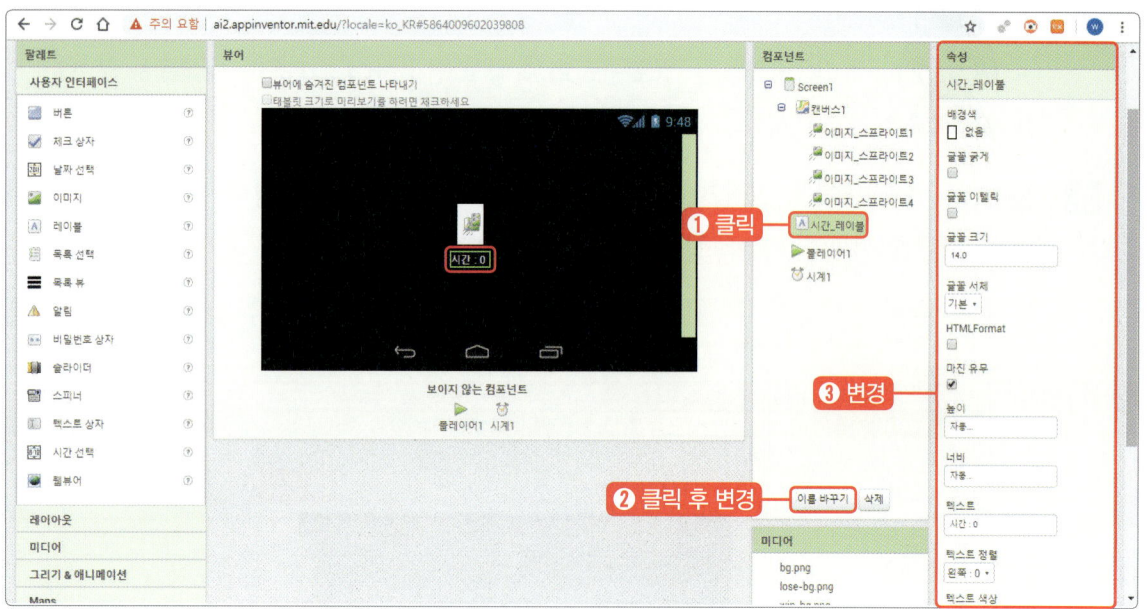

● 레이블1

속성	❶ 이름	❷ 텍스트	❸ 텍스트 색상
변경	시간 레이블	시간 : 0	흰색

3 앱('App')의 배경화면을 디자인하기 위해 [컴포넌트] 창에서 '캔버스1'을 선택한 후 속성을 변경해 봅니다.

● 캔버스1

속성	❶ 이름	❷ 배경 이미지	❸ 높이	❹ 너비
변경	배경	start-bg.png	부모에 맞추기	부모에 맞추기

4 앱('App')에 필요한 버튼과 '장화 신은 고양이' 캐릭터를 디자인하기 위해 [컴포넌트] 창의 '이미지 스프라이트1'~'이미지 스프라이트4'를 각각 선택한 후 속성을 변경해 봅니다.

이미지 스프라이트1~4

속성	① 이름	② 높이	③ 너비	④ 사진	⑤ 보이기	⑥ x	⑦ y
변경	앱 종료	70	150	close_button.png	비활성화	74	157
	다시 시작	70	150	restart_button.png	비활성화	410	157
	시작버튼	150	100	start_button.png	활성화	229	90
	고양이	150	100	CAT01.png	비활성화	62	110

5 앱('App')을 실행하면 음악이 재생되도록 [컴포넌트] 창의 '플레이어1'을 선택한 후 속성을 변경해 봅니다.

Chapter 03. 장화 신은 고양이를 잡아라! _ 045

⬢ 플레이어1

속성	① 이름	② 반복	③ 소스	④ 볼륨
변경	플레이어	활성화	music.mp3	100

6 앱('App')을 실행하면 시계가 작동되도록 [컴포넌트] 창의 '시계1'을 선택한 후 속성을 변경해 봅니다.

⬢ 시계1

속성	① 이름	② 타이머 활성 여부	③ 타이머 간격
변경	시계	비활성화	1000

Tip

타이머 간격은 '1000'이 '1초를 의미해!

7 디자인이 끝났다면 [프로젝트]-[프로젝트 저장]을 클릭하여 파일을 저장합니다.

3. 앱 정보 확인하기

척척박사님! 오늘 만들 앱에 대한 정보를 알려주세요.

1. **앱 이름** : 도둑 고양이
2. **게임 시간** : 30초
3. **플레이** : 1인용
4. **게임 방법**
   ❶ 앱('App')이 실행되면 'START' 버튼을 눌러 게임을 시작합니다.
   ❷ 게임이 시작되면 물건을 들고 구멍에서 나오는 고양이를 터치합니다.
   ❸ 고양이를 놓치면 게임에서 지고, '30'초가 지나면 게임에서 승리합니다.
   ❹ 게임을 다시 시작하려면 'Restart' 버튼을 누르고 끝내려면 'CLOSE' 버튼을 누릅니다.

터치 센서란?
스마트폰의 화면을 손으로 터치했을 때 사람의 정전기를 인식하여 터치 위치를 알아냅니다. 스마트폰의 화면은 정전용량 방식으로 멀티 터치가 가능합니다.

4 블록 코딩하기

척척박사님! 블록 코딩은 어떻게 하는 건가요? 빨리 앱을 만들고 싶어요!

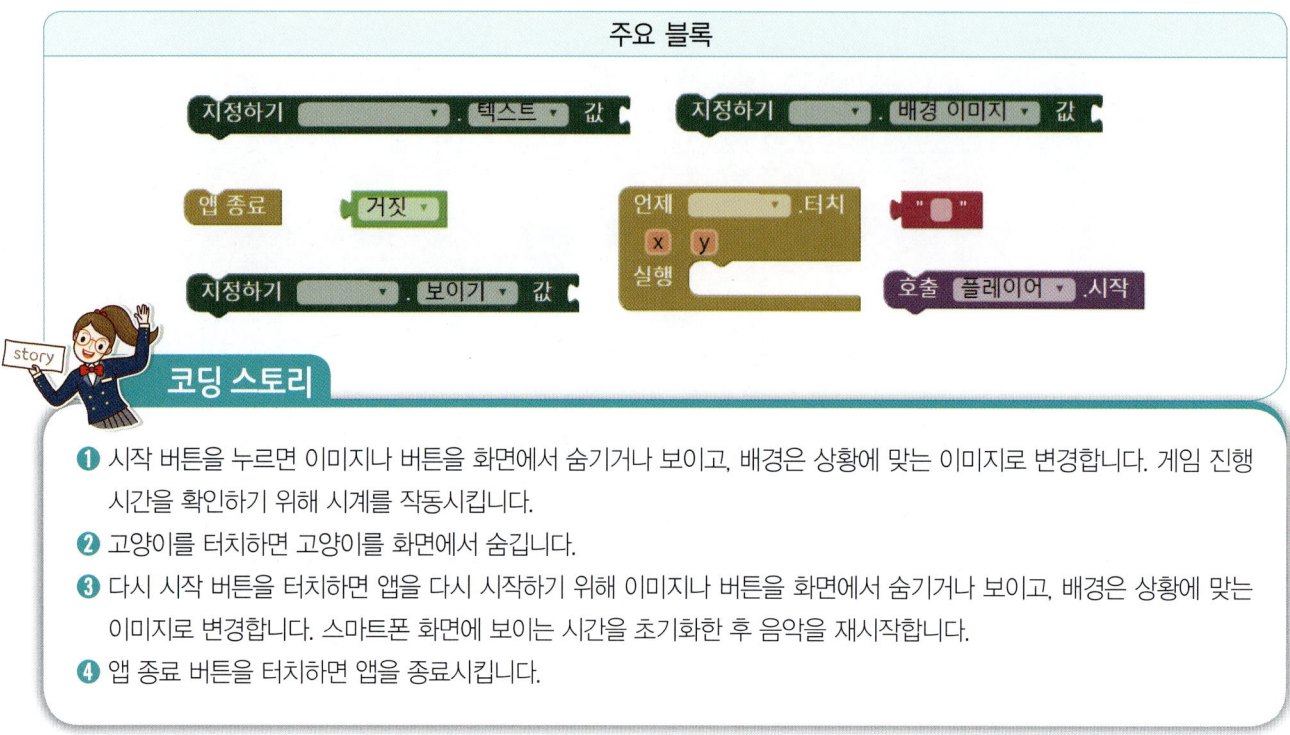

코딩 스토리

❶ 시작 버튼을 누르면 이미지나 버튼을 화면에서 숨기거나 보이고, 배경은 상황에 맞는 이미지로 변경합니다. 게임 진행 시간을 확인하기 위해 시계를 작동시킵니다.
❷ 고양이를 터치하면 고양이를 화면에서 숨깁니다.
❸ 다시 시작 버튼을 터치하면 앱을 다시 시작하기 위해 이미지나 버튼을 화면에서 숨기거나 보이고, 배경은 상황에 맞는 이미지로 변경합니다. 스마트폰 화면에 보이는 시간을 초기화한 후 음악을 재시작합니다.
❹ 앱 종료 버튼을 터치하면 앱을 종료시킵니다.

1 [프로젝트]의 [내 컴퓨터에서 프로젝트 (.aia) 가져오기]를 클릭하여 중간 파일('Puss_in_Boots_incomplete.aia')을 불러온 후 오른쪽 상단의 [블록]을 클릭하여 코딩창으로 이동합니다.

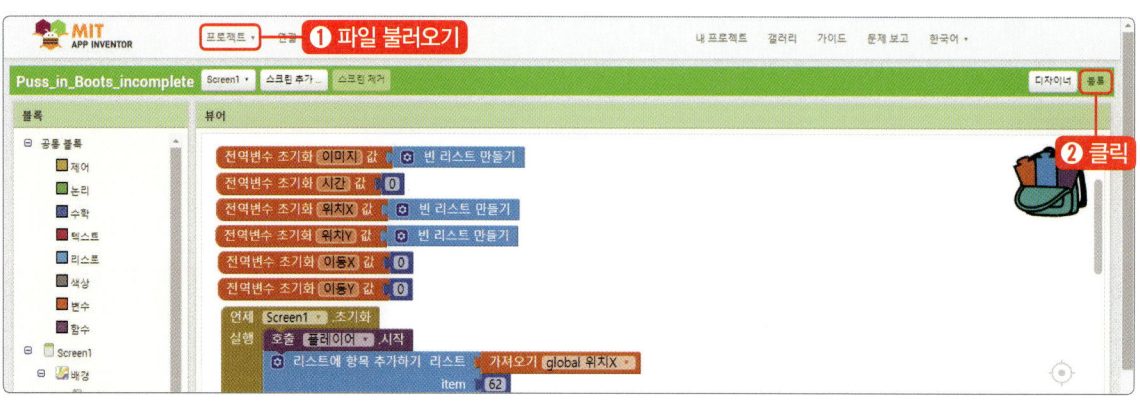

Tip

불러올 파일에 추가로 작성된 블록이 포함되어 있기 때문에 기존에 작업하던 파일은 닫고 중간 파일('Puss_in_Boots_incomplete.aia')을 불러와야 해.

2 앱('App')이 실행되면 '시작버튼'을 터치했는지 확인할 수 있도록 [블록]-[시작버튼]에서 [언제 시작버튼.터치] 블록을 [뷰어]로 드래그 합니다.

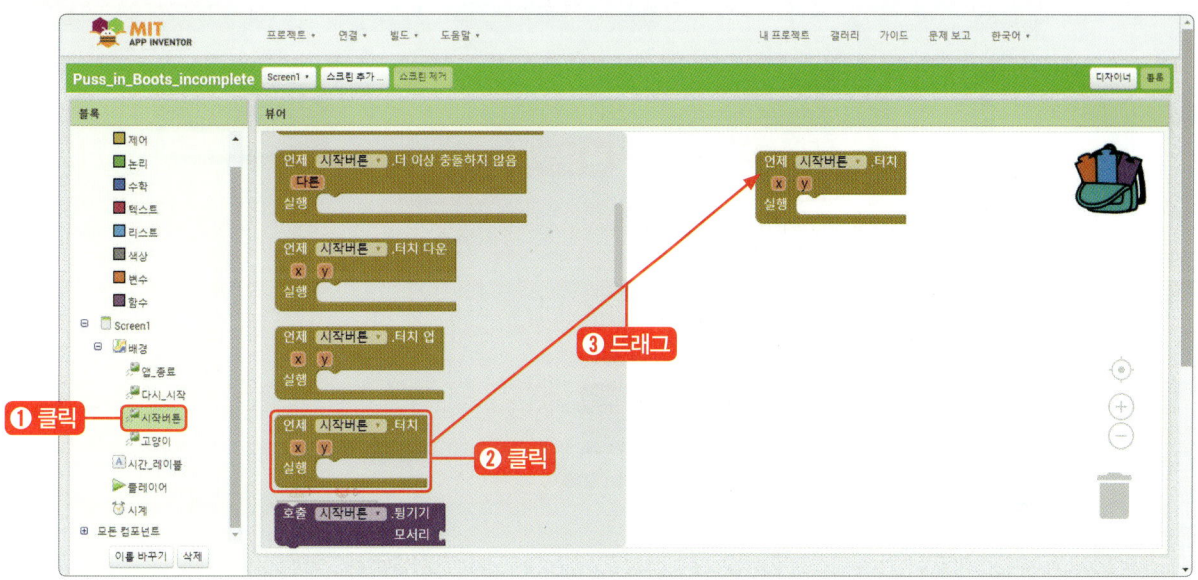

3 이어서 '시작버튼'을 터치했을 때 게임 환경을 마련하기 위해 블록 안쪽에 다음과 같이 [블록]에서 '명령 블록'을 가져와 코딩을 완성합니다.

🔴 블록 위치 확인

① [블록]-[Screen1]-[배경]-[시작버튼]
② [블록]-[Screen1]-[시계]
③ [블록]-[Screen1]-[배경]-[고양이]
④ [블록]-[Screen1]-[배경]
⑤ [블록]-[공통 블록]-[논리]
⑥ [블록]-[공통 블록]-[텍스트]("bg.png" 입력)

🔴 블록 이해하기

ⓐ '시작버튼'을 누르면 시작버튼을 화면에서 숨깁니다.
ⓑ '시작버튼'을 누르면 멈춰 있는 시계를 작동시킵니다.
ⓒ '시작버튼'을 누르면 고양이를 화면에 보입니다.
ⓓ '시작버튼'을 누르면 배경('bg.png')을 변경합니다.

4 앱('App')을 재시작할 때 '다시 시작' 버튼을 터치했는지 확인하기 위해 [블록]-[다시 시작]에서 [언제 다시_시작 .터치] 블록을 [뷰어]로 드래그 합니다.

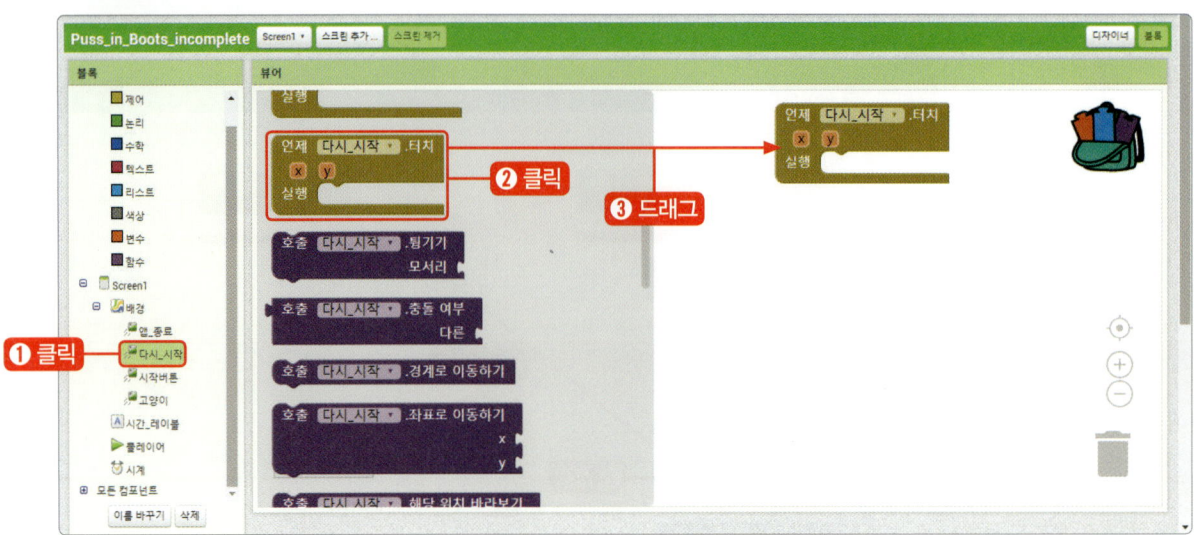

5 이어서 '다시 시작' 버튼을 터치했을 때 게임 환경을 리셋하기 위해 블록 안쪽에 다음과 같이 [블록]에서 '명령 블록'을 가져와 코딩을 완성합니다.

블록 이해하기

ⓐ '다시 시작' 버튼을 누르면 시간('시간 : 0')을 초기화합니다.
ⓑ '다시 시작' 버튼을 누르면 '다시 시작' 버튼을 숨깁니다.
ⓒ '다시 시작' 버튼을 누르면 '앱 종료' 버튼을 숨깁니다.
ⓓ '다시 시작' 버튼을 누르면 '시작버튼'을 화면에 보입니다.
ⓔ '다시 시작' 버튼을 누르면 고양이를 숨깁니다.
ⓕ '다시 시작' 버튼을 누르면 배경('start-bg.png')을 변경합니다.
ⓖ '다시 시작' 버튼을 누르면 음악을 재생시킵니다.

6 게임이 시작되고 '고양이'를 터치했는지 확인할 수 있도록 [블록]-[Screen1]-[배경]-[고양이]에서 [언제 고양이.터치] 블록을 [뷰어]로 드래그 합니다.

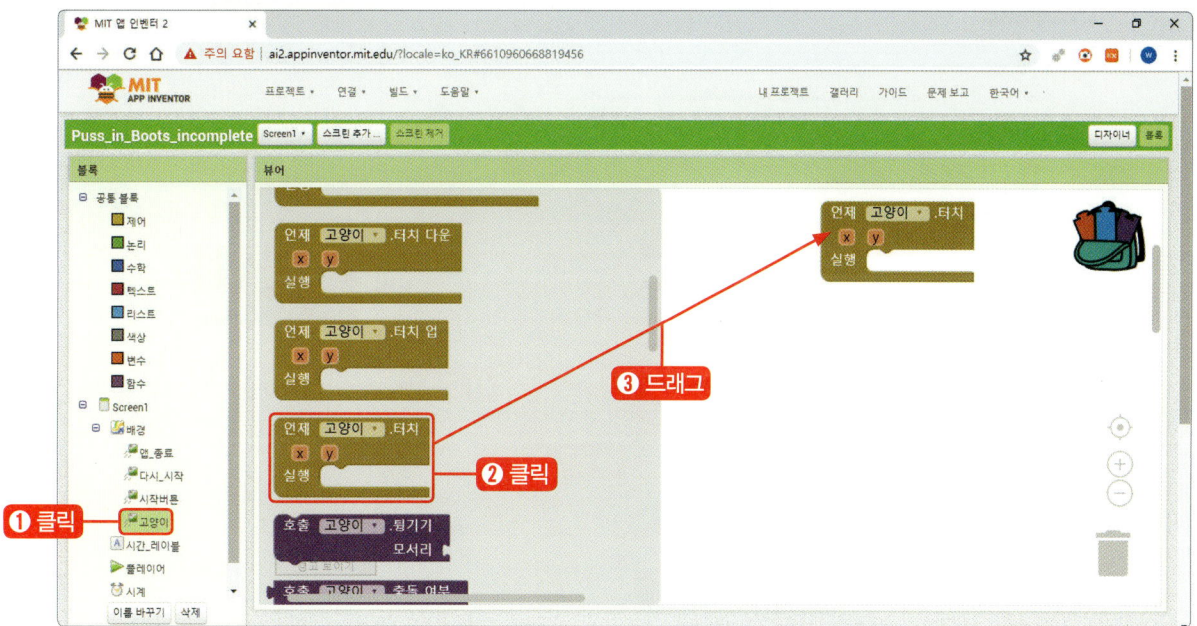

7 이어서 고양이가 사라지도록 블록 안쪽에 다음과 같이 [블록]에서 '명령 블록'을 가져와 코딩을 완성합니다.

블록 위치 확인
❶ [블록]-[Screen1]-[배경]-[고양이]
❷ [블록]-[공통 블록]-[논리]

블록 이해하기
ⓐ '고양이'를 터치하면 물건을 가져가는 '고양이'를 화면에서 숨깁니다.

8 '앱 종료' 버튼을 누르면 앱('App')이 종료될 수 있도록 [블록]-[Screen1]-[배경]-[앱 종료]에서 [언제 앱_종료 터치 x y 실행] 블록을 [뷰어]로 드래그 한 후 [블록]-[공통 블록]-[제어]에서 [앱 종료] 블록을 가져옵니다.

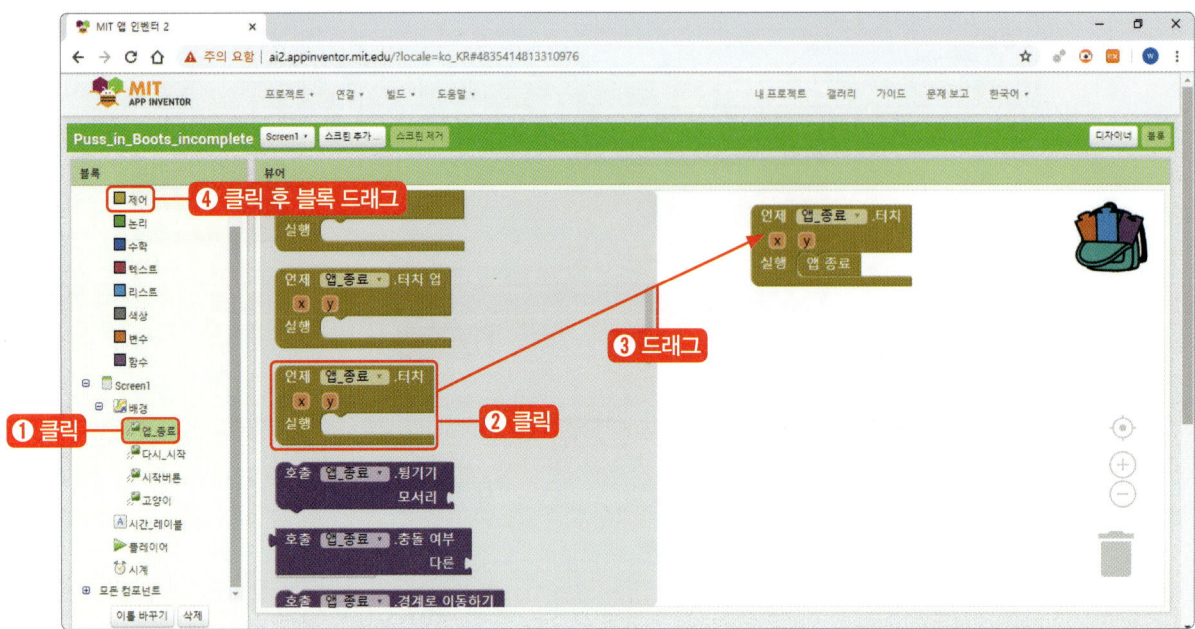

Chapter 03 척척박사의 퀴즈 타임!

01 뷰어를 꾸밀 때 앱('App') 화면을 검정색으로 변경하고 싶다면 'Screen1'의 어떤 속성을 변경해야 할까요?

① 배경 ② 크기
③ 높이 ④ 너비

02 앱('App')의 화면을 가로로 사용해야 한다면 변경해야 하는 'Screen1'의 속성은 무엇일까요?

① 보이기 ② 고정형
③ 스크롤 가능 여부 ④ 스크린 방향

03 스마트폰의 화면을 터치했을 때 반응하게 하려면 어떤 컴포넌트를 사용해야 하나요?

① 레이블 ② 이미지 스프라이트
③ 캔버스 ④ Screen

04 움직이는 캐릭터를 사용하려면 어떤 컴포넌트를 사용해야 하나요?

① 레이블 ② 이미지 스프라이트
③ 캔버스 ④ Screen

05 화면에 시간을 표현하고 싶을 땐 어떤 컴포넌트를 사용해야 하나요?

① 캔버스 ② 라이더
③ 레이블 ④ 목록 뷰

Chapter 04

징그러운 파리를 잡아줘!

- 파리가 랜덤으로 날아다닙니다.
- 파리를 터치하면 파리가 사라집니다.
- 파리를 터치하면 점수가 증가합니다.
- 배경음악을 실행합니다.

▶ 예제 파일 : Ply_Catch.aia   ▶ 중간 파일 : Ply_Catch_incomplete.aia   ▶ 완성 파일 : Ply_Catch_complete.aia

• 게임 난이도 : ☆☆★★★   • 진행 시간 : 30초   • 디자인 난이도 : ☆☆★★★

▲ 징그러운 파리를 잡아줘! 디자인 완성 화면

영상 파일₩4강_징그러운 파리를 잡아줘!.mp4   **영상 위치**

컴포넌트 스토리

❶ 캔버스 1개, 이미지 스프라이트 13개
❷ 수평배치 1개, 레이블 2개
❸ 플레이어 1개, 시계 1개

 **스크린 디자인하기**

 척척박사님! '징그러운 파리를 잡아줘!' 앱('App') 디자인하는 방법을 빨리 알려주세요!

1 '크롬( )'에서 '앱 인벤터2'를 검색한 후 'MIT App Inventor2'에 접속합니다. 상단 메뉴의 [프로젝트]-[내 컴퓨터에서 프로젝트 (.aia) 가져오기]를 클릭하여 예제 파일('Ply_Catch.aia')을 불러옵니다.

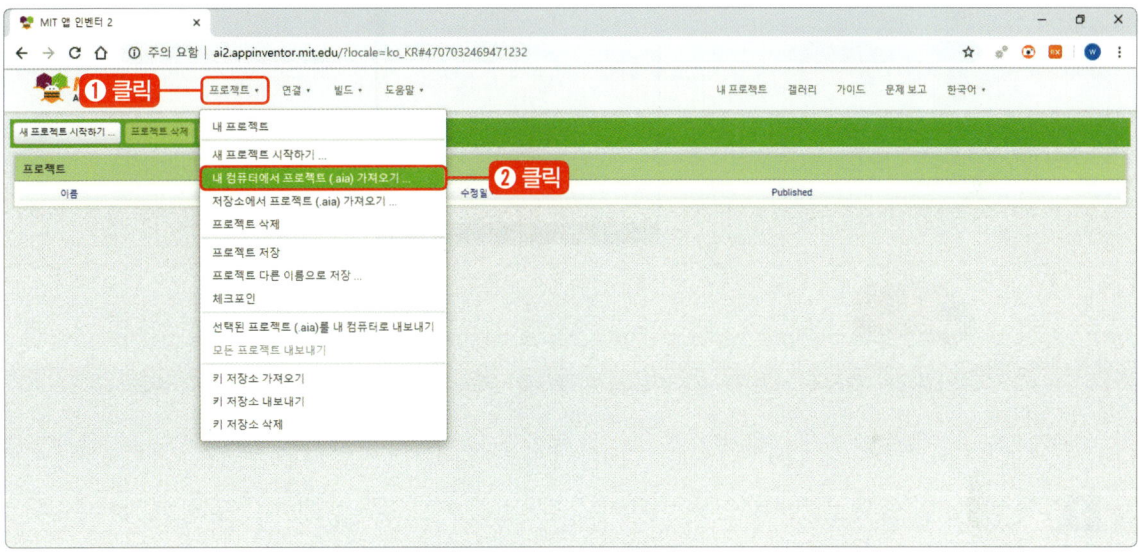

2 터치할 수 있는 배경을 만들기 위해 [팔레트]의 [그리기 & 애니메이션] 그룹에서 '캔버스' 컴포넌트를 [뷰어]로 드래그 합니다.

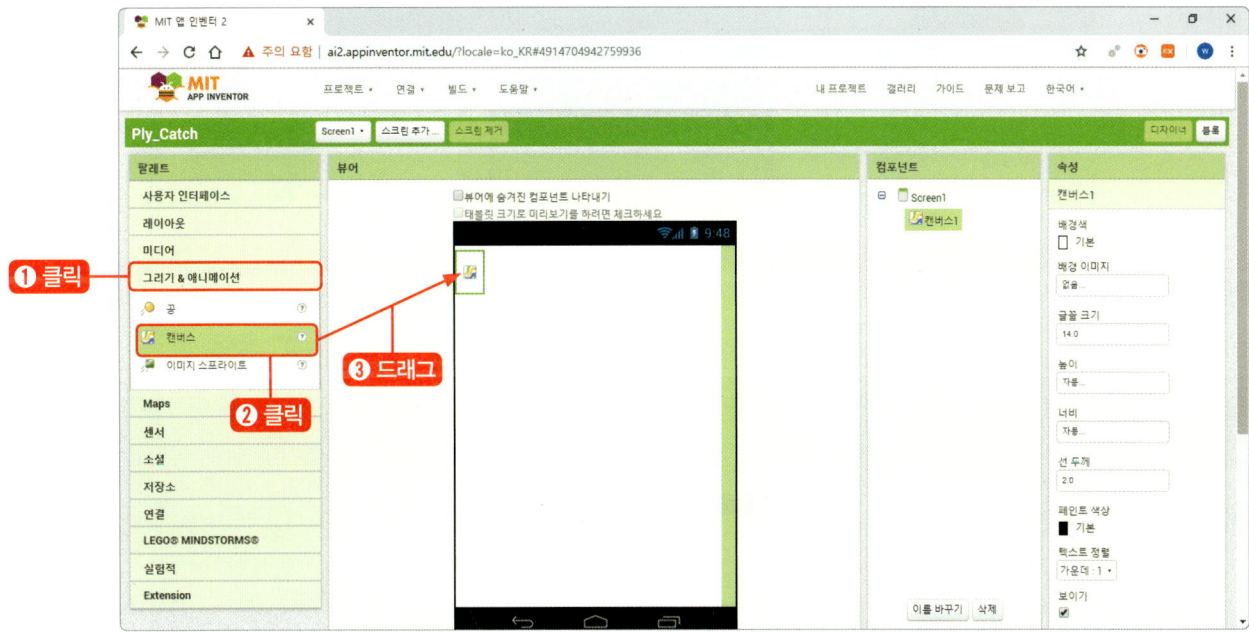

Chapter 04. 징그러운 파리를 잡아줘! _ **055**

3 날아다니는 '파리'를 만들기 위해 [팔레트]의 [그리기 & 애니메이션] 그룹에서 '이미지 스프라이트' 컴포넌트를 [뷰어]에 있는 '캔버스' 안으로 드래그 합니다.

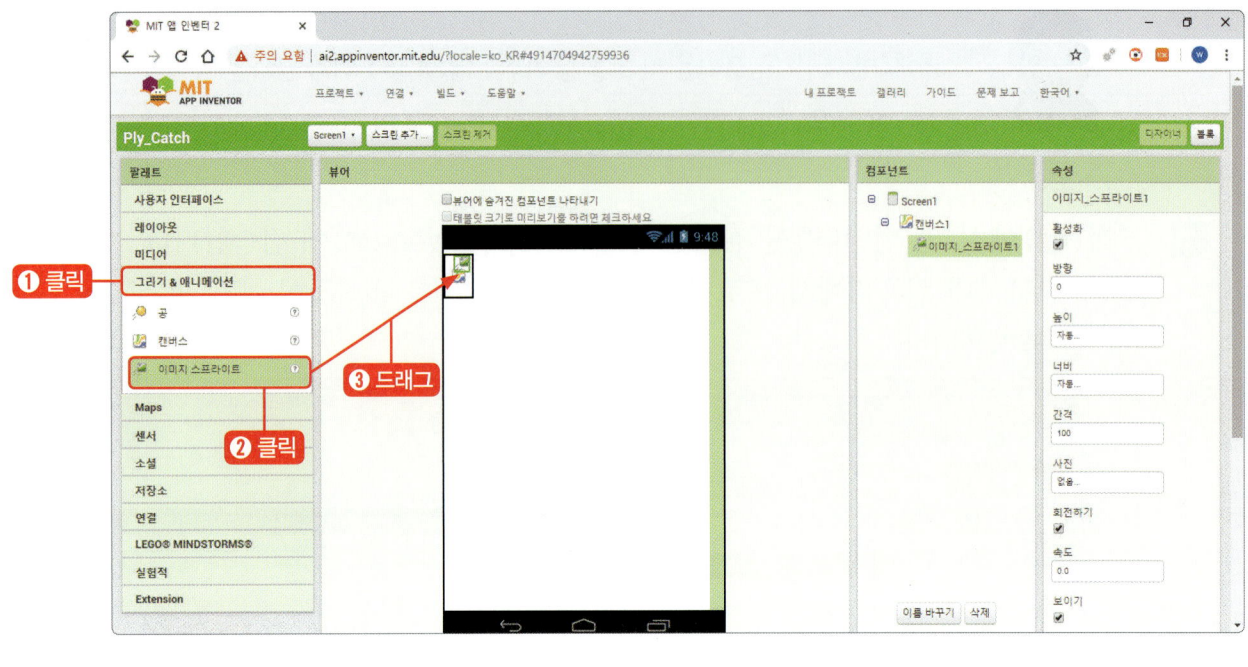

Tip

컴포넌트 창에서 '이미지 스프라이트'의 위치가 '캔버스' 안쪽이 맞는지 확인할 수 있어!

4 동일한 방법으로 '캔버스'에 '이미지 스프라이트'를 12개 더 드래그 하여 총 13개를 만듭니다.

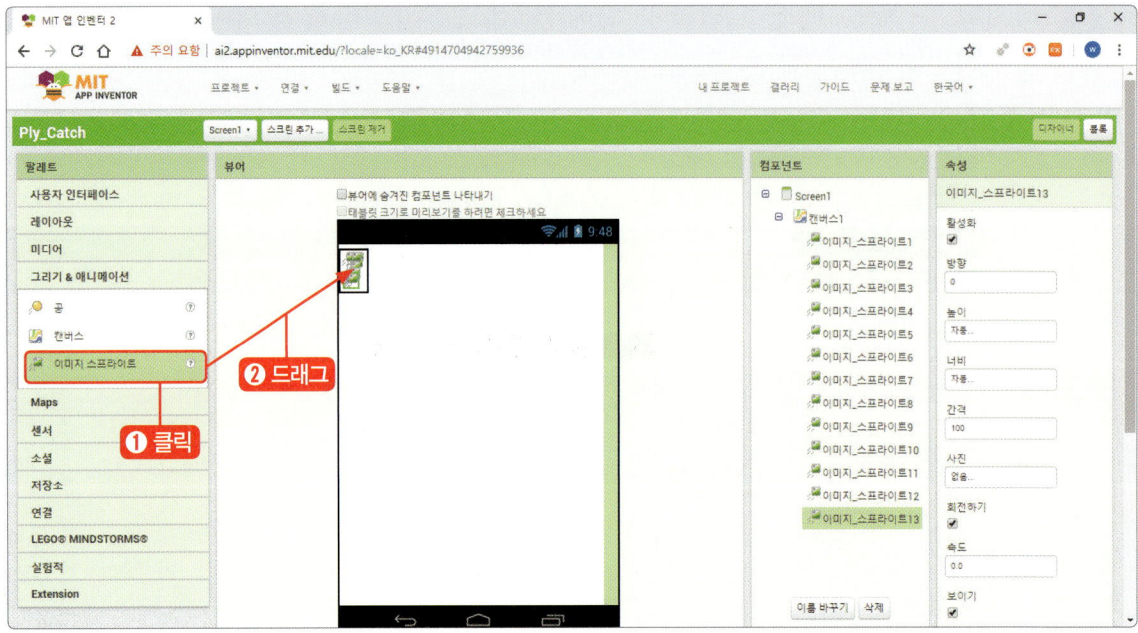

5 스마트폰 화면에 점수와 시간을 표시하기 위해 [팔레트]의 [레이아웃] 그룹에서 '수평배치' 컴포넌트를 [뷰어]에 있는 '캔버스' 아래쪽으로 드래그 합니다.

6 이어서 [팔레트]의 [사용자 인터페이스] 그룹에서 '레이블' 컴포넌트 2개를 [뷰어]에 있는 '수평배치' 안쪽으로 드래그 합니다.

> **Tip**
> 앱 인벤터2에서는 같은 줄에 여러 개의 컴포넌트를 나열하지 못해. 그래서 이럴 때 사용하는 컴포넌트가 '수평배치' 컴포넌트야!

Chapter 04. 징그러운 파리를 잡아줘! _ 057

7 '음악'을 재생하기 위해 [팔레트]의 [미디어] 그룹에서 '플레이어' 컴포넌트를 [뷰어]로 드래그합니다.

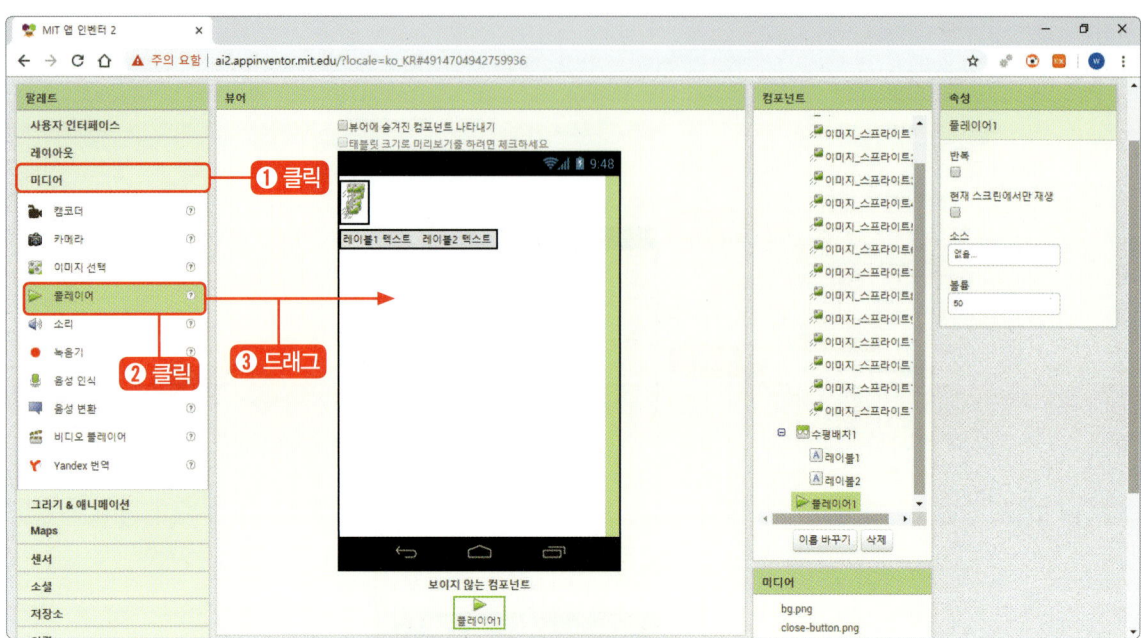

8 '시계'를 사용하기 위해 [팔레트]의 [센서] 그룹에서 '시계' 컴포넌트를 [뷰어]로 드래그합니다.

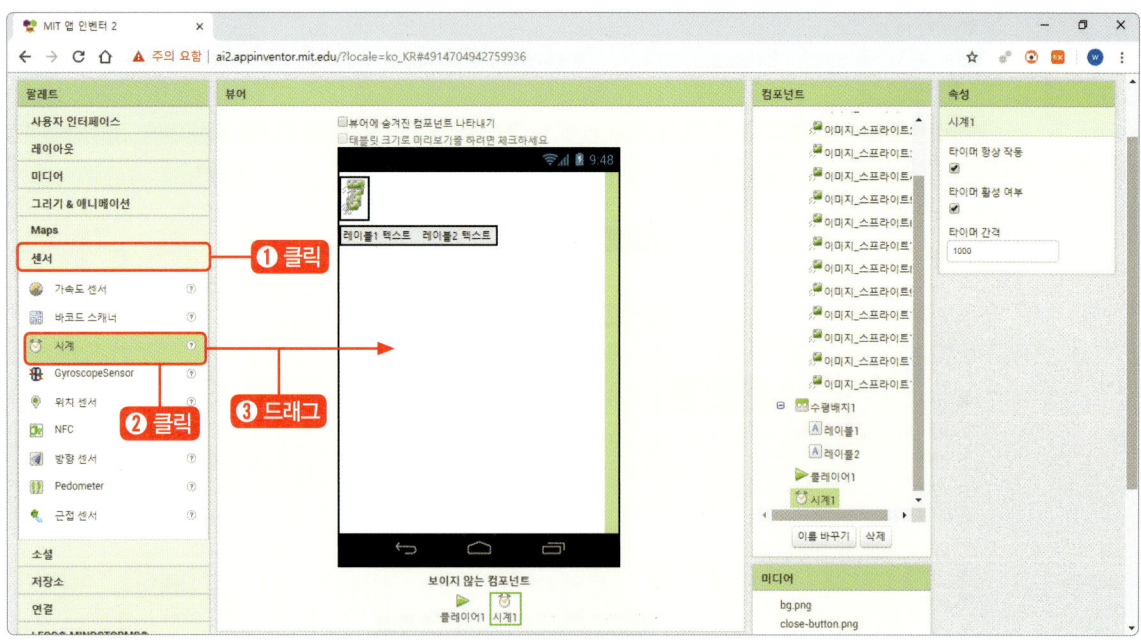

 Tip

보이지 않는 컴포넌트는 핸드폰 화면에서 보이지 않기 때문에 컴포넌트가 잘 삽입되었는지 확인하려면 [컴포넌트] 창이나 [뷰어] 창 하단을 확인해 봐야 해!

2 컴포넌트 속성 변경하기

'뷰어'로 옮긴 '컴포넌트'의 '속성'을 변경하여 디자인을 마무리해 볼까?

1️⃣ 앱('App')의 아이콘 모양이나 화면 방향, 앱 제목 등을 정하기 위해 [컴포넌트] 창에서 'Screen1'을 선택한 후 속성을 변경해 봅니다.

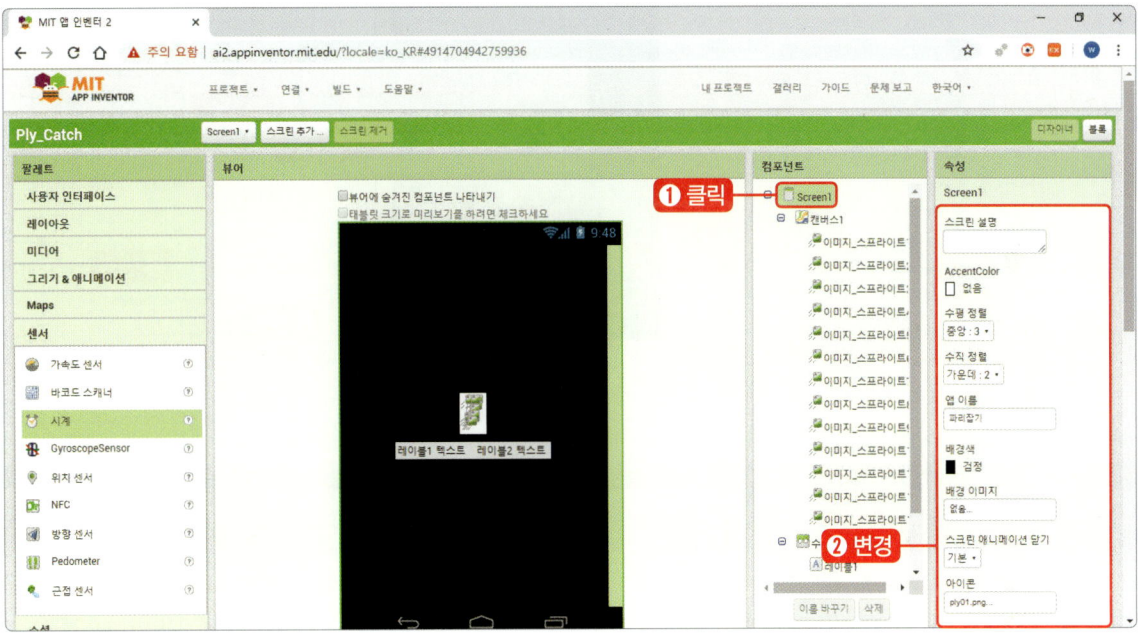

◆ Screen1

속성	❶ 수평 정렬	❷ 수직 정렬	❸ 앱 이름	❹ 배경색
변경	중앙 : 3	가운데 : 2	파리잡기	검정
속성	❺ 아이콘	❻ 스크린 방향	❼ 크기	❽ 제목 보이기
변경	ply01.png	세로	고정형	비활성화

Chapter 04. 징그러운 파리를 잡아줘! _ **059**

2 앱('App')에 배경을 삽입하기 위해 [컴포넌트] 창에서 '캔버스1'을 선택한 후 속성을 변경해 봅니다.

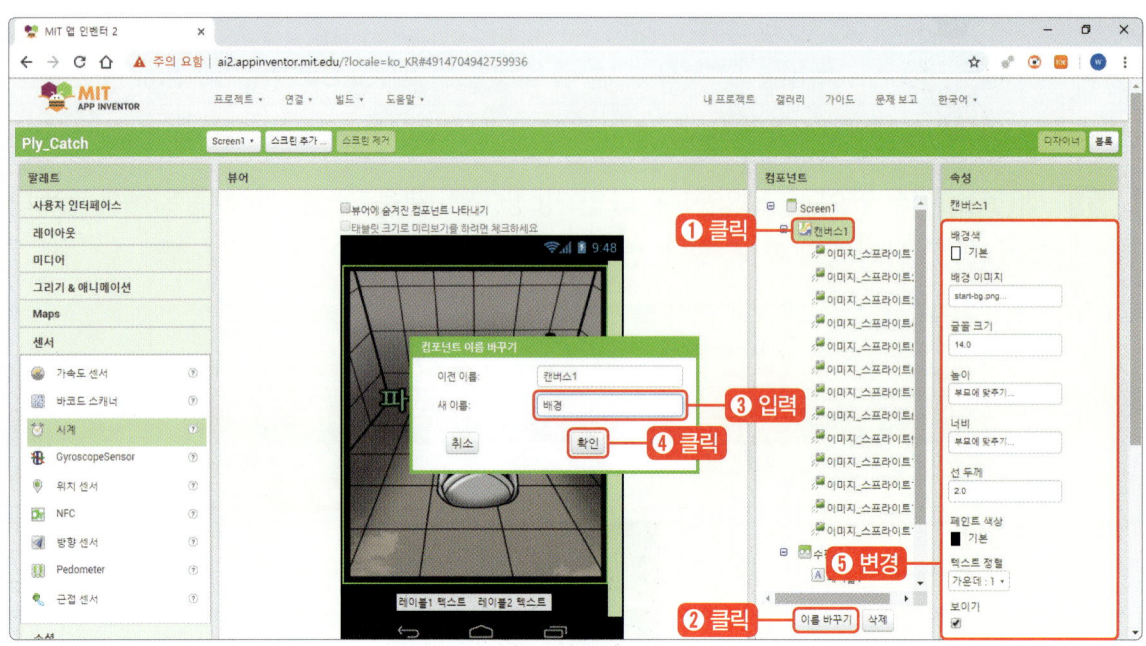

● 캔버스1

속성	❶ 이름	❷ 배경 이미지	❸ 높이	❹ 너비
변경	배경	start-bg.png	부모에 맞추기	부모에 맞추기

3 스마트폰 화면에 각각의 기능(파리, 시작, 앱 종료, 다시 시작)에 맞는 버튼을 만들기 위해 [컴포넌트] 창에서 '캔버스' 안쪽에 있는 '이미지_스프라이트1'~'이미지_스프라이트13'을 각각 선택한 후 속성을 변경해 봅니다.

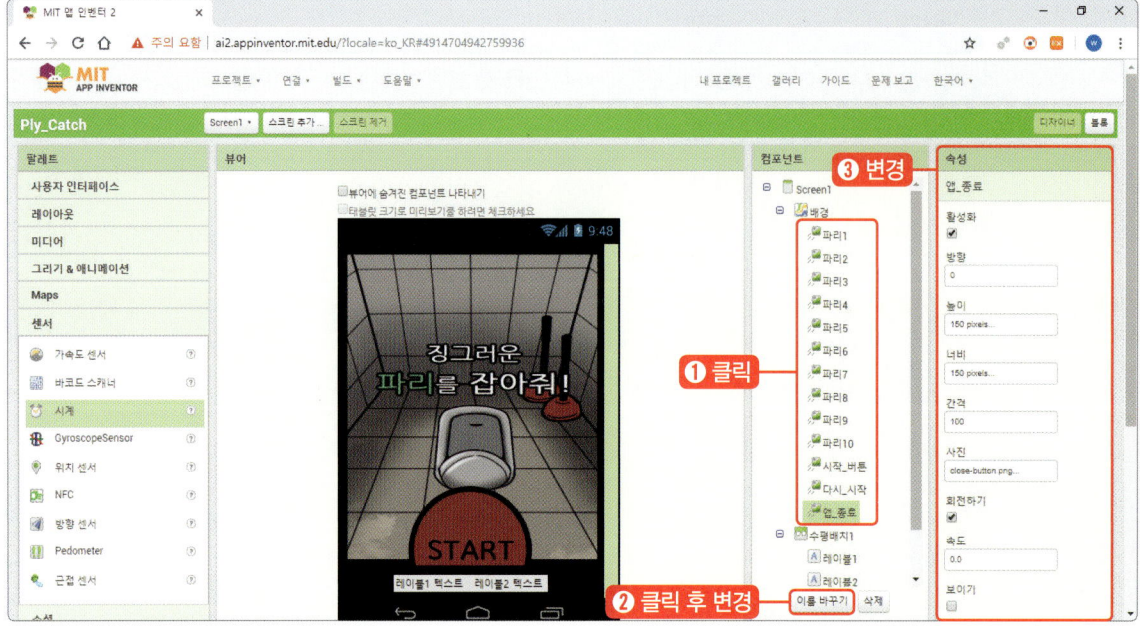

 이미지 컴포넌트1~13

속성	❶ 이름	❷ 방향	❸ 높이	❹ 너비	❺ 사진	❻ 속도	❼ 보이기	❽ x	❾ y
변경	파리1	270	50	80	ply01.png	10	비활성화	207	256
	파리2	150	50	80	ply01.png	30	비활성화	217	291
	파리3	45	50	80	ply01.png	50	비활성화	22	38
	파리4	175	50	80	ply01.png	40	비활성화	117	281
	파리5	165	50	80	ply01.png	50	비활성화	31	172
	파리6	30	50	80	ply01.png	30	비활성화	74	167
	파리7	25	50	80	ply01.png	100	비활성화	117	272
	파리8	94	50	80	ply01.png	20	비활성화	25	212
	파리9	195	50	80	ply01.png	70	비활성화	165	41
	파리10	190	50	80	ply01.png	60	비활성화	45	129
	시작버튼	0	150	150	start-button.png	0	활성화	80	274
	다시 시작	0	150	150	restart-button.png	0	비활성화	8	272
	앱 종료	0	150	150	close-button.png	0	비활성화	165	272

Tip

이미지 스프라이트의 속성 중 '속도'와 '방향' 설정만으로도 '파리'가 화면 이곳 저곳을 날아다니게 할 수 있어!

4 스마트폰 화면에 '시간'을 표시하고, '시계'와 '음악'을 작동시키기 위해 [컴포넌트] 창에서 '수평배치1'과 안쪽에 있는 '레이블' 2개, '플레이어1', '시계1' 순으로 속성을 변경해 봅니다.

⬢ 수평배치1

속성	❶ 배경색
변경	검정

⬢ 레이블1~2

속성	❶ 이름	❷ 텍스트	❸ 텍스트 색상
변경	점수 레이블	점수 : 0	흰색
	시간 레이블	시간 : 0	흰색

⬢ 플레이어1

속성	❶ 이름	❷ 반복	❸ 소스	❹ 볼륨
변경	플레이어	활성화	music.mp3	100

⬢ 시계1

속성	❶ 이름	❷ 타이머 활성 여부
변경	시계	비활성화

> **Tip**
> '시계' 컴포넌트는 임의의 시간 간격마다 지정한 행동을 반복할 수 있도록 도와주는 컴포넌트야!

5 디자인이 끝났다면 [프로젝트]의 [프로젝트 저장]을 클릭하여 파일을 저장합니다.

3 앱 정보 확인하기

 척척박사님! 오늘 만들 앱에 대한 정보를 알려주세요.

1. 앱 이름 : 파리잡기
2. 게임 시간 : 30초
3. 플레이 : 1인용
4. 게임 방법

   ❶ 앱('App')이 실행되면 'START' 버튼을 눌러 게임을 시작합니다.

   ❷ 게임이 시작되면 화장실에서 날아다니는 파리를 잡습니다.

   ❸ '30'초 동안 파리 '100'마리를 잡으면 게임에 성공하고 '100'마리를 잡지 못하면 게임에 실패합니다.

   ❹ 게임을 다시 시작하려면 '다시 시작' 버튼을 누르고 끝내려면 '앱 나가기' 버튼을 누릅니다.

터치 센서란?
스마트폰의 화면을 손으로 터치했을 때 사람의 정전기를 인식하여 터치 위치를 알아냅니다. 스마트폰의 화면은 정전 용량 방식으로 멀티 터치가 가능합니다.

Chapter 04. 징그러운 파리를 잡아줘! _ **063**

4 블록 코딩하기

척척박사님! 블록 코딩은 어떻게 하는 건가요? 빨리 앱을 만들고 싶어요!

주요 블록

코딩 스토리

① 시작버튼을 누르면 게임 진행을 위해 이미지나 버튼을 화면에서 숨기거나 보이고, 배경을 상황에 맞는 이미지로 변경합니다. 게임 진행 시간을 확인하기 위해 시계를 작동시킵니다.

② 파리가 모서리에 닿으면 다른 방향으로 전환합니다.

③ 파리를 터치하면 파리를 화면에서 숨긴 뒤 랜덤의 위치에서 다시 보이게 한 후 점수 계산 함수를 호출하여 점수를 증가시킵니다.

1 [프로젝트]의 [내 컴퓨터에서 프로젝트 (.aia) 가져오기]를 클릭하여 중간 파일('Ply_Catch_incomplete.aia')을 불러온 후 오른쪽 상단의 [블록]을 클릭하여 코딩창으로 이동합니다.

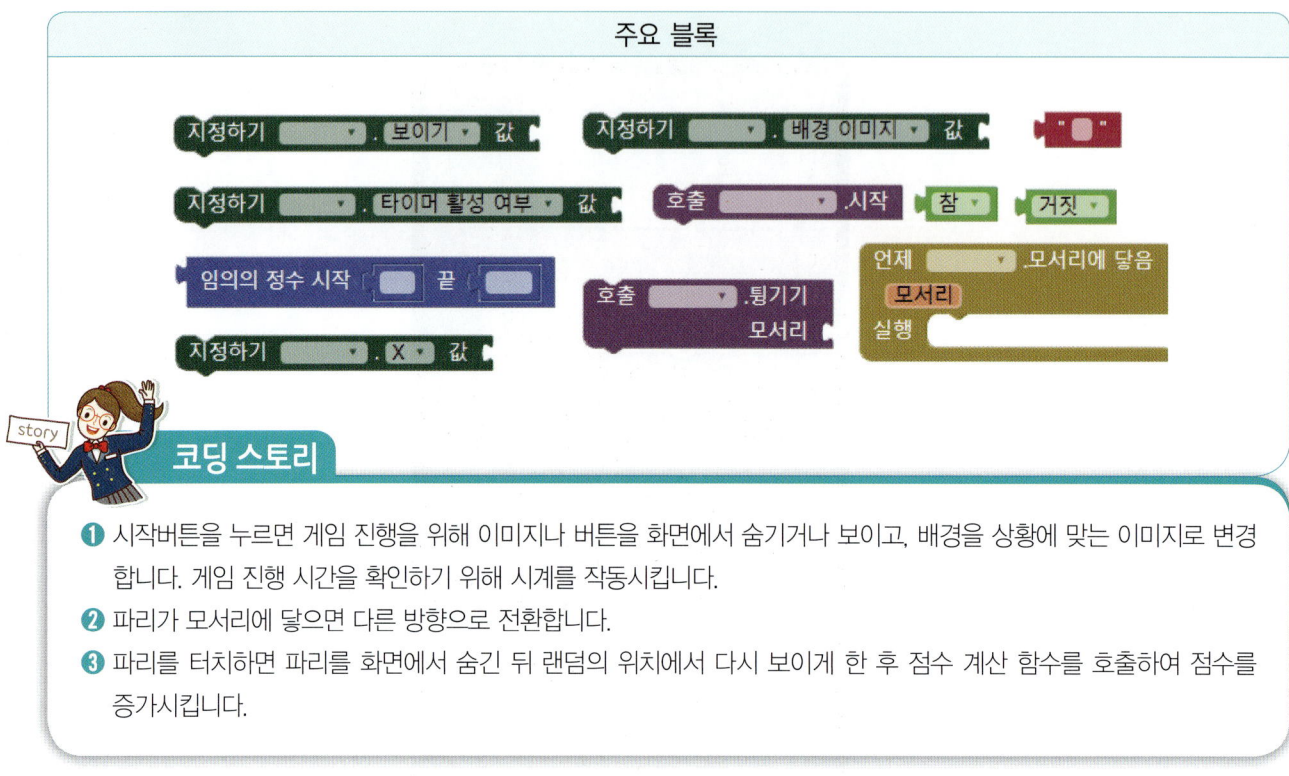

2 '파리잡기' 앱('App')을 실행하면 앱('App')을 초기화하기 위해 [블록]의 [Screen1]에서 [언제 Screen1 초기화 실행] 블록을 [뷰어]로 드래그 합니다.

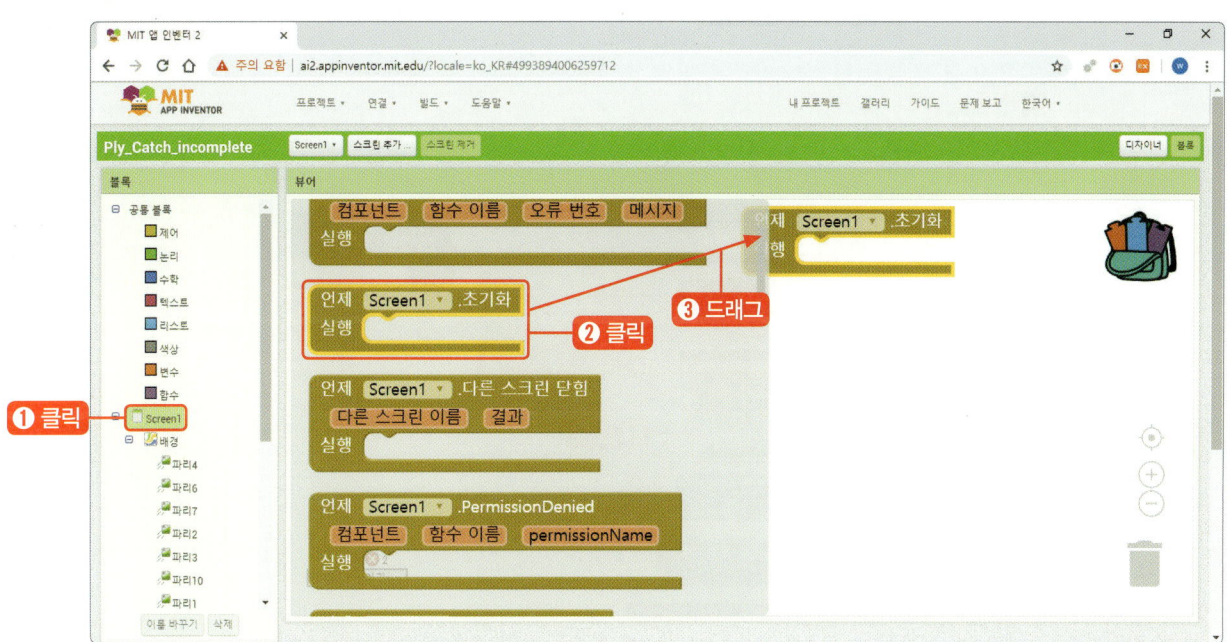

3 이어서 앱('App')이 초기화될 때 게임이 처음 상태로 리셋될 수 있도록 블록 안쪽에 다음과 같이 [블록]에서 '명령 블록'을 가져와 코딩을 완성합니다.

블록 이해하기

ⓐ 처음 앱('App')을 시작하면 배경('start-bg.png')을 변경합니다.
ⓑ 처음 앱('App')을 시작하면 시작버튼을 보입니다.
ⓒ 처음 앱('App')을 시작하면 점수('점수 : 0')를 보입니다.
ⓓ 처음 앱('App')을 시작하면 시간('시간 : 0')을 보입니다.
ⓔ 처음 앱('App')을 시작하면 음악을 재생시킵니다.

4 앱('App')이 실행되면 '시작버튼'을 터치했는지 확인할 수 있도록 [블록]-[Screen1]-[배경]-[시작버튼]에서 [언제 시작버튼.터치] 블록을 [뷰어]로 드래그 합니다.

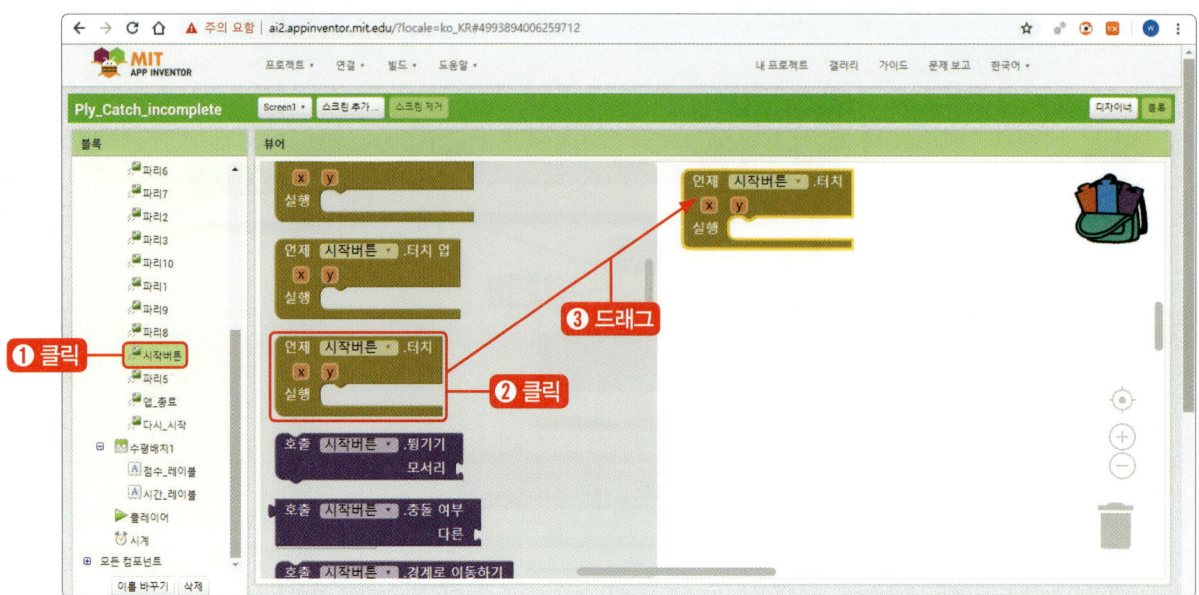

5 이어서 '시작버튼'을 터치했을 때 게임 환경을 마련하기 위해 블록 안쪽에 다음과 같이 [블록]에서 '명령 블록'을 가져와 코딩을 완성합니다.

● 블록 이해하기

ⓐ '시작버튼'을 누르면 '시작버튼'을 숨깁니다.
ⓑ '시작버튼'을 누르면 '배경(bg.png)'을 변경합니다.
ⓒ '시작버튼'을 누르면 멈춰 있는 시계를 작동시킵니다.
ⓓ '시작버튼'을 누르면 '파리1'~'파리10'이 화면에 보입니다.

6 '파리'가 날아다니다가 스마트폰의 모서리에 닿았는지 확인할 수 있도록 [블록]-[Screen1]-[배경]-[파리1]에서 [언제 파리1.모서리에 닿음 모서리 실행] 블록을 [뷰어]로 드래그 합니다.

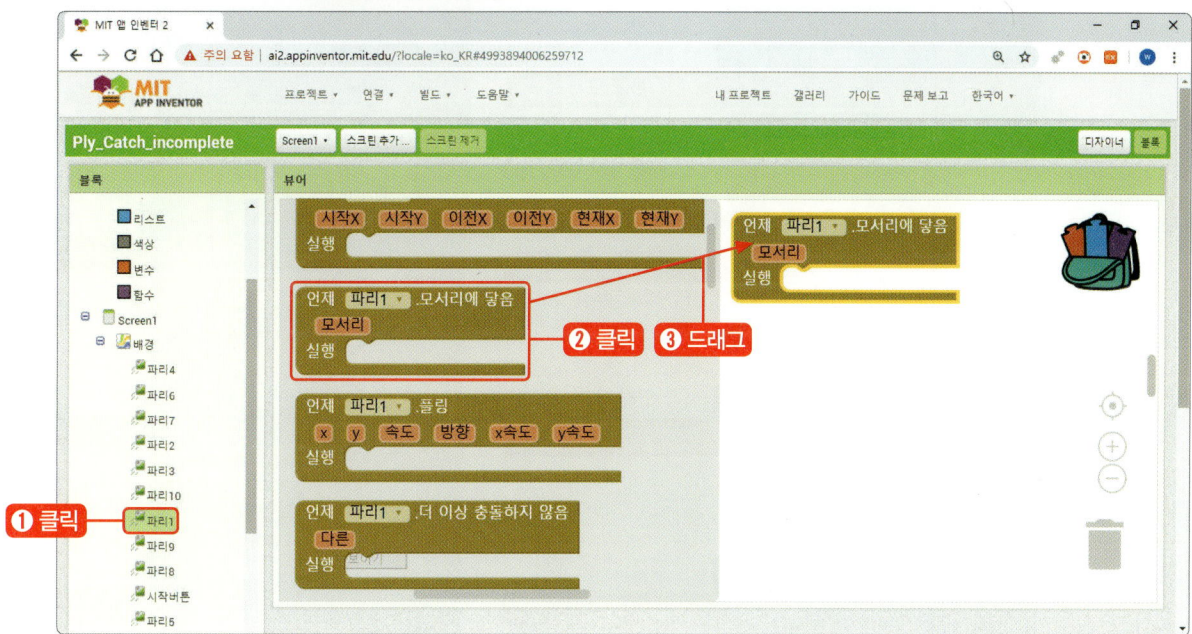

7 이어서 '파리'가 방향을 바꿔 날아갈 수 있도록 다음과 같이 [블록]에서 '명령 블록'을 가져와 코딩을 완성합니다.

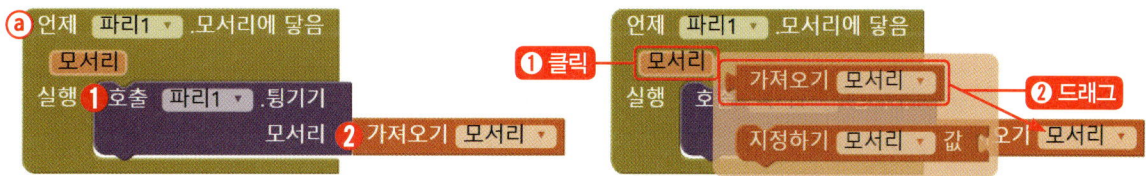

🔷 블록 위치 확인
❶ [블록]-[Screen1]-[배경]-[파리1]
❷ 필요한 블록의 [모서리] 사용

🔷 블록 이해하기
ⓐ '파리1'이 모서리에 닿았다면(모서리 값 확인) '방향'을 바꿉니다.

8 동일한 방법으로 '파리2'부터 '파리10'까지 '파리'가 스마트폰의 모서리에 닿으면 방향을 바꿔 날아갈 수 있도록 코딩을 완성합니다.

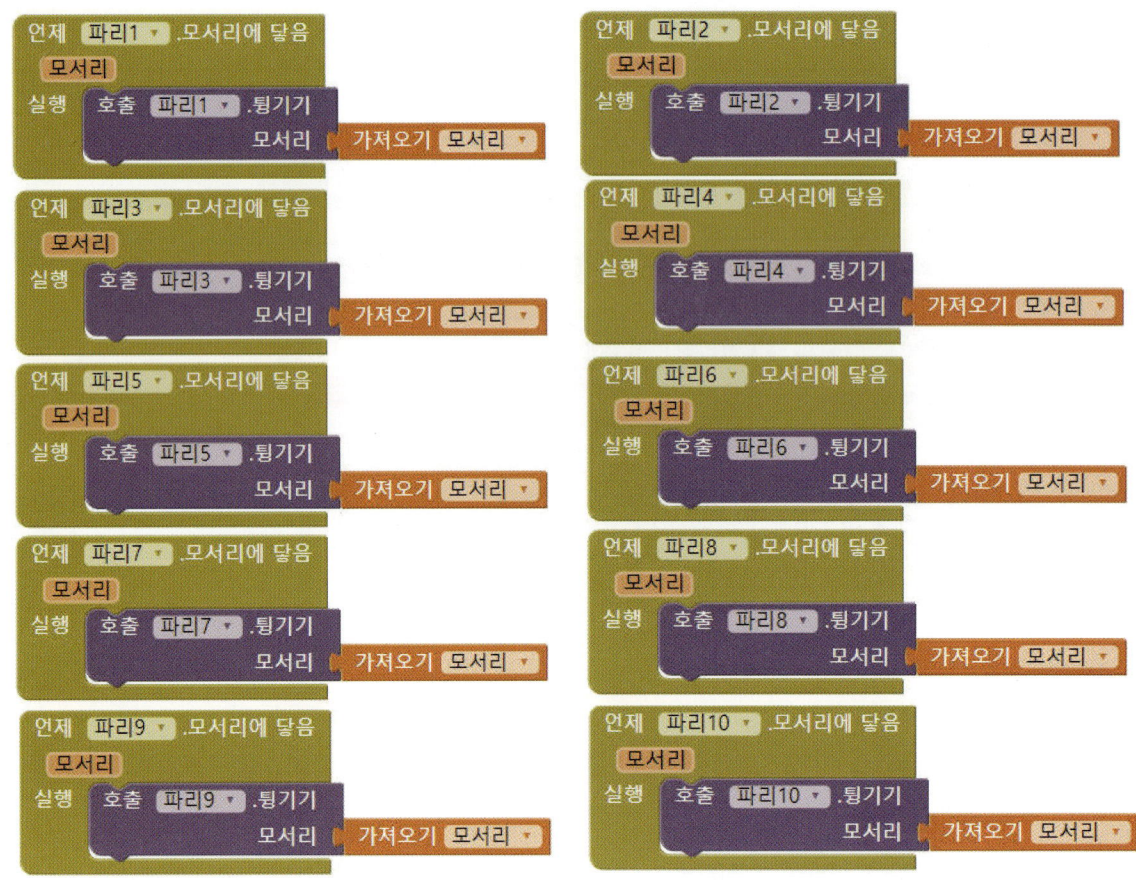

9 스마트폰 화면 안의 '파리'를 손으로 터치했는지 확인할 수 있도록 [블록]-[Screen1]-[배경]-[파리1]에서 [언제 파리1.터치] 블록을 [뷰어]로 드래그 합니다.

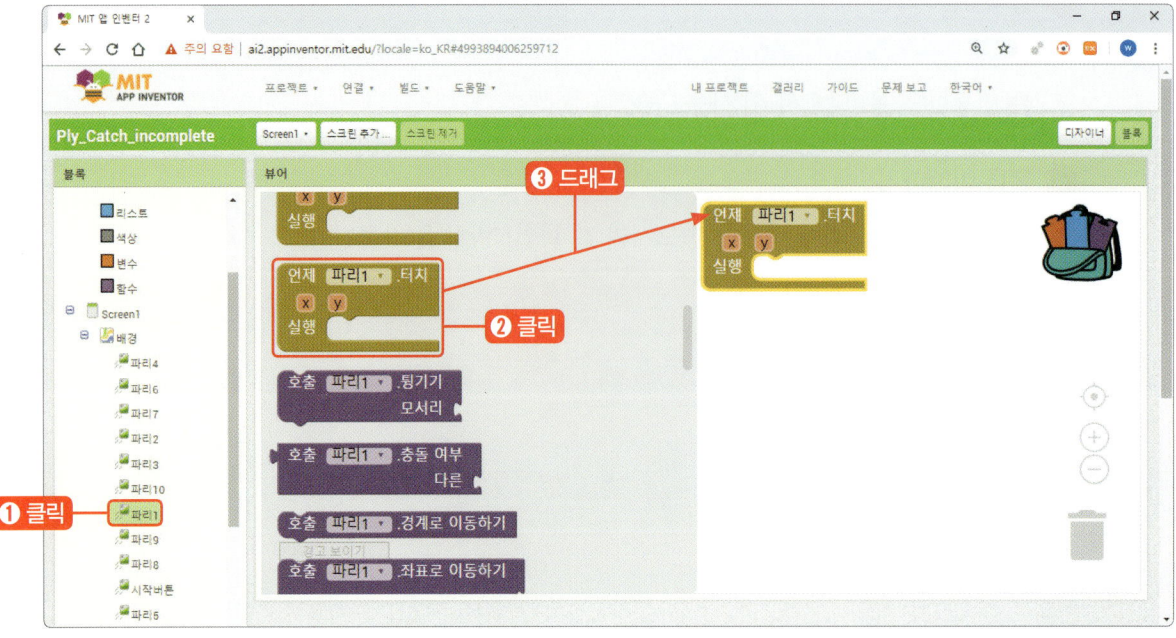

10 '파리'를 손으로 터치했다면 '파리'의 위치를 랜덤으로 이동시킬 수 있도록 다음과 같이 [블록]에서 '명령 블록'을 가져와 코딩을 완성합니다.

블록 위치 확인

❶ [블록]-[Screen1]-[배경]-[파리1]
❷ [블록]-[공통 블록]-[함수]
❸ [블록]-[공통 블록]-[논리]
❹ [블록]-[공통 블록]-[수학]
❺ [블록]-[공통 블록]-[논리]

블록 이해하기

ⓐ '파리1'을 누르면 '파리1'을 숨깁니다.
ⓑ '파리1'을 누르면 '파리1'의 x좌표 값을 '20'~'130' 사이의 임의의 수로 랜덤 위치로 변경합니다.
ⓒ '파리1'을 누르면 '파리1'의 y좌표 값을 '20'~'230' 사이의 임의의 수로 랜덤 위치로 변경합니다.
ⓓ '파리1'을 누르면 '파리1'을 보입니다.
ⓔ '파리1'을 누르면 '점수 계산' 함수를 호출합니다.

11 동일한 방법으로 '파리2'부터 '파리10'까지 손으로 터치했다면 랜덤으로 위치를 이동하여 나타날 수 있도록 코딩을 완성합니다.

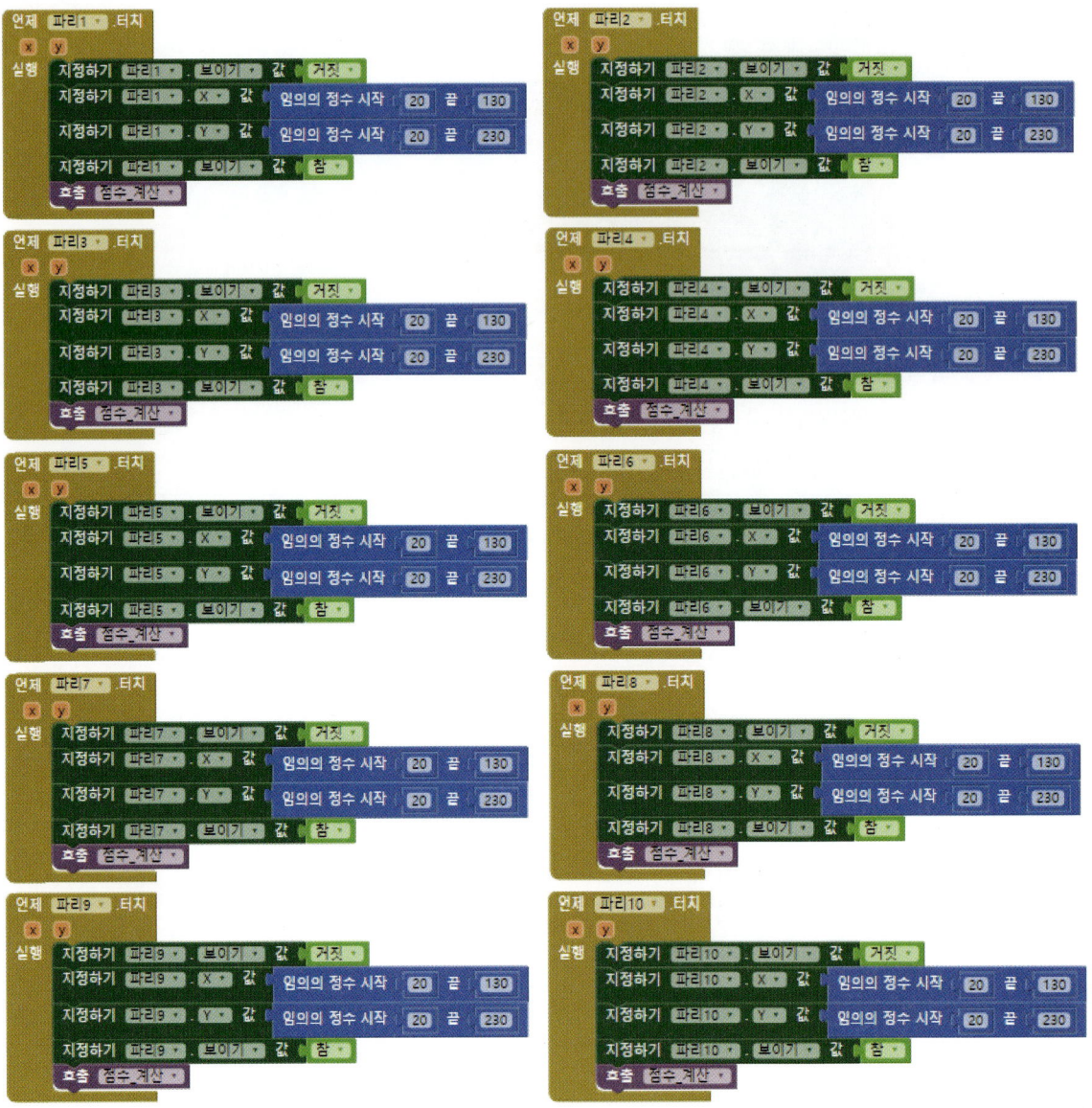

12 '앱 종료' 버튼을 누르면 앱('App')이 종료될 수 있도록 [블록]-[Screen1]-[배경]-[앱 종료]에서 [언제 앱 종료.터치 실행] 블록을 [뷰어]로 드래그 한 후 [블록]-[공통 블록]-[제어]에서 [앱 종료] 블록을 가져옵니다.

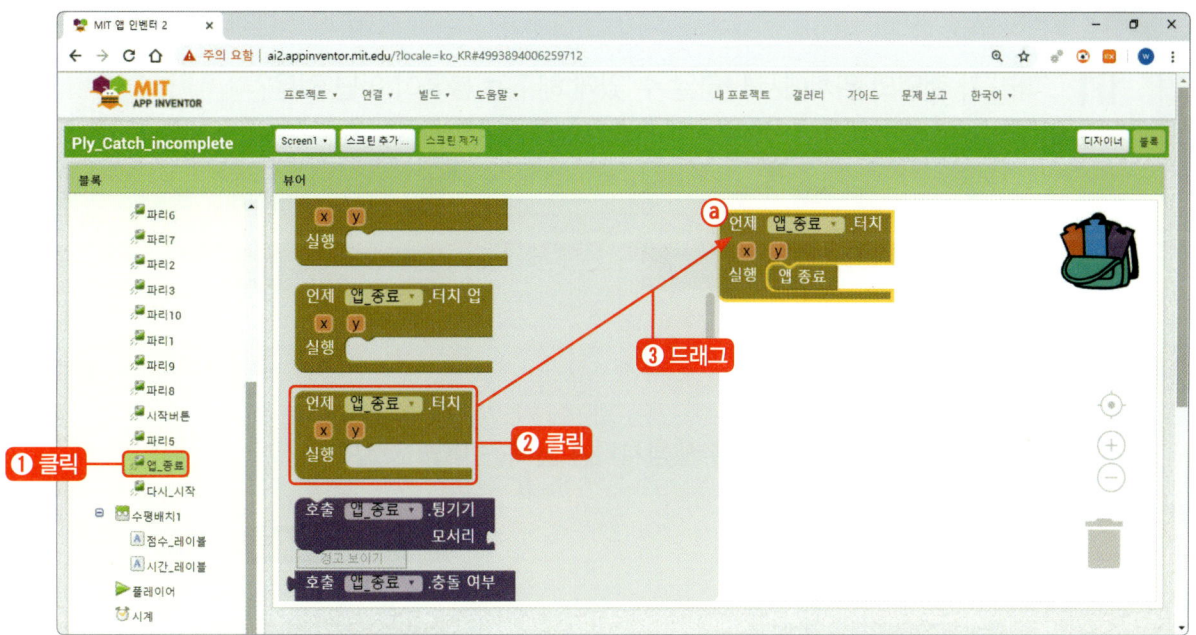

블록 이해하기

ⓐ '앱 종료' 버튼을 누르면 앱('App')을 종료합니다.

Chapter 04 척척박사의 퀴즈 타임!

01 '파리'가 랜덤의 위치에서 나타날 수 있게 해주는 블록이 아닌 것은?

① 지정하기 파리3. Y 값
② 임의의 정수 시작 20 끝 230
③ 지정하기 파리3. X 값
④ "start-bg.png"

02 앱('App')이 시작될 때 음악을 재생시키는 블록은 어느 것일까요?

① 호출 파리7.튕기기 모서리
② 호출 점수_계산
③ 호출 플레이어.시작
④ 가져오기 모서리

03 '파리'가 스마트폰의 모서리에 닿았는지 확인할 수 있는 블록은 어느 것일까요?

① 언제 파리2.모서리에 닿음 모서리 실행
② 호출 파리2.튕기기 모서리
③ 가져오기 모서리
④ " "

04 '파리'가 날아가는 모습을 블록으로 코딩하지 않았는데도 움직일 수 있었던 이유는 어떤 속성을 변경해서였나요?

① 속도
② x좌표
③ 배경
④ 보이기

Part 03

[가속도 센서]

흔들어봐! 쉐킷쉐킷 다이어트

◆ 가속도 센서는 이동하는 속도나 충격의 세기를 알려주는 센서입니다. 이 원리는 물체가 갑자기 움직이거나 갑자기 멈췄을 때를 인식할 수 있는 센서로, 자동차의 가감속 등 실생활에서 다양하게 활용되고 있습니다.

Chapter 05
화면 디자인하기

Chapter 06
'초기화' 코딩하기

Chapter 07
'타이머' 코딩하기

Chapter 08
'가속도 센서' 코딩하기

화면 디자인하기

Chapter 05

- 컴포넌트를 이용하여 앱('App')을 디자인할 수 있습니다.
- 컴포넌트의 속성을 변경할 수 있습니다.

▶ 예제 파일 : Diet.aia

• 게임 난이도 : ☆★★★★   • 진행 시간 : 5분   • 디자인 난이도 : ☆☆☆★★

▲ 얼렁뚱땅 다이어트 디자인 완성 화면

영상 파일₩5-8강_얼렁뚱땅 다이어트.mp4   영상 위치

컴포넌트 스토리

❶ 캔버스 1개, 이미지 스프라이트 5개
❷ 수평배치 1개, 레이블 2개
❸ 플레이어 1개, 시계 1개, 가속도 센서 1개

스크린 디자인하기

척척박사님! '얼렁뚱땅 다이어트' 앱('App') 디자인하는 방법을 빨리 알려주세요!

1 '크롬( )'에서 '앱 인벤터2'를 검색한 후 'MIT App Inventor2'에 접속합니다. 상단 메뉴의 [프로젝트]-[내 컴퓨터에서 프로젝트 (.aia) 가져오기]를 클릭하여 예제 파일('Diet.aia')을 불러옵니다.

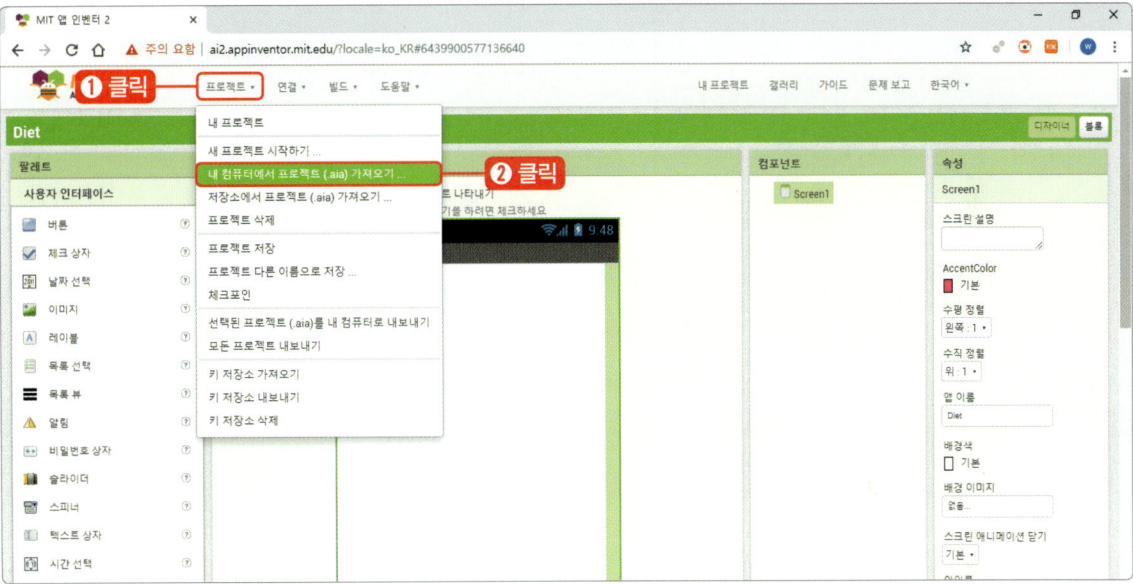

2 터치가 가능한 배경을 만들기 위해 [팔레트]의 [그리기 & 애니메이션] 그룹에서 '캔버스' 컴포넌트를 [뷰어]로 드래그 합니다.

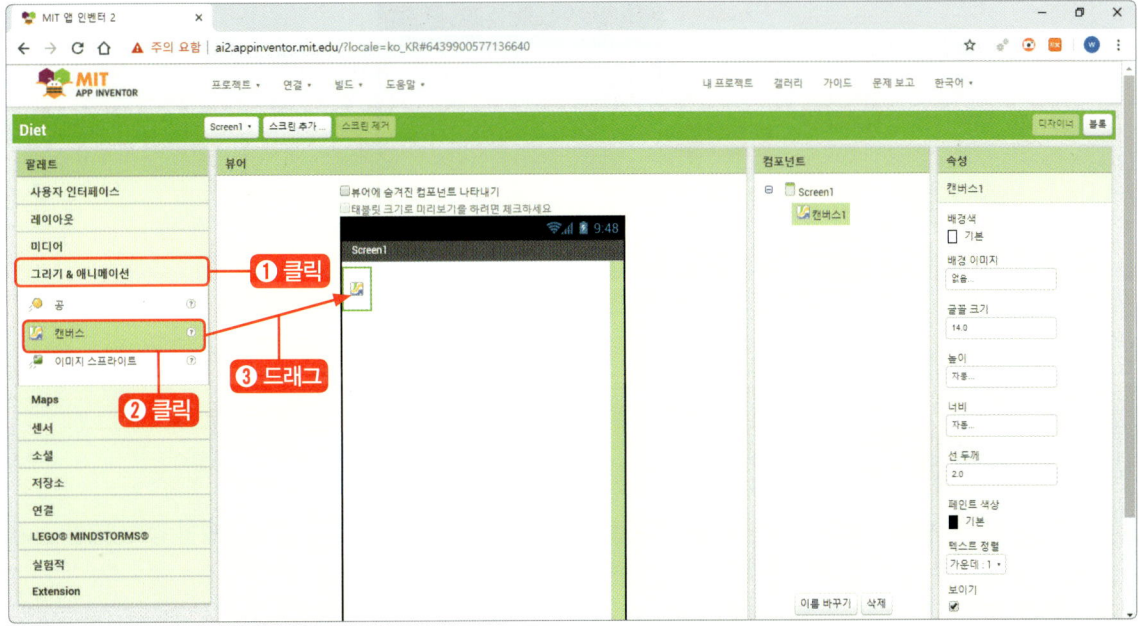

3 앱('App')에 필요한 '버튼'과 '캐릭터'를 화면에 나타내기 위해 [팔레트]의 [그리기 & 애니메이션] 그룹에서 '이미지 스프라이트' 컴포넌트를 [뷰어]의 '캔버스' 안쪽으로 5개 드래그합니다.

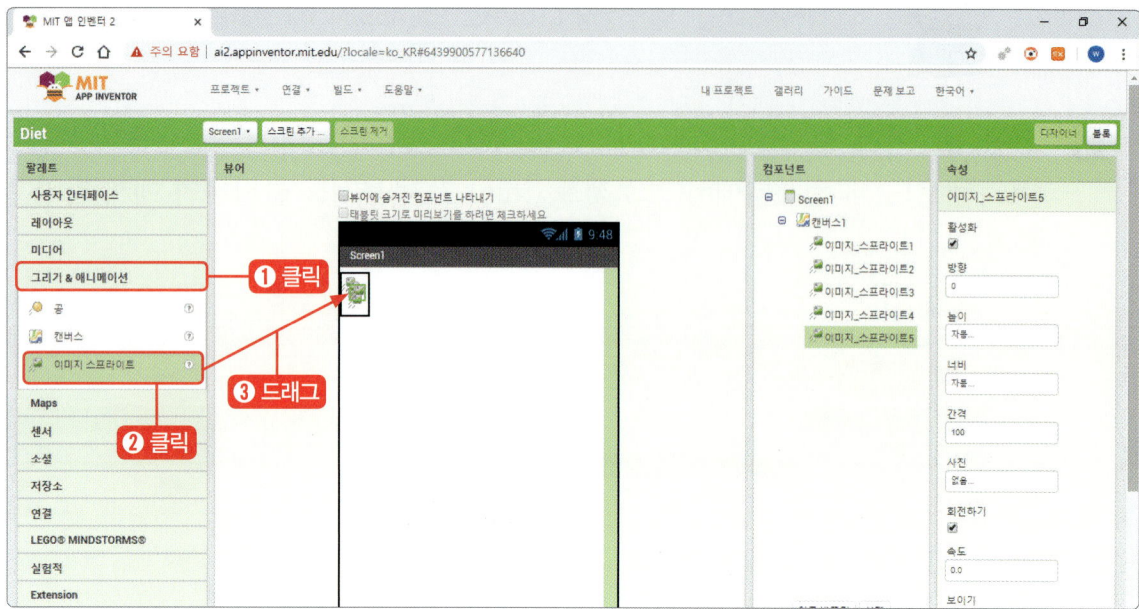

4 스마트폰 화면에 앱('App')의 진행 시간과 소모 칼로리를 계산하여 같은 줄에 표시하기 위해 [팔레트]의 [레이아웃] 그룹에서 '수평배치' 컴포넌트를 [뷰어]의 '캔버스' 아래쪽으로 드래그합니다.

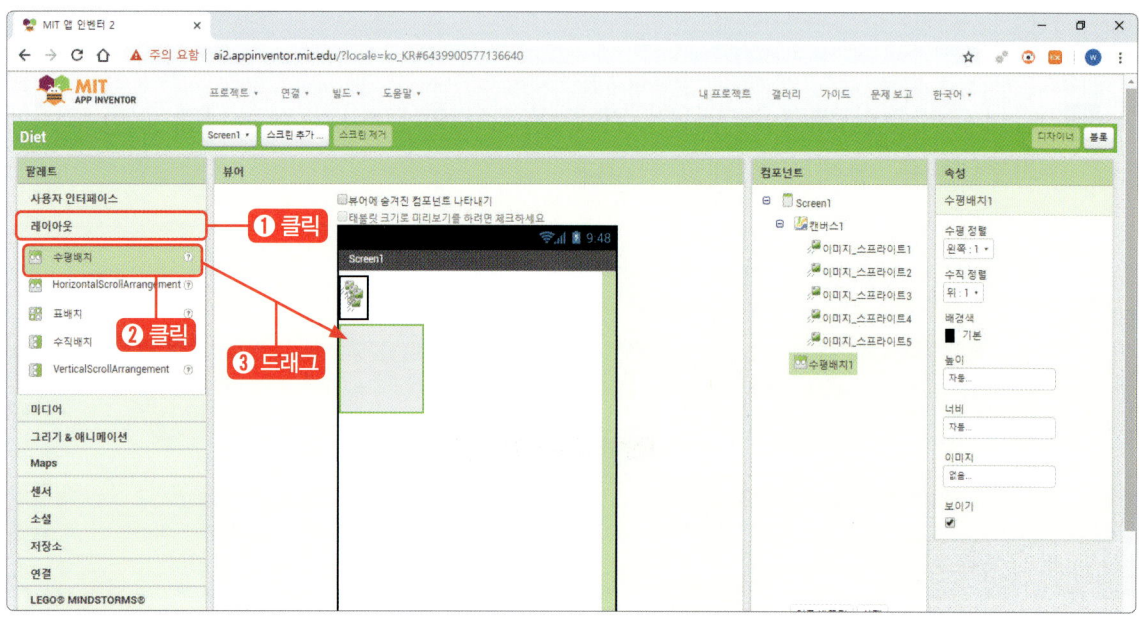

'수평배치' 컴포넌트의 크기는 별도로 수정할 필요가 없어. '수평배치' 안에 정렬할 컴포넌트를 추가하면 추가된 컴포넌트 크기에 맞춰 자동으로 변경되거든!

5 진행 시간과 소모 칼로리를 화면에 나타내기 위해 [팔레트]의 [사용자 인터페이스] 그룹에서 '레이블' 컴포넌트를 [뷰어]의 '수평배치1' 안쪽으로 2개 드래그 합니다.

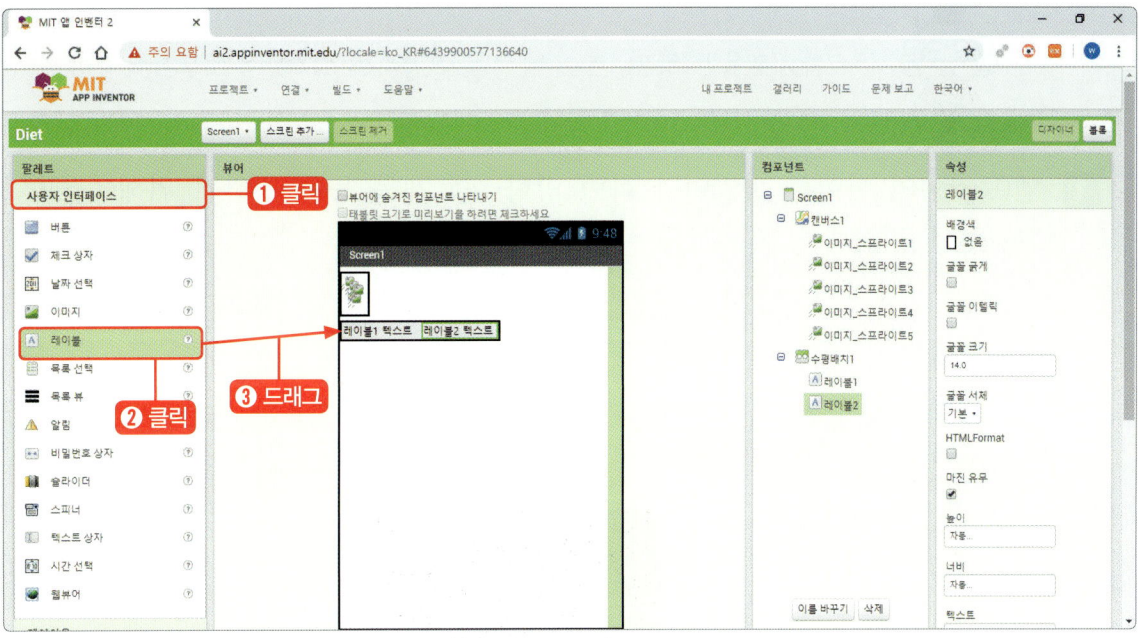

6 '음악'을 재생하고, 흐르는 '시간'을 계산하기 위해 [팔레트]의 [미디어] 그룹에서 '플레이어' 컴포넌트와 [센서] 그룹에서 '시계' 컴포넌트를 각각 [뷰어]로 드래그 합니다. 이어서 스마트폰을 흔들었을 때 명령을 실행할 수 있도록 [팔레트]의 [센서] 그룹에서 '가속도 센서' 컴포넌트를 [뷰어]로 드래그 합니다.

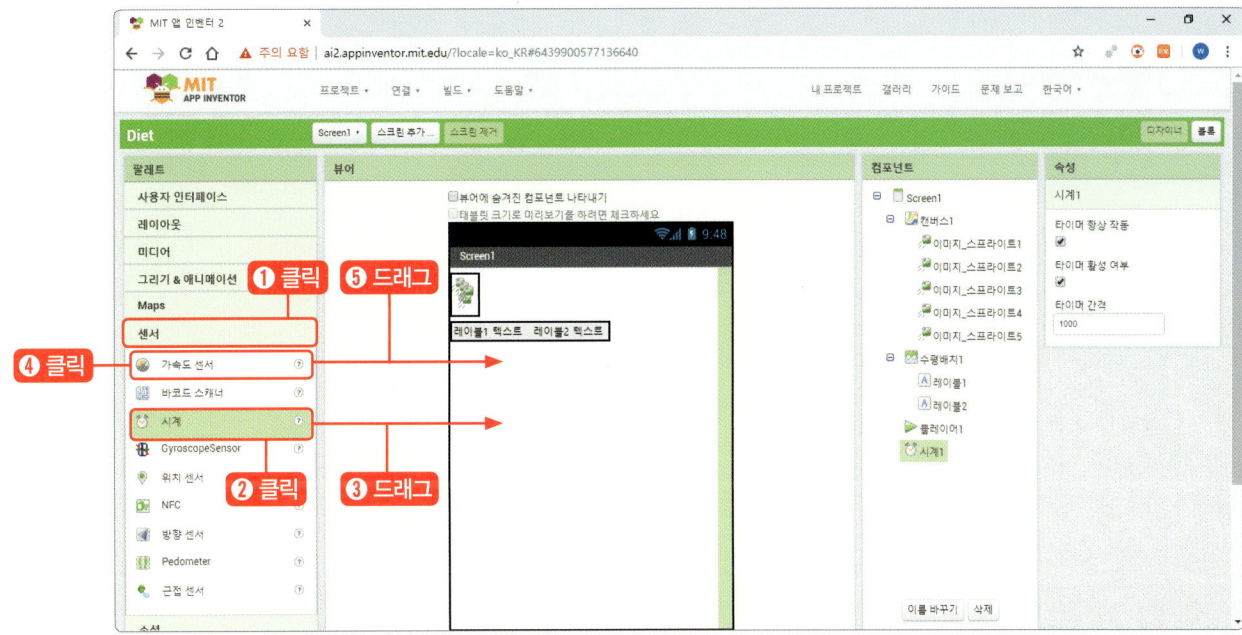

Chapter 05. 화면 디자인하기 _ 077

2 컴포넌트 속성 변경하기

 '뷰어'로 옮긴 '컴포넌트'의 '속성'을 변경하여 디자인을 마무리해 볼까?

1 앱('App')의 아이콘 모양이나 화면 방향, 앱 제목 등을 정하기 위해 [컴포넌트] 창에서 'Screen1'을 선택한 후 속성을 변경해 봅니다.

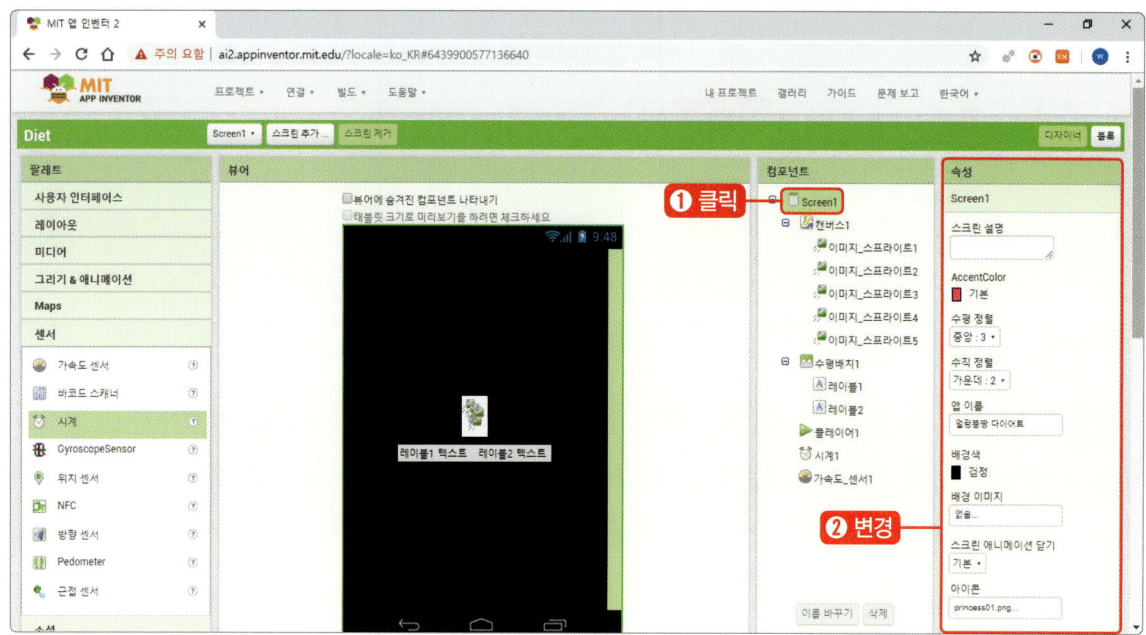

● Screen1

속성	❶ 수평 정렬	❷ 수직 정렬	❸ 앱 이름	❹ 배경색
변경	중앙 : 3	가운데 : 2	얼렁뚱땅 다이어트	검정
속성	❺ 아이콘	❻ 스크린 방향	❼ 크기	❽ 제목 보이기
변경	princess01.png	세로	고정형	비활성화

2 앱('App')의 배경화면을 헬스장으로 디자인하기 위해 [컴포넌트] 창에서 '캔버스1'을 선택한 후 속성을 변경해 봅니다.

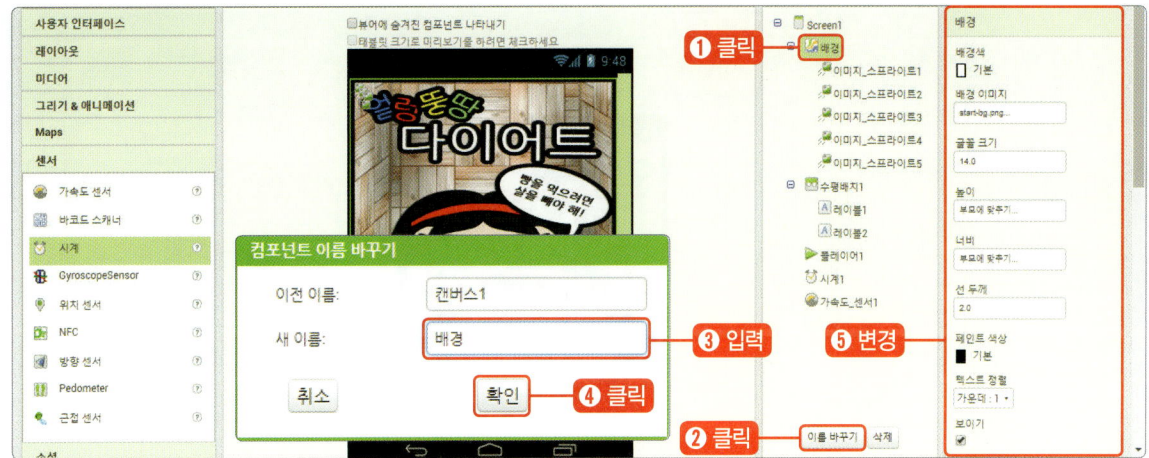

● 캔버스1

속성	❶ 이름	❷ 배경 이미지	❸ 높이	❹ 너비
변경	배경	start-bg.png	부모에 맞추기	부모에 맞추기

3 앱('App') 배경화면에 '백설 공주'와 '버튼'이 나타날 수 있도록 [컴포넌트] 창에서 '이미지 스프라이트'를 선택한 후 각각 속성을 변경해 봅니다.

● 이미지 스프라이트1~5

속성	❶ 이름	❷ 높이	❸ 너비	❹ 사진	❺ 보이기	❻ x	❼ y
변경	앱 종료	70	150	close-button.png	비활성화	0	480
	다시 시작	70	150	restart-button.png	비활성화	180	480
	시작버튼	70	150	start-button.png	활성화	90	480
	백설 공주	350	200	princess01.png	비활성화	50	150
	에너지	40	300	energy-0.png	비활성화	10	90

Chapter 05. 화면 디자인하기 _ 079

4 'Screen1'의 배경색에 맞춰 '수평배치1'의 색상을 변경하기 위해 [컴포넌트] 창에서 '수평배치1'을 선택한 후 속성을 변경해 봅니다.

● 수평배치1

속성	❶ 배경색
변경	검정

5 '레이블 텍스트'가 앱('App')의 배경화면에서 보일 수 있도록 [컴포넌트] 창에서 '레이블'을 선택한 후 각각 속성을 변경해 봅니다.

● 레이블1~2

속성	❶ 이름	❷ 텍스트	❸ 텍스트 색상
변경	시간 레이블	시간 : 0	흰색
	칼로리 레이블	소모 칼로리 : 0	흰색

6 플레이어와 시계를 작동시키기 위해 [컴포넌트] 창에서 '플레이어1'과 '시계1'을 각각 선택한 후 속성을 변경해 봅니다.

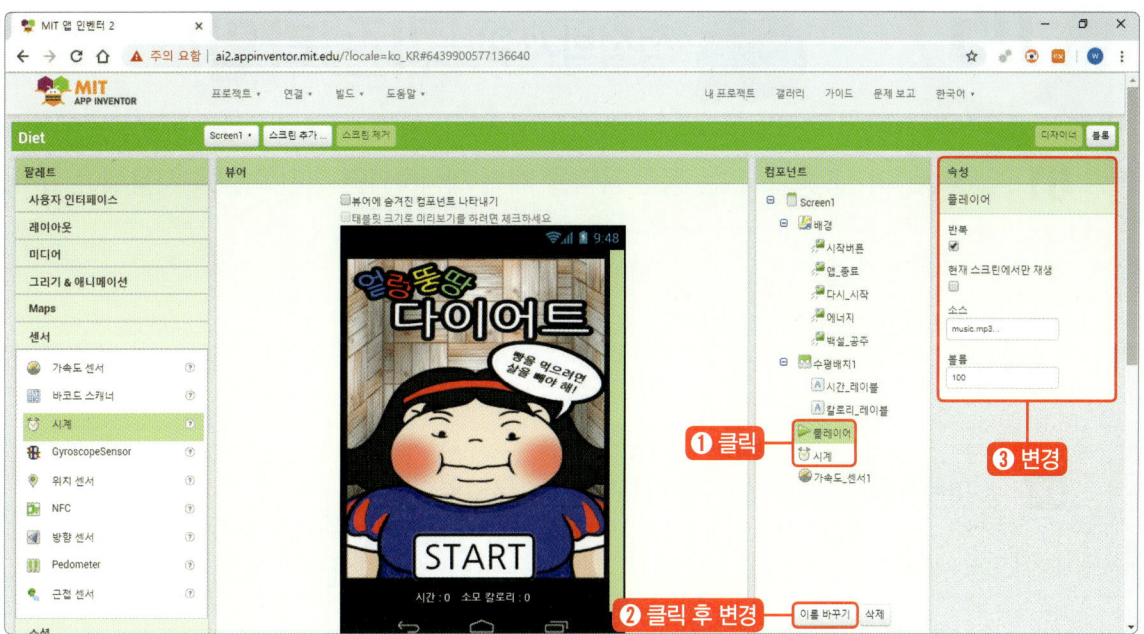

플레이어1

속성	❶ 이름	❷ 반복	❸ 소스	❹ 볼륨
변경	플레이어	활성화	music.mp3	100

시계1

속성	❶ 이름	❷ 타이머 활성 여부
변경	시계	비활성화

Chapter 05

01 앱('App')이 실행되고 있는 동안 음악을 계속 재생하려면 어떤 속성을 사용해야 할까요?

① 반복　　　　　　　　　　② 볼륨
③ 현재 스크린에서만 재생　　④ 소스

02 스마트폰을 흔들면 반응하는 컴포넌트는 무엇일까요?

① 시계　　　　　　② 플레이어
③ 가속도 센서　　　④ 레이블

03 스크린('Screen')의 크기에 맞춰 컴포넌트의 크기가 자동으로 변경되는 속성은 무엇일까요?

① 자동　　　　② 부모에 맞추기
③ pixels　　　④ percent

04 컴포넌트를 배치할 때 같은 줄에 나열하려면 어떤 컴포넌트를 사용해야 할까요?

① 레이아웃　　② 수평배치
③ 수직배치　　④ 배열배치

05 레이블의 텍스트를 '흰색'으로 변경하려면 어떤 속성을 사용해야 할까요?

① 배경색　　　② 글꼴 굵게
③ 글꼴 서체　　④ 텍스트 색상

Chapter 06 '초기화' 코딩하기

- 변수를 생성할 수 있습니다.
- 함수를 사용할 수 있습니다.
- 프로그램 초기화 시킬 수 있습니다.

▶ 예제 파일 : Diet06.aia

• 코딩 난이도 : ☆☆☆★★

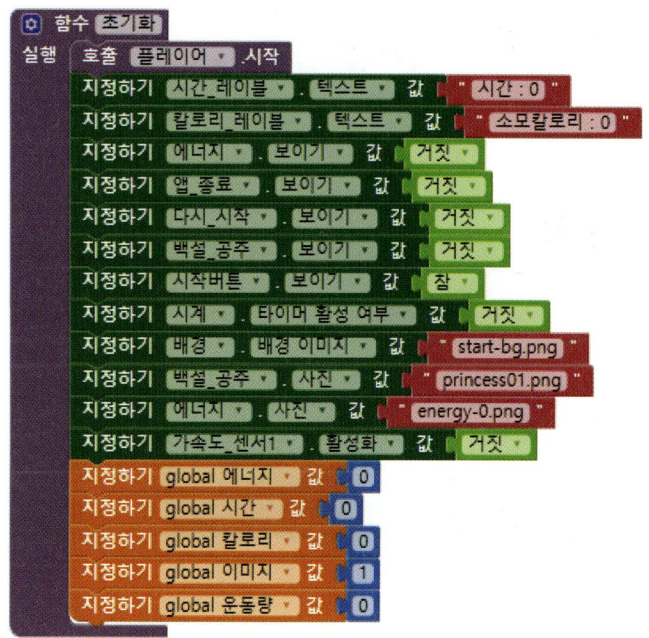

▲ 초기화 코딩 화면

코딩 스토리

영상 파일\5-8강_얼렁뚱땅 다이어트.mp4   **영상 위치**

❶ 변수를 초기화합니다(이미지 : 백설 공주 이미지 변경에 사용/운동량 : 에너지 변수 값을 올리는데 사용/에너지 : 이미지를 변경하는데 사용/시간과 칼로리 : 화면에 시간과 칼로리를 표시하는데 사용).

❷ 시작버튼을 누르면 게임 진행을 위해 이미지나 버튼을 숨기거나 보이고 배경을 상황에 맞는 이미지로 변경합니다. 스마트폰의 가속도 센서를 작동시키고 게임 진행 시간을 확인하기 위해 시계를 작동시킵니다.

❸ 게임을 실행하면 앱을 초기화하기 위해 이미지나 버튼을 화면에서 숨기거나 보이고 배경이나 캐릭터를 필요한 이미지로 변경합니다. 게임 진행 전이기 때문에 시계와 가속도 센서의 작동을 멈춥니다. 이어서 변수를 모두 초기화합니다.

 **앱 정보 확인하기**

 척척박사님! 오늘 만들 앱에 대한 정보를 알려주세요.

1. 앱 이름 : 얼렁뚱땅 다이어트
2. 게임 시간 : 5분
3. 플레이 : 1인용
4. 게임 방법

   ❶ 앱('App')이 실행되면 'START' 버튼을 눌러 게임을 시작합니다.

   ❷ 스마트폰을 한 번 흔들면 소모 칼로리가 '0.1' 칼로리씩 증가합니다.

   ❸ 소모 칼로리 '10'이 쌓이면 에너지 바가 한 칸씩 채워집니다.

   ❹ 에너지 바가 '10'칸이 모두 채워지면 백설 공주의 모습이 1차로 바뀌고, 에너지 바가 비워집니다.

   ❺ 똑같은 방법으로 소모 칼로리를 쌓으면 에너지 바가 채워지고 날씬해진 공주의 모습으로 바뀝니다.

   ❻ '5'분이 지나면 게임이 종료됩니다.

   ❼ '5'분이 지났을 때 공주의 모습이 날씬한 모습으로 바뀌면 게임에 성공합니다.

   ❽ 게임을 다시 시작하려면 'Restart' 버튼을 누르고 끝내려면 'CLOSE' 버튼을 누릅니다.

가속도 센서란?
스마트폰을 흔들었을 때 반응하는 센서로, 물체의 가속도나 충격을 측정하는 센서입니다.

블록 코딩하기

 척척박사님! 블록 코딩은 어떻게 하는 건가요? 빨리 앱을 만들고 싶어요!

주요 블록

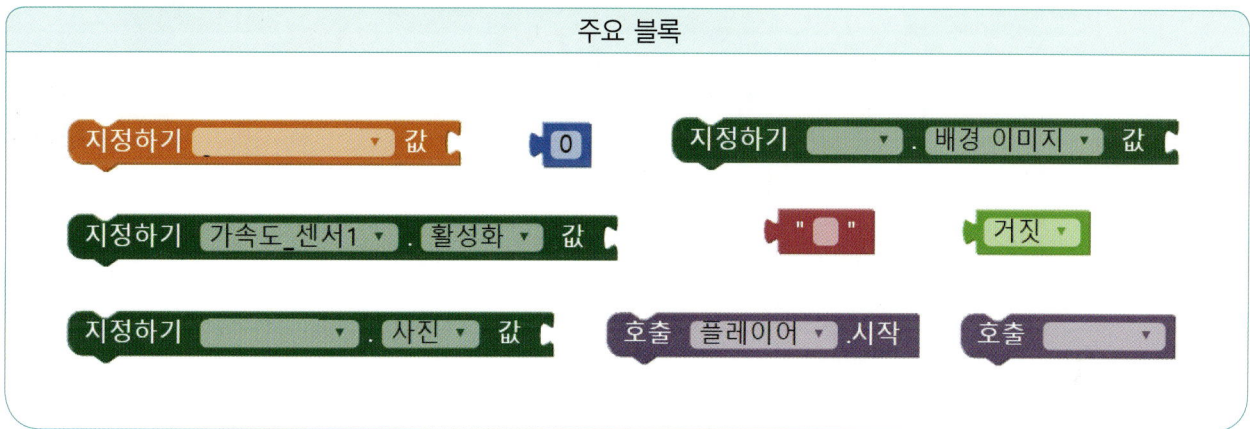

1 [프로젝트]-[내 컴퓨터에서 프로젝트 (.aia) 가져오기]를 클릭하여 예제 파일('Diet06.aia')을 불러온 후 오른쪽 상단의 [블록]을 클릭하여 코딩창으로 이동합니다.

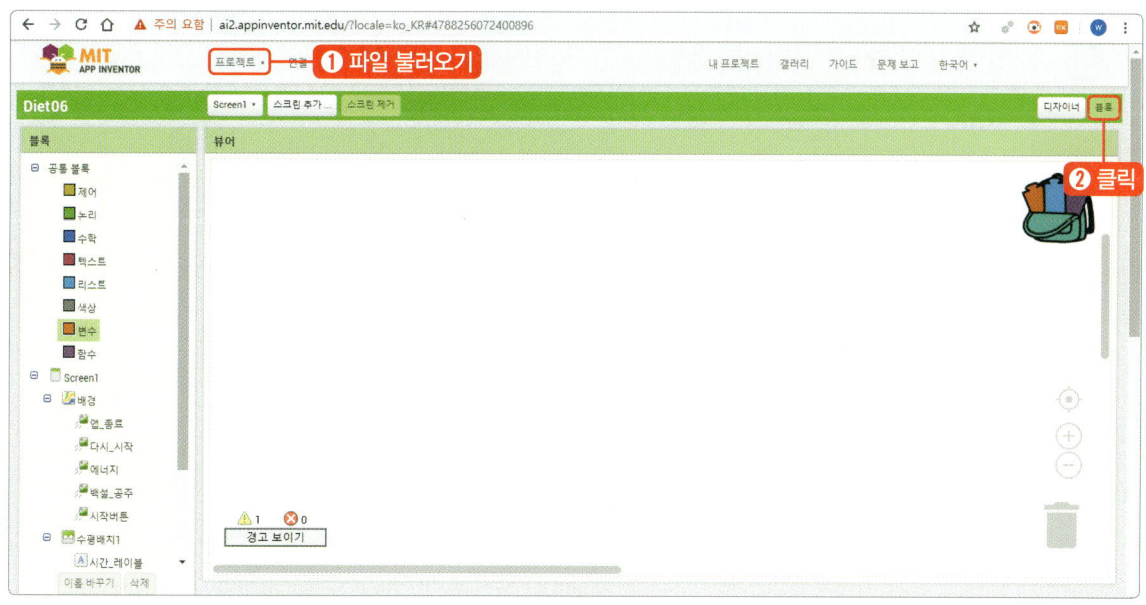

 Tip

기존에 저장해 놓은 파일을 불러와 작업하면 되지만 만약 저장해 놓은 파일이 없다면 차시별 예제 파일을 불러와 작업해도 돼!

2 '얼렁뚱땅 다이어트' 앱('App')에 사용할 변수를 생성하기 위해 [블록]-[공통 블록]-[변수]
에서 [전역변수 초기화 변수_이름 값] 블록을 가져와 변수 이름을 "이미지"로 입력한 후 [블록]-[공통
블록]-[수학]에서 [0] 블록을 가져와 "1"을 입력한 후 값에 붙여 넣습니다.

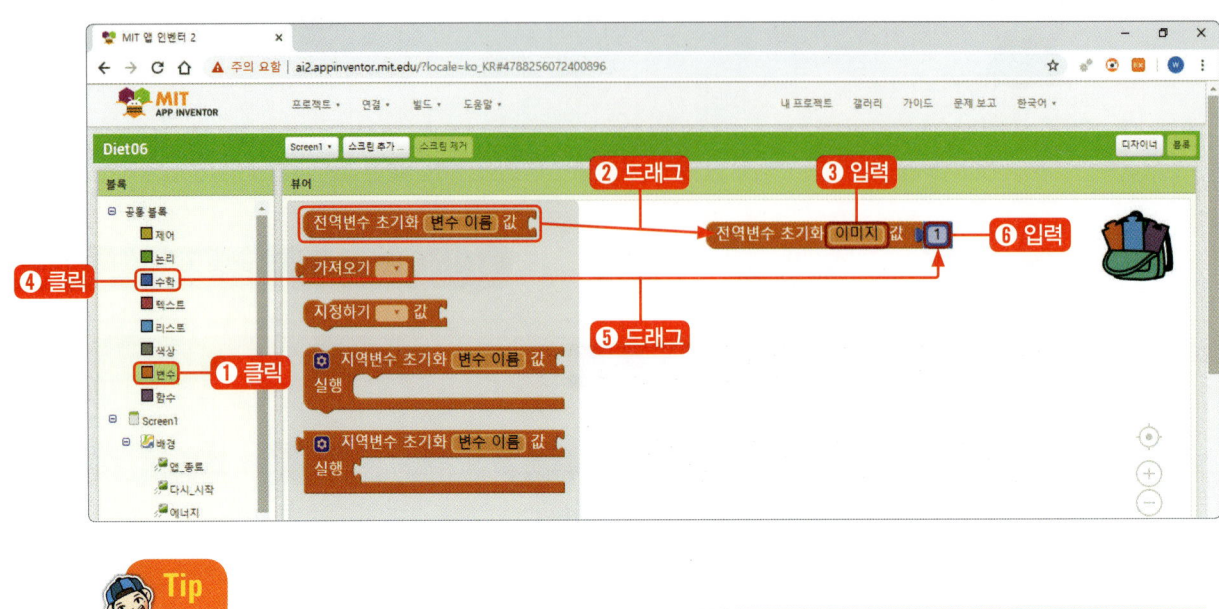

Tip

변수란 변하는 문자나 숫자를 기억하는 저장소를 말해.

3 동일한 방법으로 '운동량', '에너지', '시간', '칼로리' 변수를 생성하고 값을 전부 "0"으로 입력
합니다.

ⓐ ❶ 전역변수 초기화 이미지 값 1 ❷
ⓑ ❶ 전역변수 초기화 운동량 값 0 ❷
ⓒ ❶ 전역변수 초기화 에너지 값 0 ❷
ⓓ ❶ 전역변수 초기화 시간 값 0 ❷
ⓔ ❶ 전역변수 초기화 칼로리 값 0 ❷

🔷 블록 위치 확인

❶ [블록]-[공통 블록]-[변수]
❷ [블록]-[공통 블록]-[수학]

🔷 블록 이해하기

ⓐ '이미지' 변수는 백설 공주의 이미지 순서(1~3)를 파악하고 이미지를 바꾸는데 사용하는 변수입니다.
ⓑ '운동량' 변수는 스마트폰을 흔들 때 운동량을 모아 에너지 이미지를 바꾸는데 사용하는 변수입니다.
ⓒ '에너지' 변수는 에너지의 이미지 순서(0~10)를 파악하는 변수입니다.
ⓓ '시간' 변수는 시간을 기록하는 변수입니다.
ⓔ '칼로리' 변수는 스마트폰을 흔들 때 쌓이는 소모 칼로리를 화면에 보여주는 변수입니다.

4 앱('App')을 실행하면 게임을 초기화하기 위해 [블록]-[Screen1]에서 [언제 Screen1 초기화 실행] 블록을 [뷰어]로 드래그 합니다.

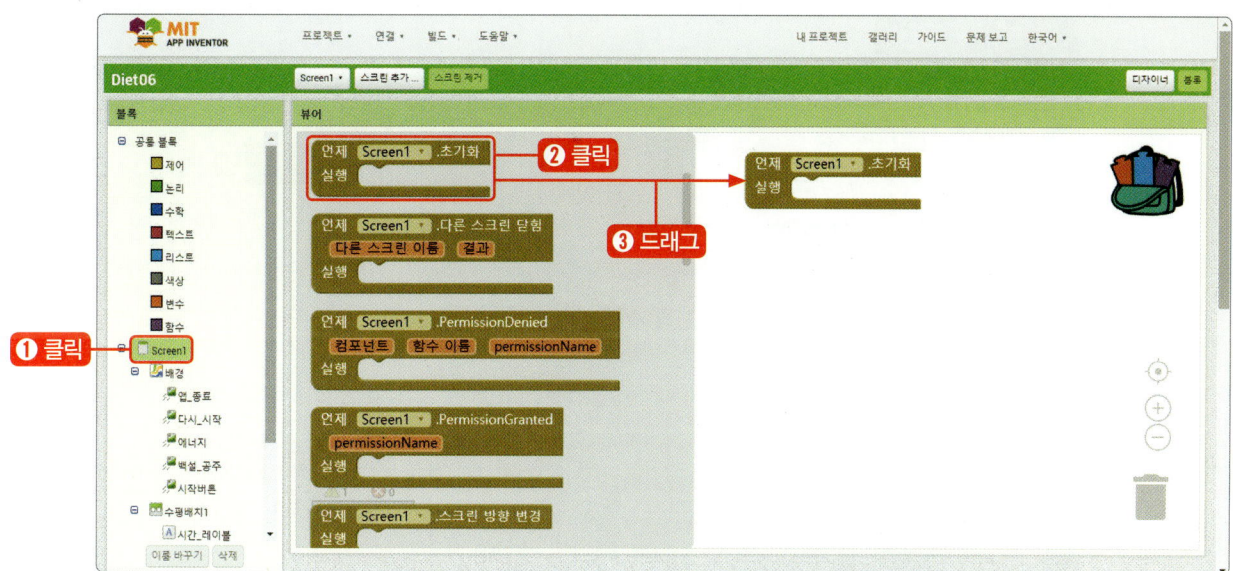

5 이어서 초기화할 명령을 함수를 이용하여 실행하기 위해 [블록]-[공통 블록]-[함수]에서 [함수 함수_이름 실행] 블록을 [뷰어]로 드래그 한 후 함수명에 "초기화"를 입력합니다.

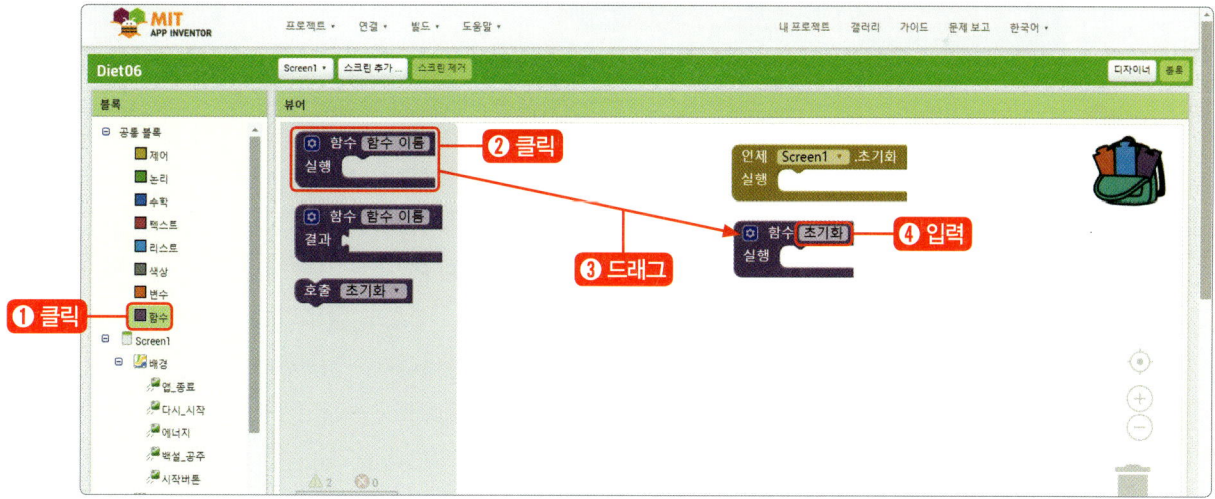

6 이어서 'Screen1'이 초기화될 수 있도록 [블록]-[공통 블록]-[함수]에서 [호출 초기화] 블록을 [언제 Screen1 초기화 실행] 블록 안쪽으로 드래그 합니다.

● 블록 이해하기

ⓐ 앱('App')이 실행되면 '초기화' 함수를 호출합니다. 실제 초기화는 함수에서 이루어집니다.

Chapter 06. '초기화' 코딩하기 _ **087**

7 이어서 실제 앱('App')을 초기화할 수 있도록 블록 안쪽에 다음과 같이 [블록]에서 '명령 블록'을 가져와 코딩을 완성합니다.

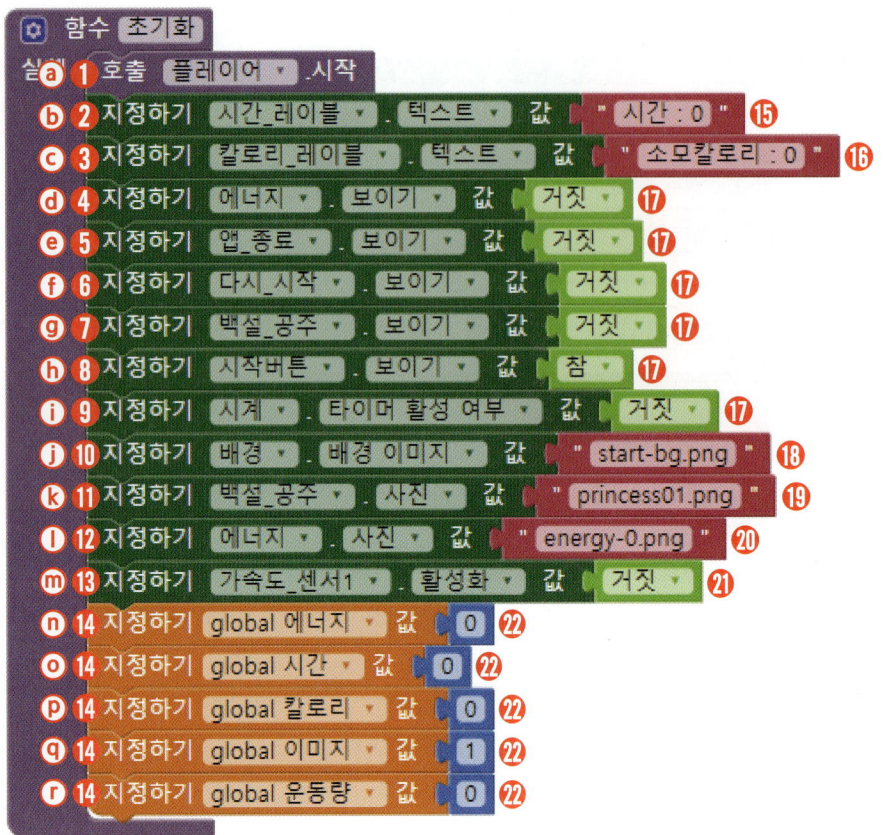

🔶 **블록 위치 확인**

❶ [블록]-[Screen1]-[플레이어]
❷ [블록]-[Screen1]-[수평배치1]-[시간 레이블]
❸ [블록]-[Screen1]-[수평배치1]-[칼로리 레이블]
❹ [블록]-[Screen1]-[배경]-[에너지]
❺ [블록]-[Screen1]-[배경]-[앱 종료]
❻ [블록]-[Screen1]-[배경]-[다시 시작]
❼ [블록]-[Screen1]-[배경]-[백설 공주]
❽ [블록]-[Screen1]-[배경]-[시작버튼]
❾ [블록]-[Screen1]-[시계]
❿ [블록]-[Screen1]-[배경]
⓫ [블록]-[Screen1]-[배경]-[백설 공주]
⓬ [블록]-[Screen1]-[배경]-[에너지]
⓭ [블록]-[Screen1]-[가속도 센서1]

⓮ [블록]-[공통 블록]-[변수]
⓯ [블록]-[공통 블록]-[텍스트]("시간 : 0" 입력)
⓰ [블록]-[공통 블록]-[텍스트]
    ("소모 칼로리 : 0" 입력)
⓱ [블록]-[공통 블록]-[논리]
⓲ [블록]-[공통 블록]-[텍스트]
    ("start-bg.png" 입력)
⓳ [블록]-[공통 블록]-[텍스트]
    ("princess01.png" 입력)
⓴ [블록]-[공통 블록]-[텍스트]
    ("energy-0.png" 입력)
㉑ [블록]-[공통 블록]-[논리]
㉒ [블록]-[공통 블록]-[수학]

🔶 블록 이해하기

ⓐ 프로그램을 초기화하기 위해 함수를 호출하면 음악을 재생시킵니다.
ⓑ 프로그램을 초기화하기 위해 함수를 호출하면 시간('시간 : 0')을 초기화합니다.
ⓒ 프로그램을 초기화하기 위해 함수를 호출하면 칼로리('소모 칼로리 : 0')를 초기화합니다.
ⓓ 프로그램을 초기화하기 위해 함수를 호출하면 에너지를 화면에서 숨깁니다.
ⓔ 프로그램을 초기화하기 위해 함수를 호출하면 앱 종료를 화면에서 숨깁니다.
ⓕ 프로그램을 초기화하기 위해 함수를 호출하면 다시 시작을 화면에서 숨깁니다.
ⓖ 프로그램을 초기화하기 위해 함수를 호출하면 백설 공주를 화면에서 숨깁니다.
ⓗ 프로그램을 초기화하기 위해 함수를 호출하면 시작버튼을 화면에 보입니다.
ⓘ 프로그램을 초기화하기 위해 함수를 호출하면 작동하던 시계를 멈춥니다.
ⓙ 프로그램을 초기화하기 위해 함수를 호출하면 배경 이미지('start-bg.png')를 변경합니다.
ⓚ 프로그램을 초기화하기 위해 함수를 호출하면 백설 공주 이미지('princess01.png')를 변경합니다.
ⓛ 프로그램을 초기화하기 위해 함수를 호출하면 에너지 이미지('energy-0.png')를 변경합니다.
ⓜ 프로그램을 초기화하기 위해 함수를 호출하면 '가속도 센서'를 멈춥니다.
ⓝ 프로그램을 초기화하기 위해 함수를 호출하면 '에너지' 변수 값을 '0'으로 초기화합니다.
ⓞ 프로그램을 초기화하기 위해 함수를 호출하면 '시간' 변수 값을 '0'으로 초기화합니다.
ⓟ 프로그램을 초기화하기 위해 함수를 호출하면 '칼로리' 변수 값을 '0'으로 초기화합니다.
ⓠ 프로그램을 초기화하기 위해 함수를 호출하면 '이미지' 변수 값을 '1'로 초기화합니다.
ⓡ 프로그램을 초기화하기 위해 함수를 호출하면 '운동량' 변수 값을 '0'으로 초기화합니다.

> **Tip**
> 함수란 인터넷의 즐겨찾기와 같은 의미로 같은 내용을 여러 곳에서 사용할 때 자주 사용하는 코딩 내용을 한군데 모아 놓고 불러와 사용할 수 있는 기능이야. 그러니 잘 사용하면 코딩의 내용이 줄어들 수 있겠지?

8 앱('App')이 실행되면 '시작버튼'을 터치했는지 확인할 수 있도록 [블록]-[Screen1]-[배경]-[시작버튼]에서 [] 블록을 [뷰어]로 드래그 합니다.

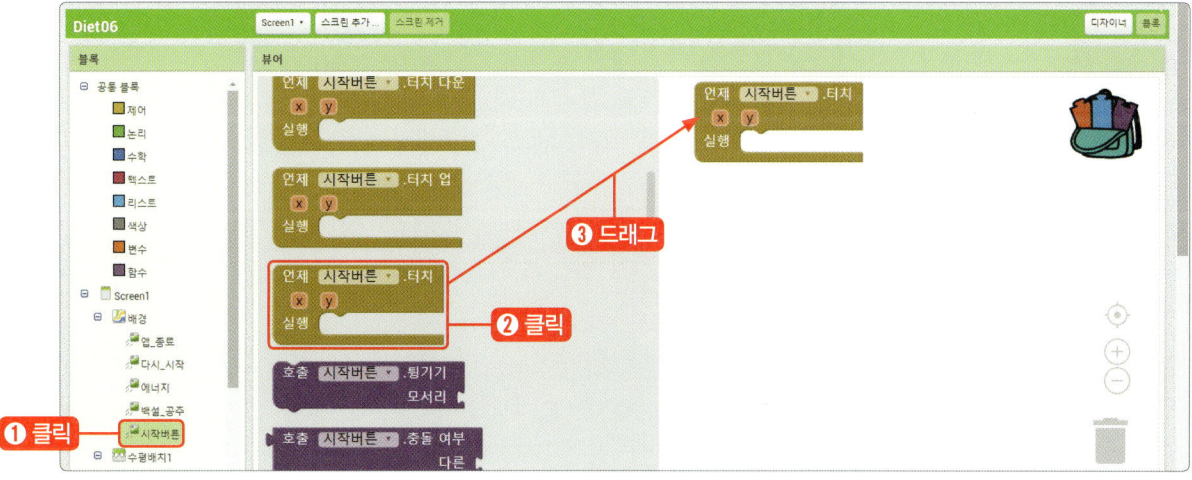

9 이어서 '시작버튼'을 터치했을 때 게임 환경을 마련하기 위해 블록 안쪽에 다음과 같이 [블록]에서 '명령 블록'을 가져와 코딩을 완성합니다.

🔴 블록 위치 확인

① [블록]-[Screen1]-[배경]-[시작버튼]
② [블록]-[Screen1]-[시계]
③ [블록]-[Screen1]-[가속도 센서1]
④ [블록]-[Screen1]-[배경]-[백설 공주]
⑤ [블록]-[Screen1]-[배경]-[에너지]
⑥ [블록]-[Screen1]-[배경]
⑦ [블록]-[공통 블록]-[논리]
⑧ [블록]-[공통 블록]-[텍스트]("bg.png" 입력)

🔴 블록 이해하기

ⓐ '시작버튼'을 누르면 시작버튼을 화면에서 숨깁니다.
ⓑ '시작버튼'을 누르면 멈춰 있는 시계를 작동시킵니다.
ⓒ '시작버튼'을 누르면 가속도 센서를 작동시킵니다.
ⓓ '시작버튼'을 누르면 '백설 공주'를 화면에 보입니다.
ⓔ '시작버튼'을 누르면 '에너지'를 화면에 보입니다.
ⓕ '시작버튼'을 누르면 배경('bg.png')을 변경합니다.

Chapter 06

  척척박사의 **퀴즈 타임!**

01 `지정하기 가속도_센서1 . 활성화 값` 블록을 작동시키려면 값에 어떤 블록을 조합해야 할까요?

① `거짓`

② `참`

02 `지정하기 시계 . 타이머 활성 여부 값` 블록을 작동시키려면 값에 어떤 블록을 조합해야 할까요?

① `거짓`

② `참`

03 게임을 초기화할 때 `지정하기 배경 . 배경 이미지 값` 블록의 값에 어떤 블록을 조합해야 할까요?

① `" start-bg.png "`

② `" princess01.png "`

③ `" energy-0.png "`

Chapter 07 '타이머' 코딩하기

- 타이머를 사용할 수 있습니다.
- 타이머로 종료 시간을 정할 수 있습니다.
- 함수 기능을 배울 수 있습니다.

▶ 예제 파일 : Diet07.aia

• 코딩 난이도 : ☆☆★★★

▲ 타이머 코딩 화면

영상 파일₩5-8강_얼렁뚱땅 다이어트.mp4   **영상 위치**

코딩 스토리

① 앱을 종료할지 다시 시작할지 결정하기 위해 종료 확인 함수를 호출하면 이미지나 버튼을 화면에서 숨기거나 보입니다.
② 시간이 활성화되는 간격마다 시간을 '1'씩 증가하고 화면에 시간을 표시합니다.
③ 시간이 300초가 지나면 미션 결과를 확인하기 위해 결과 확인 함수를 호출합니다.
④ 결과 확인 함수가 호출되면 백설 공주 이미지가 날씬한 백설 공주 이미지(princess03.png)로 변했는지 확인하여 날씬해졌다면 배경을 미션 성공(win-bg.png) 이미지로 변경하고 아니라면 미션 실패(lose-bg.png) 이미지로 변경합니다. 그리고 각각 다시 게임을 시작할지 종료할지 결정하기 위해 종료 확인 함수를 호출합니다.

블록 코딩하기

척척박사님! 타이머 기능은 어떻게 이용하는 건가요?

주요 블록

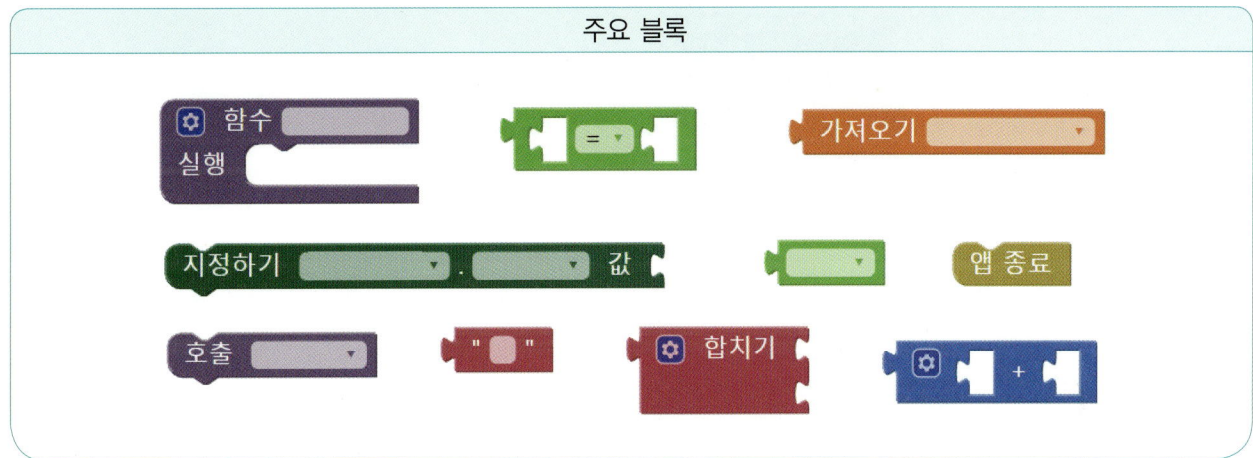

1 [프로젝트]-[내 컴퓨터에서 프로젝트 (.aia) 가져오기]를 클릭하여 예제 파일('Diet07.aia')을 불러온 후 오른쪽 상단의 [블록]을 클릭하여 코딩창으로 이동합니다.

기존에 저장해 놓은 파일을 불러와 작업하면 되지만 만약 저장해 놓은 파일이 없다면 차시별 예제 파일을 불러와 작업하면 돼!

2 '시계' 컴포넌트를 사용하기 위해 [블록]-[Screen1]-[시계]-[언제 시계.타이머 실행] 블록을 [뷰어]로 드래그 합니다.

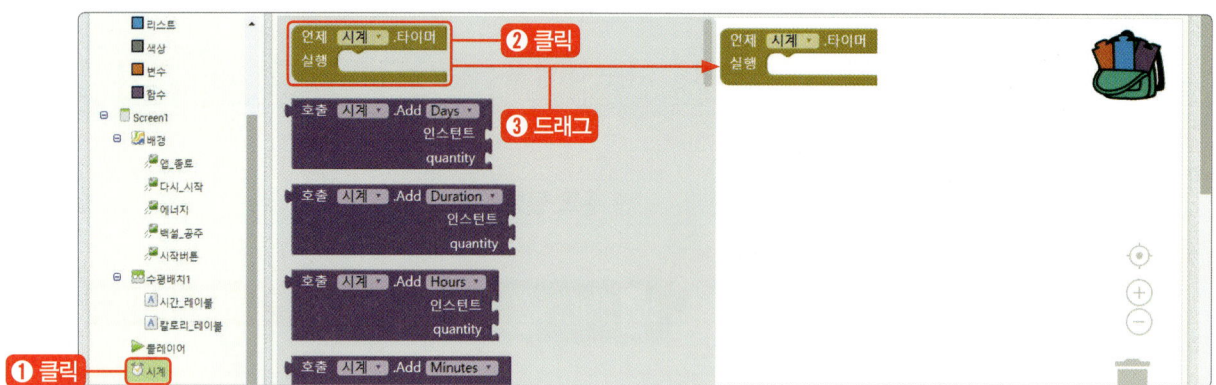

3 타이머를 이용하여 흐르는 시간을 변수에 기록하기 위해 다음과 같이 [블록]에서 '명령 블록'을 가져와 코딩을 완성합니다.

블록 위치 확인
❶ [블록]-[공통 블록]-[변수]   ❸ [블록]-[공통 블록]-[변수]
❷ [블록]-[공통 블록]-[수학]   ❹ [블록]-[공통 블록]-[수학]

블록 이해하기
ⓐ '1'초에 한 번씩 시간 변수에 '1'을 더한 값을 기록합니다(시간 = 시간 + 1).

4 '1'초마다 변한 시간을 앱('App') 화면에 표시하기 위해 다음과 같이 [블록]에서 '명령 블록'을 가져와 코딩을 완성합니다.

블록 위치 확인
❶ [블록]-[Screen1]-[수평배치1]-[시간 레이블]   ❸ [블록]-[공통 블록]-[텍스트]("시간 : " 입력)
❷ [블록]-[공통 블록]-[텍스트]   ❹ [블록]-[공통 블록]-[변수]

블록 이해하기
ⓐ '1'초마다 "시간 : " 텍스트와 '시간' 변수 값을 합쳐 '시간 레이블'의 텍스트에 기록하여 앱('App') 화면에 보여줍니다.

5 앱('App') 게임을 종료하는 조건을 만들기 위해 다음과 같이 [블록]에서 '명령 블록'을 가져와 코딩을 완성합니다.

🔷 블록 위치 확인

❶ [블록]-[공통 블록]-[제어]
❷ [블록]-[공통 블록]-[수학]
❸ [블록]-[공통 블록]-[변수]
❹ [블록]-[공통 블록]-[수학]
❺ [블록]-[공통 블록]-[함수]

🔷 블록 이해하기

ⓐ '시간' 변수 값이 '300'초(5분)를 넘기면 결과를 확인할 수 있도록 '결과 확인' 함수를 호출합니다.

6 '결과 확인' 함수에서 2가지 조건을 만들기 위해 [블록]-[공통 블록]-[제어]-[만약 그러면] 블록을 가져와 조건을 추가해 봅니다.

7 '백설 공주'의 이미지가 'princess03'과 같은지 확인하기 위해 다음과 같이 [블록]에서 '명령 블록'을 가져와 코딩을 완성합니다.

블록 위치 확인
① [블록]-[공통 블록]-[논리]
② [블록]-[Screen1]-[배경]-[백설 공주]
③ [블록]-[공통 블록]-[텍스트]("princess03.png" 입력)

블록 이해하기
ⓐ '백설 공주'의 이미지는 'princess01', 'princess02', 'princess03'의 3가지가 있습니다. 그 중 살이 빠진 이미지는 'princess03'으로 '백설 공주'의 이미지가 'princess03'과 같은지 확인합니다.

8 '백설 공주'의 이미지에 따라 다른 명령을 내리기 위해 다음과 같이 [블록]에서 '명령 블록'을 가져와 코딩을 완성합니다.

블록 위치 확인
① [블록]-[Screen1]-[배경]
② [블록]-[공통 블록]-[텍스트]("win-bg.png" 입력)
③ [블록]-[공통 블록]-[함수]
④ [블록]-[공통 블록]-[텍스트]("lose-bg.png" 입력)

블록 이해하기
ⓐ '백설 공주'의 이미지가 'princess03'과 같다면 다이어트에 성공했다는 의미로 '배경'의 이미지를 'win-bg.png'로 변경하고, 그렇지 않다면 이미지를 'lose-bg.png'로 변경한 후 '종료 확인' 함수를 호출합니다.

9 '종료 확인' 함수가 호출되면 앱('App')을 종료할지 재시작할지 결정하기 위해 다음과 같이 [블록]에서 '명령 블록'을 가져와 코딩을 완성합니다.

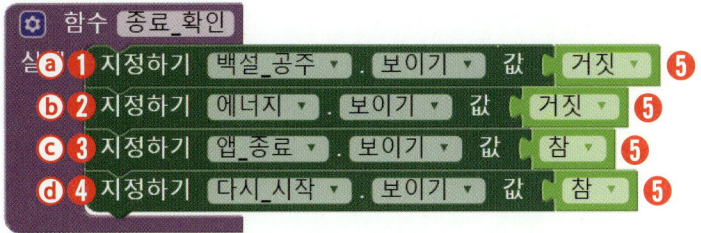

블록 위치 확인
❶ [블록]-[Screen1]-[배경]-[백설 공주]
❷ [블록]-[Screen1]-[배경]-[에너지]
❸ [블록]-[Screen1]-[배경]-[앱 종료]
❹ [블록]-[Screen1]-[배경]-[다시 시작]
❺ [블록]-[공통 블록]-[논리]

블록 이해하기
ⓐ '종료 확인' 함수가 호출되면 '백설 공주'를 화면에서 숨깁니다.
ⓑ '종료 확인' 함수가 호출되면 '에너지'를 화면에서 숨깁니다.
ⓒ '종료 확인' 함수가 호출되면 '앱 종료'를 화면에 보입니다.
ⓓ '종료 확인' 함수가 호출되면 '다시 시작'을 화면에 보입니다.

10 '앱 종료' 버튼을 누르면 앱('App')이 종료될 수 있도록 [블록]-[Screen1]-[배경]-[앱 종료]에서 [언제 앱_종료.터치] 블록을 [뷰어]로 드래그 한 후 [블록]-[공통 블록]-[제어]에서 [앱 종료] 블록을 가져와 끼워 넣습니다.

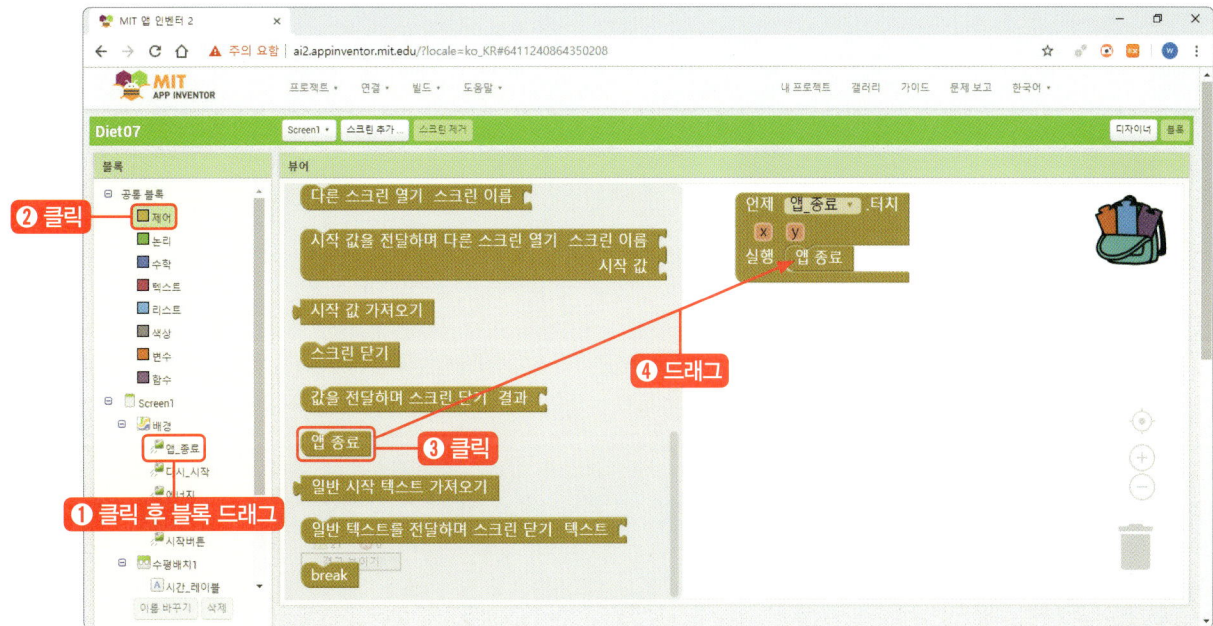

11 '다시 시작' 버튼을 누르면 앱('App')이 재시작될 수 있도록 [블록]-[Screen1]-[배경]-[다시 시작]에서 [언제 다시_시작 터치] 블록을 [뷰어]로 드래그 한 후 [블록]-[공통 블록]-[함수]에서 [호출 초기화] 블록을 가져와 끼워 넣습니다.

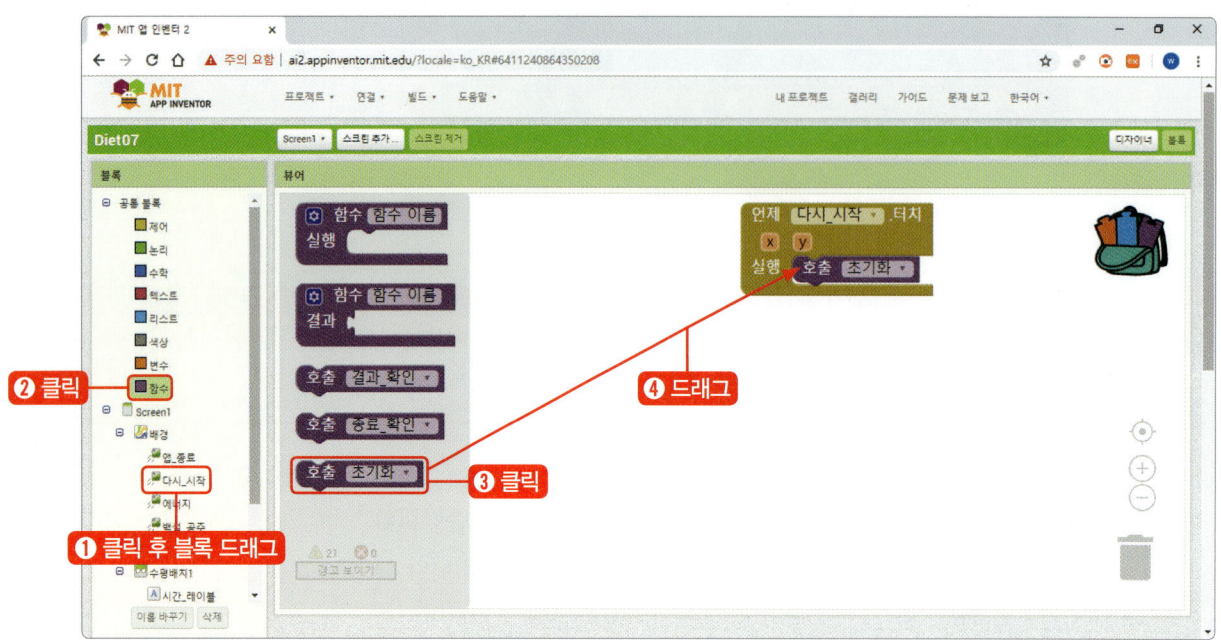

01 백설 공주의 사진이 'princess03.png'와 같은지 알아 볼 수 있는 블록은 무엇일까요?

02 '시간' 변수의 값이 '300'초를 넘겼는지 알 수 있는 비교문은 어떤 것인가요?

03 변수와 텍스트를 이용하여 '시간 : 0'이라고 표현할 때 이 둘의 내용을 합쳐줄 수 있는 블록은 무엇이었나요?

Chapter 08

'가속도 센서' 코딩하기

- 가속도 센서를 이해할 수 있습니다.
- 가속도 센서를 활용할 수 있습니다.
- 함수와 변수를 활용할 수 있습니다.

▶ 예제 파일 : Diet08.aia

• 코딩 난이도 : ☆★★★★

▲ 가속도 센서 코딩 화면

영상 파일₩5-8강_얼렁뚱땅 다이어트.mp4 **영상 위치**

코딩 스토리

❶ 가속도 센서를 흔들면 운동량과 칼로리 값이 0.1씩 증가하고 소모 칼로리(칼로리 변수 값)를 스마트폰 화면 칼로리 레이블에 표시합니다.

❷ 운동량 변수 값이 '10'을 넘기면 운동량 변수 값을 초기화(0)하고 에너지 변수 값을 '1'씩 증가시켜 에너지 이미지를 다음 이미지로 변경하고 백설 공주의 이미지도 변경하기 위해 다이어트 확인 함수를 호출합니다.

❸ 다이어트 확인 함수를 호출하여 에너지 이미지가 꽉 찬 이미지라면 에너지 이미지를 비어 있는 이미지로 변경하고 에너지 변수 값을 초기화합니다.

❹ 이미지 변수 값을 '1'씩 증가시켜 이미지 변수 값이 4보다 아래인지 확인합니다. 이는 백설 공주 이미지가 날씬한 이미지인 princess03.png를 표시했는지 확인하기 위해서입니다. 백설 공주 이미지가 아직 날씬한 이미지의 전 이미지라면 이미지 변수 값에 따라 백설 공주 이미지를 변경합니다.

 **블록 코딩하기**

 척척박사님! 가속도 센서는 어떻게 사용하는 건가요?

주요 블록

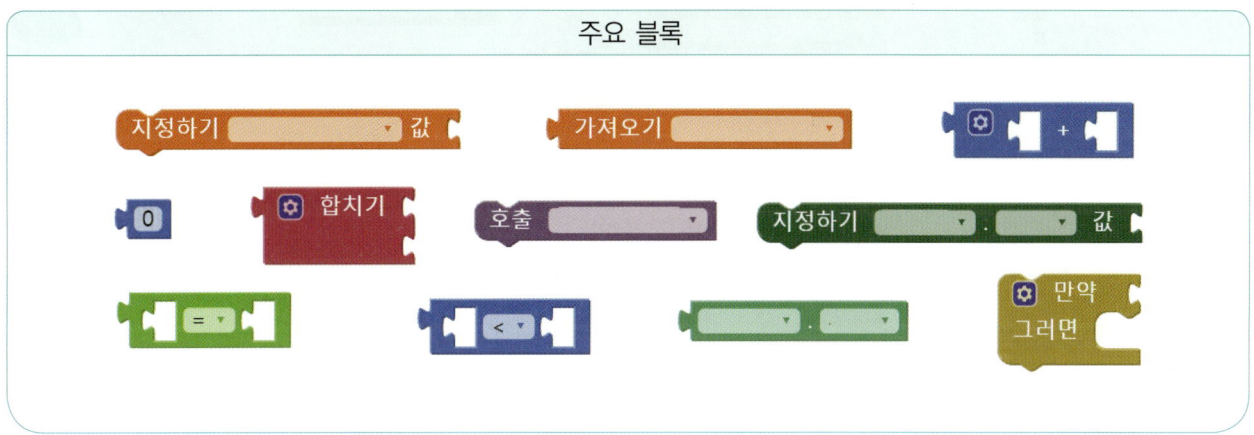

1️⃣ [프로젝트]-[내 컴퓨터에서 프로젝트 (.aia) 가져오기]를 클릭하여 예제 파일('Diet08.aia')을 불러온 후 오른쪽 상단의 [블록]을 클릭하여 코딩창으로 이동합니다.

 **Tip**

기존에 저장해 놓은 파일을 불러와 작업하면 되지만 만약 저장해 놓은 파일이 없다면 차시별 예제 파일을 불러와 작업하면 돼!

Chapter 08. '가속도 센서' 코딩하기 _ **101**

2 가속도 센서를 활용하기 위해 [블록]-[Screen1]-[가속도 센서1]에서 [언제 가속도_센서1 .흔들림 실행] 블록을 [뷰어]로 드래그 합니다.

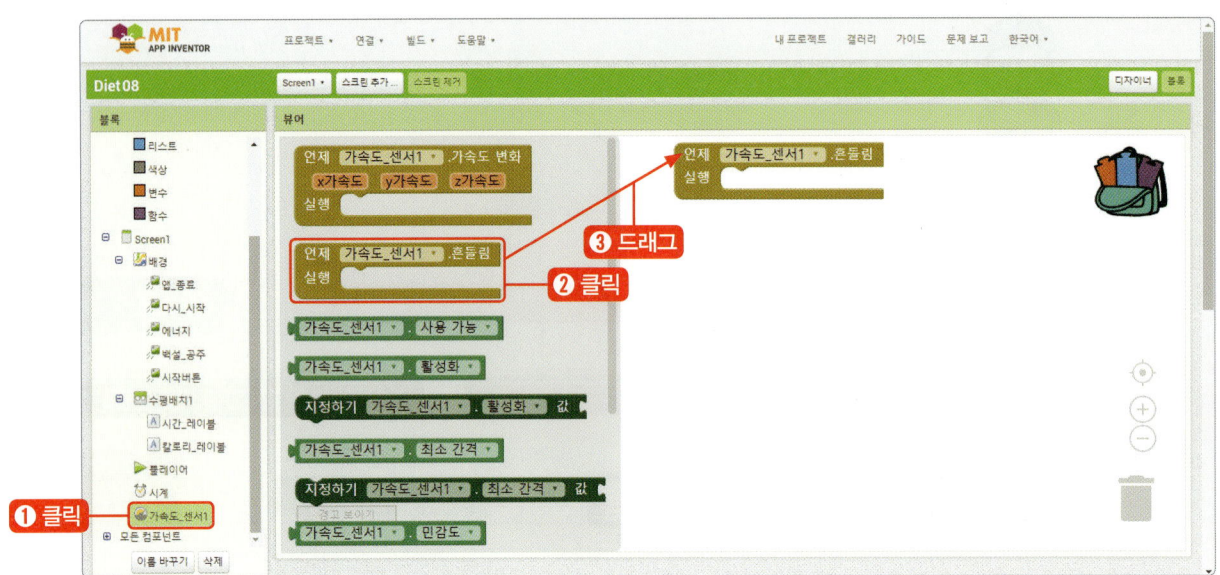

3 '가속도 센서'를 흔들었을 때 운동량을 늘려주도록 다음과 같이 [블록]에서 '명령 블록'을 가져와 코딩을 완성합니다.

🛑 블록 위치 확인

❶ [블록]-[공통 블록]-[변수]   ❸ [블록]-[공통 블록]-[변수]
❷ [블록]-[공통 블록]-[수학]   ❹ [블록]-[공통 블록]-[수학]

🛑 블록 이해하기

ⓐ 스마트폰을 흔들면 '가속도 센서'가 반응하여 운동량 변수 값을 '0.1'씩 더합니다.

4 이어서 칼로리 값을 측정하기 위해 다음과 같이 [블록]에서 '명령 블록'을 가져와 코딩을 완성합니다.

🛑 블록 위치 확인

❶ [블록]-[공통 블록]-[변수]   ❸ [블록]-[공통 블록]-[변수]
❷ [블록]-[공통 블록]-[수학]   ❹ [블록]-[공통 블록]-[수학]

블록 이해하기

ⓐ 스마트폰을 흔들면 '가속도 센서'가 반응하여 소모 칼로리 값을 기록하기 위해 칼로리 변수 값을 '0.1'씩 더합니다.

> **Tip**
> 여기서 소모 칼로리는 스마트폰을 흔들 때마다 '0.1'씩 감소한다는 가정이야. 실제로 소모 칼로리가 궁금하다면 칼로리를 계산해서 적용해도 좋겠지?

5 변경된 '소모 칼로리'를 화면에 보이도록 다음과 같이 [블록]에서 '명령 블록'을 가져와 코딩을 완성합니다.

블록 위치 확인

❶ [블록]-[Screen1]-[수평배치1]-[칼로리 레이블]
❷ [블록]-[공통 블록]-[텍스트]
❸ [블록]-[공통 블록]-[텍스트]("소모 칼로리 : " 입력)
❹ [블록]-[공통 블록]-[변수]

블록 이해하기

ⓐ 스마트폰을 흔들면 "소모 칼로리 : " 텍스트와 '칼로리' 변수를 합쳐 '칼로리 레이블'의 텍스트에 기록하여 앱('App') 화면에 보여줍니다.

6 운동량을 확인하는 조건을 만들기 위해 다음과 같이 [블록]에서 '명령 블록'을 가져와 코딩을 완성합니다.

블록 위치 확인

❶ [블록]-[공통 블록]-[제어]
❷ [블록]-[공통 블록]-[수학]
❸ [블록]-[공통 블록]-[변수]
❹ [블록]-[공통 블록]-[수학]

블록 이해하기

ⓐ 스마트폰을 흔들어 모은 '운동량'이 '10'을 넘겼는지 확인합니다.

7 이어서 운동량을 넘기면 '에너지' 변수 값을 증가시키기 위해 다음과 같이 [블록]에서 '명령 블록'을 가져와 코딩을 완성합니다.

블록 위치 확인

❶ [블록]-[공통 블록]-[변수]
❷ [블록]-[공통 블록]-[수학]
❸ [블록]-[공통 블록]-[변수]
❹ [블록]-[공통 블록]-[수학]

블록 이해하기

ⓐ 운동량 변수 값이 '10'을 넘기면 다시 운동량을 체크하기 위해 운동량 변수 값을 '0'으로 초기화하고 에너지 이미지를 변경할 수 있는 '에너지' 변수 값을 '1' 증가시킵니다.

8 에너지 사진을 변경하기 위해 다음과 같이 [블록]에서 '명령 블록'을 가져와 코딩을 완성합니다.

블록 위치 확인

❶ [블록]-[Screen1]-[배경]-[에너지]
❷ [블록]-[공통 블록]-[텍스트]
❸ [블록]-[공통 블록]-[텍스트]("energy-" 입력)
❹ [블록]-[공통 블록]-[변수]
❺ [블록]-[공통 블록]-[텍스트](".png" 입력)
❻ [블록]-[공통 블록]-[함수]

블록 이해하기

ⓐ 운동량으로 모은 '에너지' 변수 값으로 화면에 보여지는 '에너지' 사진을 변경합니다. 에너지 사진은 'energy-0'~'energy-10'까지 순서대로 변경되며 운동량에 따라 사진이 자동으로 바뀔 수 있도록 텍스트('energy-')와 변수 값, 확장자('.png')를 합쳐 사진 값을 지정합니다.
ⓑ '다이어트 확인' 함수를 호출합니다.

9 '다이어트 확인' 함수가 호출되면 '에너지'의 사진이 'energy-10'과 같은지 확인하도록 다음과 같이 [블록]에서 '명령 블록'을 가져와 코딩을 완성합니다.

블록 위치 확인

❶ [블록]-[공통 블록]-[제어]
❷ [블록]-[공통 블록]-[논리]
❸ [블록]-[Screen1]-[배경]-[에너지]
❹ [블록]-[공통 블록]-[텍스트]("energy-10.png" 입력)

블록 이해하기

ⓐ 앱('App') 화면에 보여지는 '에너지'의 사진이 에너지 마지막 사진('energy-10')인지 확인합니다.

10 '에너지'의 사진이 마지막 사진이라면 '이미지' 변수 값이 증가되도록 다음과 같이 [블록]에서 '명령 블록'을 가져와 코딩을 완성합니다.

블록 위치 확인

❶ [블록]-[Screen1]-[배경]-[에너지]
❷ [블록]-공통 블록]-[변수]
❸ [블록]-공통 블록]-[텍스트]("energy-0.png" 입력)
❹ [블록]-공통 블록]-[수학]
❺ [블록]-공통 블록]-[변수]
❻ [블록]-공통 블록]-[수학]

블록 이해하기

ⓐ '에너지' 사진이 마지막 사진(에너지가 꽉 찬 모습)이라면 '에너지' 사진을 비어있는 'energy-0.png' 사진으로 변경합니다.
ⓑ '에너지' 사진이 마지막 사진(에너지가 꽉 찬 모습)이라면 '에너지' 변수 값을 '0'으로 초기화합니다.
ⓒ '에너지' 사진이 마지막 사진(에너지가 꽉 찬 모습)이라면 '이미지' 변수 값에 '1'을 더합니다.

11 '이미지' 변수 값이 '4'를 넘겼는지 확인할 수 있도록 다음과 같이 [블록]에서 '명령 블록'을 가져와 코딩을 완성합니다.

블록 위치 확인

❶ [블록]-공통 블록]-[제어]
❷ [블록]-공통 블록]-[수학]
❸ [블록]-공통 블록]-[변수]
❹ [블록]-공통 블록]-[수학]

블록 이해하기

ⓐ '백설 공주'의 다이어트 모습은 총 3장('princess01', 'princess02', 'princess03')이므로 '백설 공주'의 다이어트 모습을 나타내는 '이미지' 변수 값이 '4'보다 작은지 확인합니다.

12 '백설 공주'의 이미지를 바꾸기 위해 다음과 같이 [블록]에서 '명령 블록'을 가져와 코딩을 완성합니다.

블록 위치 확인

❶ [블록]-[Screen1]-[배경]-[백설 공주]
❷ [블록]-[공통 블록]-[텍스트]
❸ [블록]-[공통 블록]-[텍스트]("princess" 입력)
❹ [블록]-[공통 블록]-[변수]
❺ [블록]-[공통 블록]-[텍스트](".png" 입력)

블록 이해하기

ⓐ 백설 공주 사진을 텍스트와 이미지 변수 값을 합쳐 자동으로 변경되도록 합니다.

Chapter 08 척척박사의 퀴즈 타임!

01 이미지 변수 값에 '1'을 더하는 알맞은 블록은 무엇일까요?

02 논리 블록 중 두 값이 맞는지 확인하는 블록은 무엇일까요?

03 조건을 만들기 위해 사용하는 블록은 무엇일까요?

Part 04

[자이로 센서]

여기로 슉! 저기로 슉! 냠냠 과자 먹기

◆ 자이로 센서는 핸드폰의 기울기 값을 나타내는 센서로 핸드폰이 어디로 기울어져 있는지 파악할 수 있어 드론을 조종할 수 있고, 움직이는 물체의 자세를 바로 세우는데 도움을 주기 때문에 로봇이 걸을 때도 바른 자세를 유지시킬 수 있습니다.

Chapter 09
화면 디자인하기

Chapter 10
'초기화' 코딩하기

Chapter 11
'과자' 코딩하기

Chapter 12
'자이로 센서' 코딩하기

Chapter 09 화면 디자인하기

- 컴포넌트를 이용하여 앱('App')을 디자인할 수 있습니다.
- 컴포넌트의 속성을 변경할 수 있습니다.

▶ 예제 파일 : come_back_home.aia

• 게임 난이도 : ☆☆☆★★   • 진행 시간 : 60초   • 디자인 난이도 : ☆☆☆★★

▲ come back home 디자인 완성 화면

영상 파일₩9-12강_come back home.mp4   **영상 위치**

 **컴포넌트 스토리**

❶ 캔버스 1개, 이미지 스프라이트 8개
❷ 수평배치 1개, 레이블 2개
❸ 플레이어 1개, 자이로 센서 1개, 시계 1개

1 스크린 디자인하기

척척박사님! 'Come Back Home' 앱('App') 디자인하는 방법을 빨리 알려주세요!

1 '크롬()'에서 '앱 인벤터2'를 검색한 후 'MIT App Inventor2'에 접속합니다. 상단 메뉴의 [프로젝트]-[내 컴퓨터에서 프로젝트 (.aia) 가져오기]를 클릭하여 예제 파일('come_back_home.aia')을 불러옵니다.

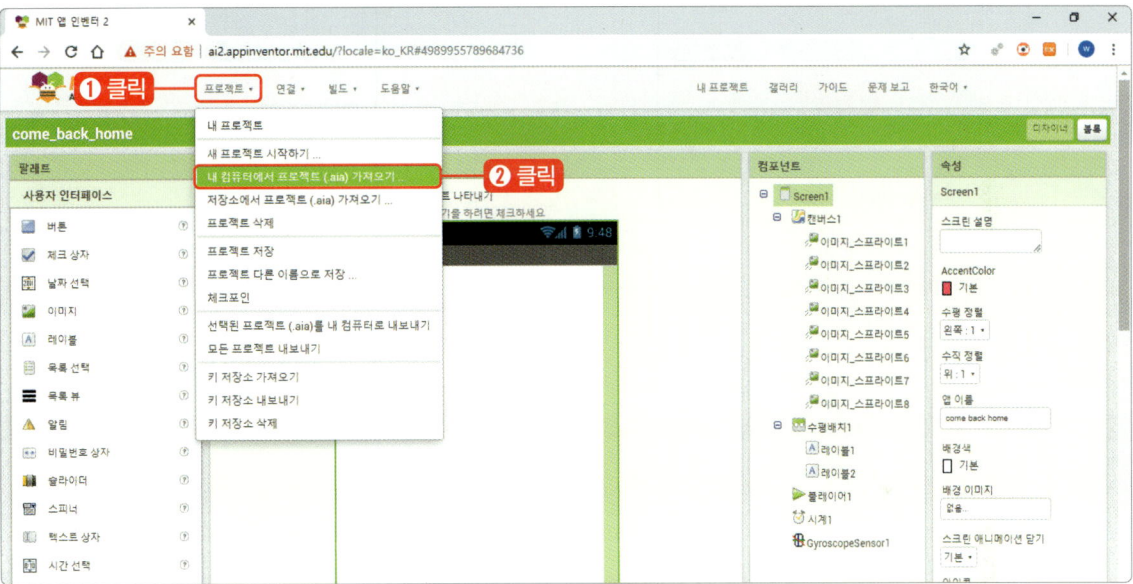

2 스마트폰 화면에서 '캐릭터'가 움직일 수 있는 앱('App')을 만들기 위해 [팔레트]의 [그리기 & 애니메이션] 그룹에서 '캔버스' 컴포넌트를 [뷰어]로 드래그 합니다.

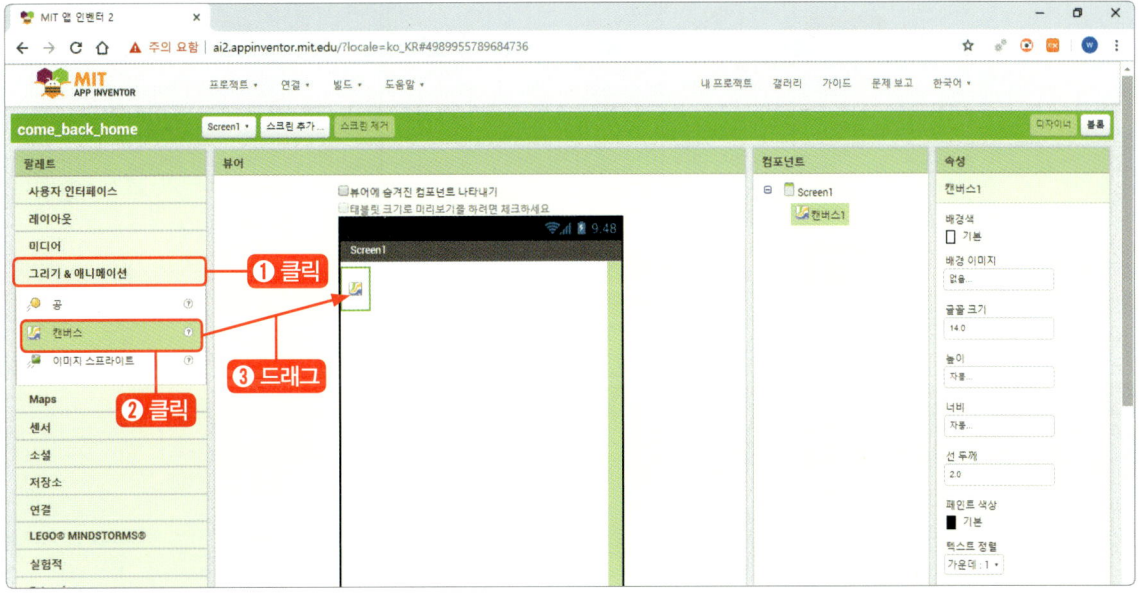

3 앱('App')에 필요한 '개체'를 화면에 표현하기 위해 [팔레트]의 [그리기 & 애니메이션] 그룹에서 '이미지 스프라이트' 컴포넌트를 [뷰어]에 있는 '캔버스' 안쪽으로 '8'개 드래그 합니다.

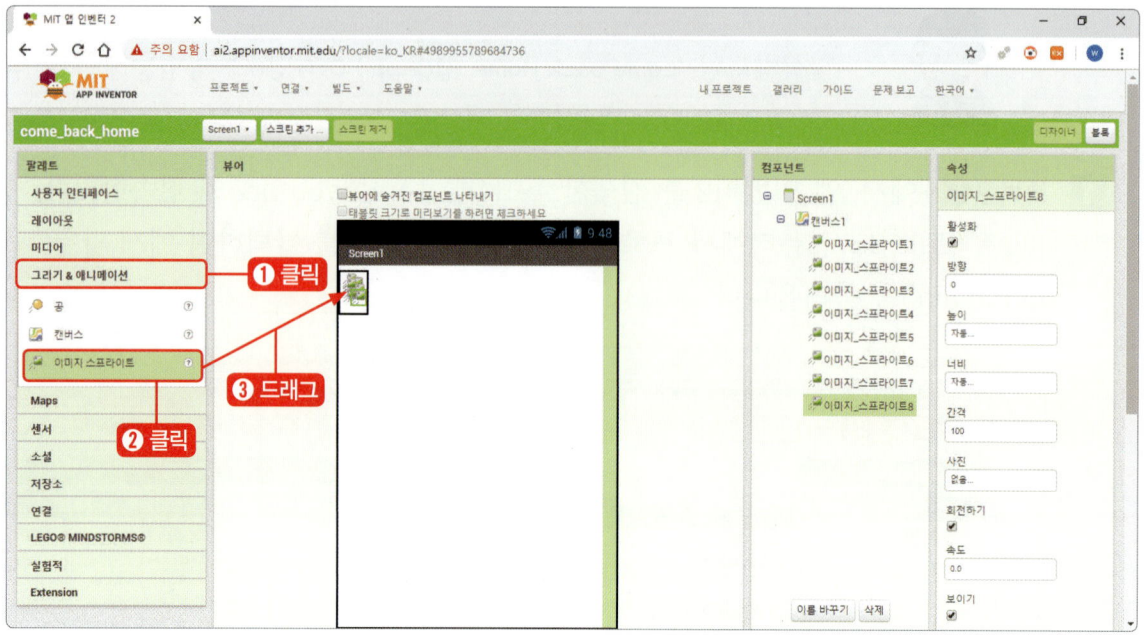

4 앱('App')에서 필요한 여러 '진행 상황'을 같은 줄에 표현하기 위해 [팔레트]의 [레이아웃] 그룹에서 '수평배치' 컴포넌트를 [뷰어]에 있는 '캔버스' 아래쪽으로 드래그 합니다.

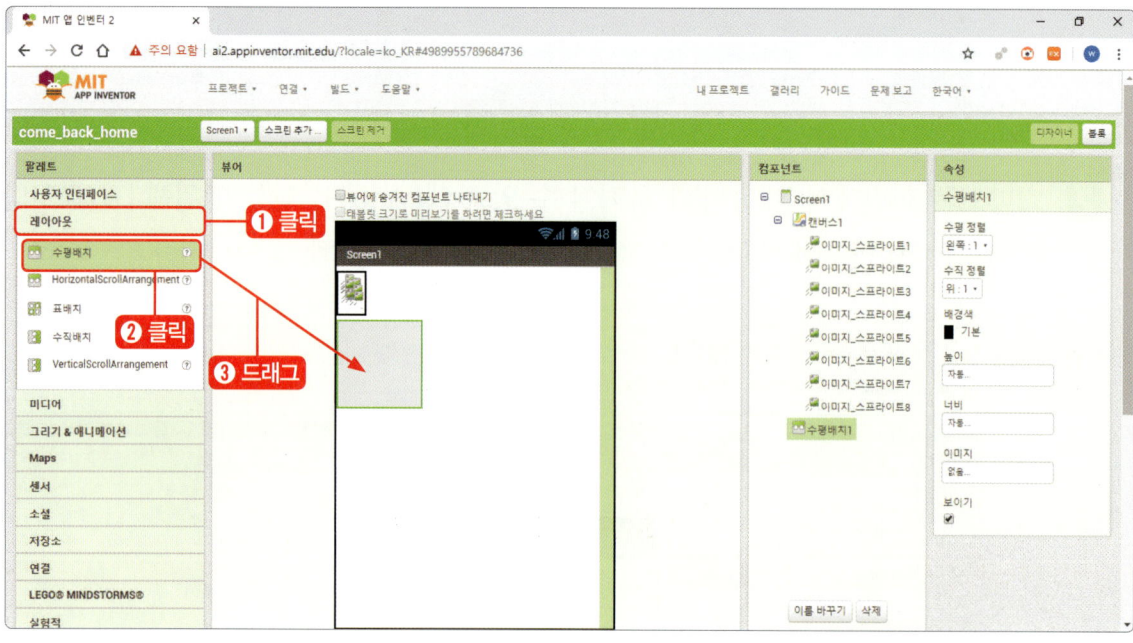

5 이어서 게임 진행 상황을 나타내기 위해 [팔레트]의 [사용자 인터페이스] 그룹에서 '레이블' 컴포넌트를 [뷰어]에 있는 '수평배치1' 안쪽으로 2개 드래그 합니다.

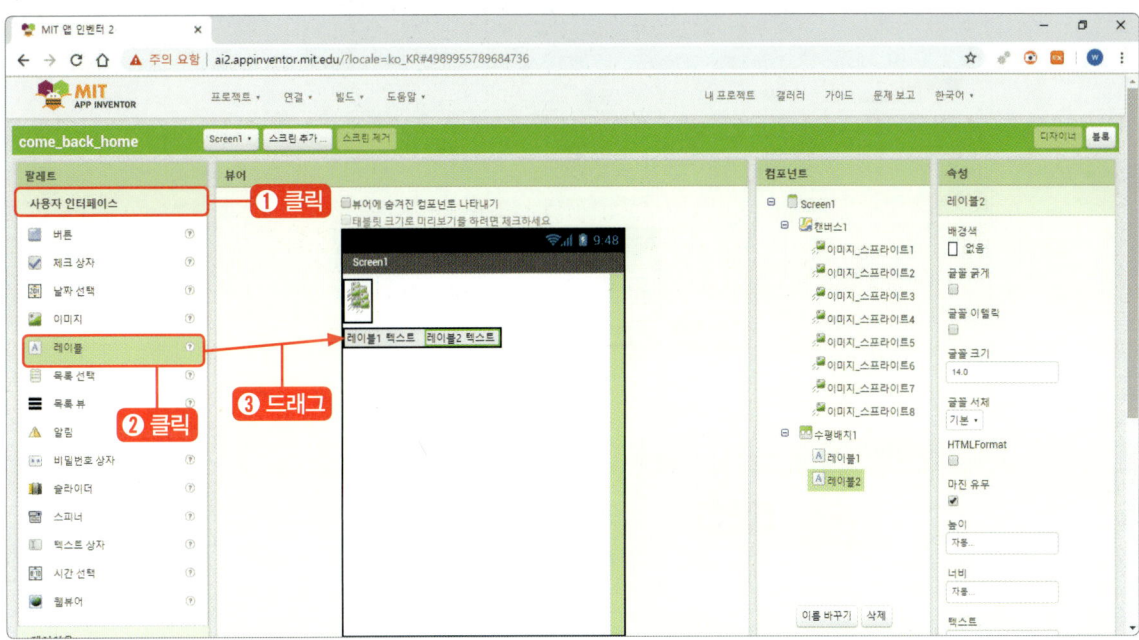

6 앱('App')이 실행되면 음악을 재생하기 위해 [팔레트]의 [미디어] 그룹에서 '플레이어' 컴포넌트를 [뷰어]로 드래그 합니다.

7 스마트폰의 기울기 값을 알 수 있도록 [팔레트]의 [센서] 그룹에서 'GyroscopeSensor' 컴포넌트를 [뷰어]로 드래그 합니다.

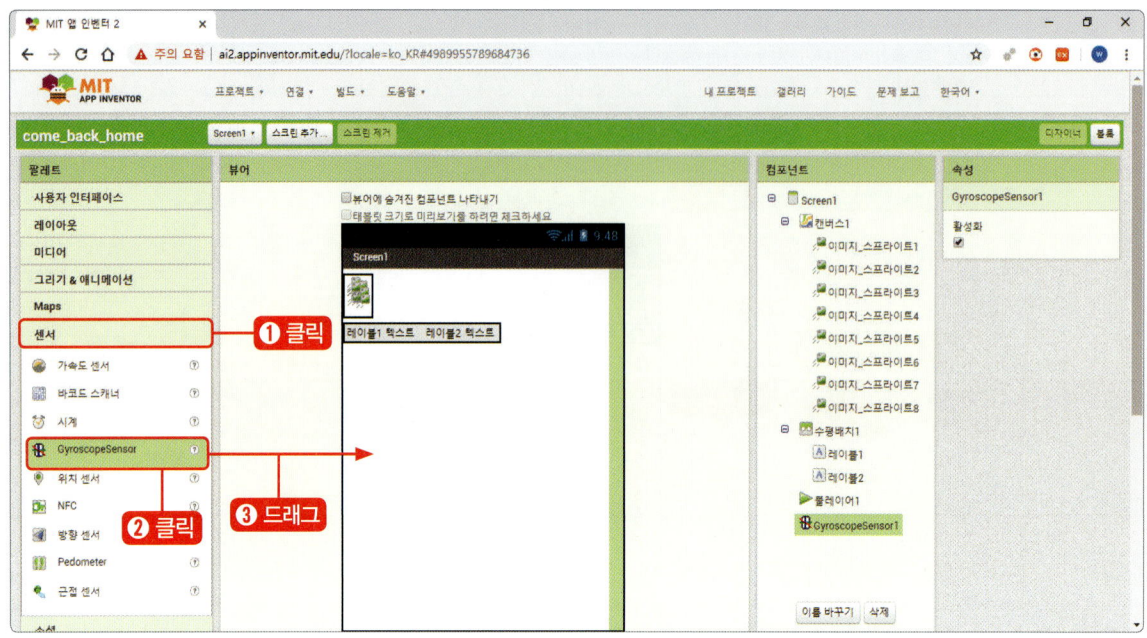

8 스마트폰 화면에서 시간을 표현하기 위해 [팔레트]의 [센서] 그룹에서 '시계' 컴포넌트를 [뷰어]로 드래그 합니다.

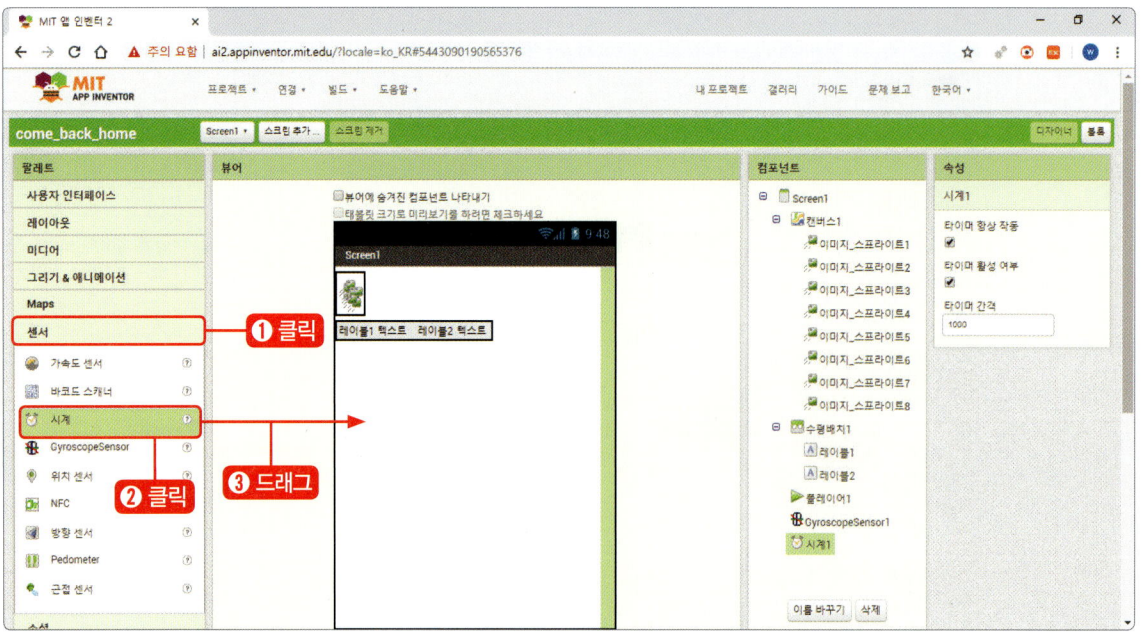

2 컴포넌트 속성 변경하기

 '뷰어'로 옮긴 '컴포넌트'의 '속성'을 변경하여 디자인을 마무리해 볼까?

1️⃣ 앱('App')의 기본 정보를 설정하기 위해 [컴포넌트] 창에서 'Screen1'을 선택한 후 속성을 다음과 같이 변경해 봅니다.

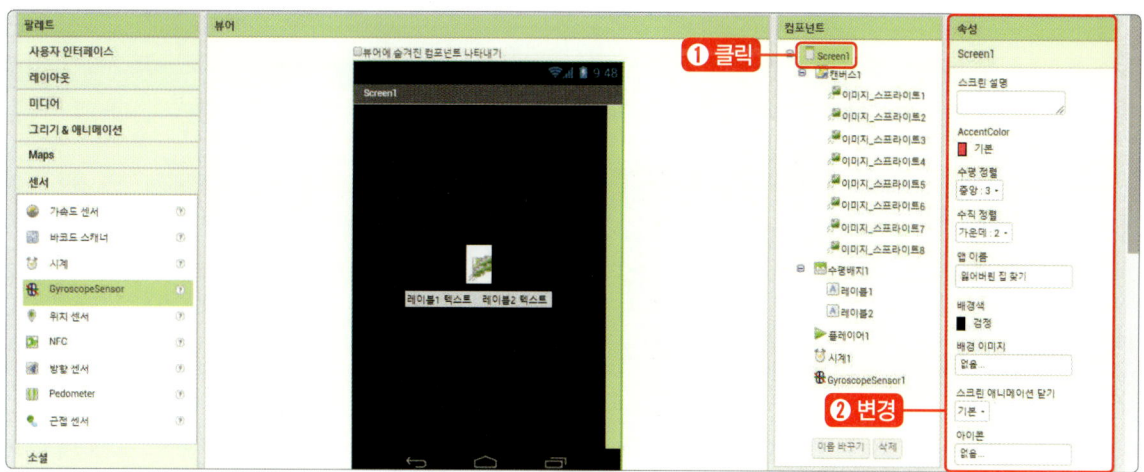

◆ Screen1

속성	❶ 수평 정렬	❷ 수직 정렬	❸ 앱 이름	❹ 배경색
변경	중앙 : 3	가운데 : 2	잃어버린 집 찾기	검정
속성	❺ 아이콘	❻ 스크린 방향	❼ 크기	❽ 제목 보이기
변경	Character.png	세로	고정형	비활성화

2️⃣ 앱('App')의 초기 화면을 디자인하기 위해 [컴포넌트] 창에서 '캔버스1'을 선택한 후 속성을 다음과 같이 변경해 봅니다.

캔버스1

속성	❶ 이름	❷ 배경 이미지	❸ 높이	❹ 너비
변경	배경	start-bg.png	부모에 맞추기	부모에 맞추기

3 앱('App')을 실행하면 화면에 '개체'가 나타날 수 있도록 [컴포넌트] 창에서 '이미지 스프라이트'를 선택한 후 속성을 다음과 같이 각각 변경해 봅니다.

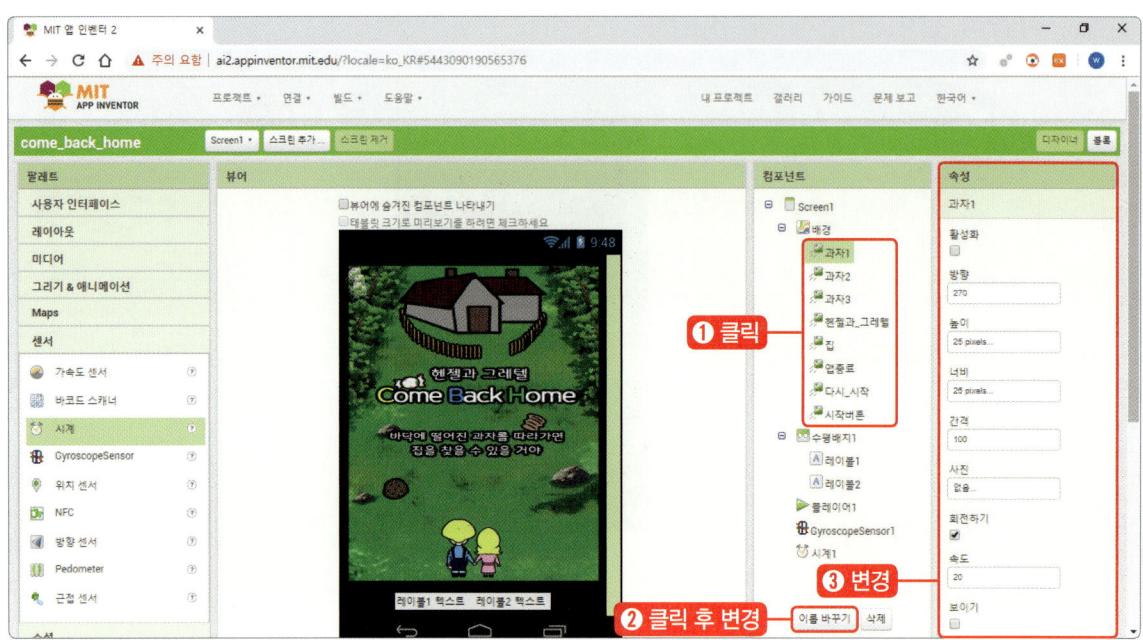

이미지 스프라이트1~8

속성		❶ 이름	❷ 활성화	❸ 방향	❹ 높이	❺ 너비	❻ 사진	❼ 속도	❽ 보이기	❾ x	❿ y
변경		과자1	비활성화	270	25	25	Snack1.png	20	비활성화	32	30
		과자2	비활성화	270	25	25	Snack2.png	15	비활성화	102	30
		과자3	비활성화	270	25	25	Snack3.png	5	비활성화	252	30
		헨젤과 그레텔	활성화	0	90	100	Character.png	0	비활성화	89	450
		집	활성화	0	150	250	house.png	0	비활성화	42	8
		앱 종료	활성화	0	40	100	close_button.png	0	비활성화	20	480
		다시 시작	활성화	0	40	100	restart_button.png	0	비활성화	200	480
		시작버튼	활성화	0	70	150	start_button.png	0	비활성화	80	480

4 'Screen1' 배경색에 맞춰 '수평배치1'의 색상을 변경하기 위해 [컴포넌트] 창에서 '수평배치1'을 선택한 후 속성을 다음과 같이 변경해 봅니다.

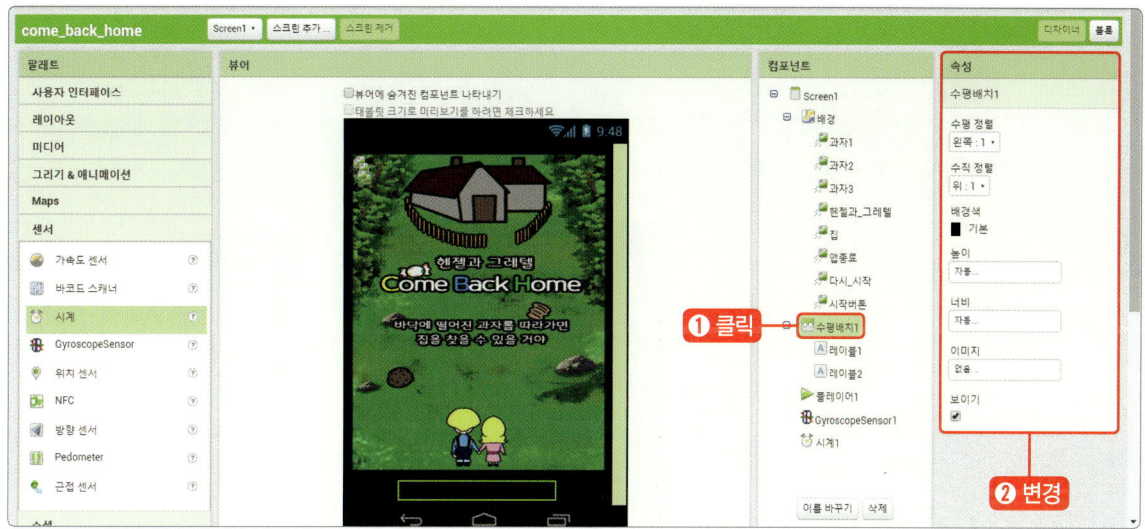

수평배치1

속성	❶ 배경색
변경	검정

5 '시간'과 '점수'가 앱('App') 화면에서 표현될 수 있도록 [컴포넌트] 창에서 '레이블'을 선택한 후 속성을 다음과 같이 각각 변경해 봅니다.

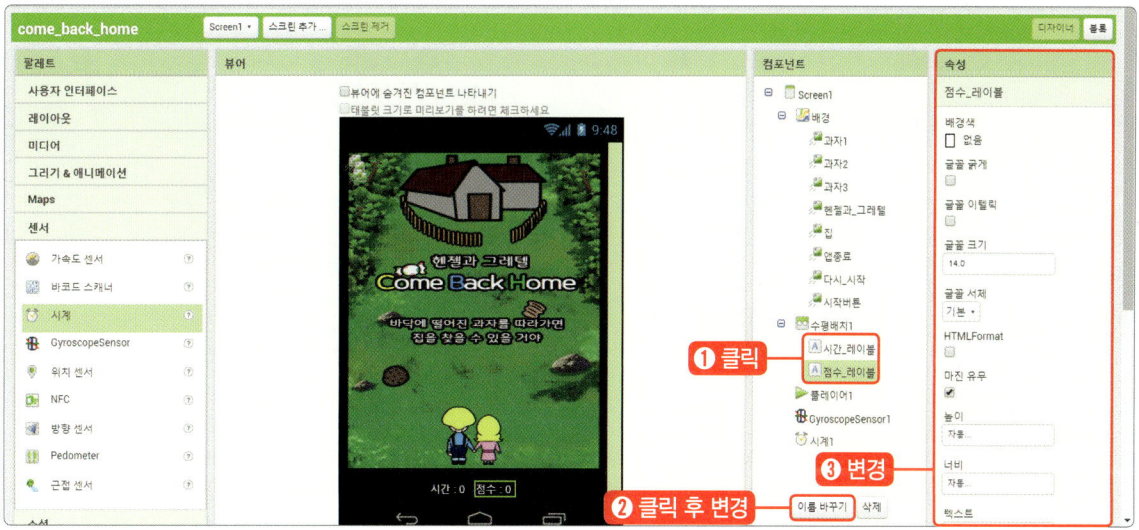

레이블1~2

속성	❶ 이름	❷ 텍스트	❸ 텍스트 색상
변경	시간 레이블	시간 : 0	흰색
	점수 레이블	점수 : 0	흰색

6 '플레이어'와 '시계', '자이로 센서'를 작동시키기 위해 [컴포넌트] 창에서 '플레이어1'과 '시계1', 'GyroscopeSensor'를 선택한 후 속성을 다음과 같이 각각 변경해 봅니다.

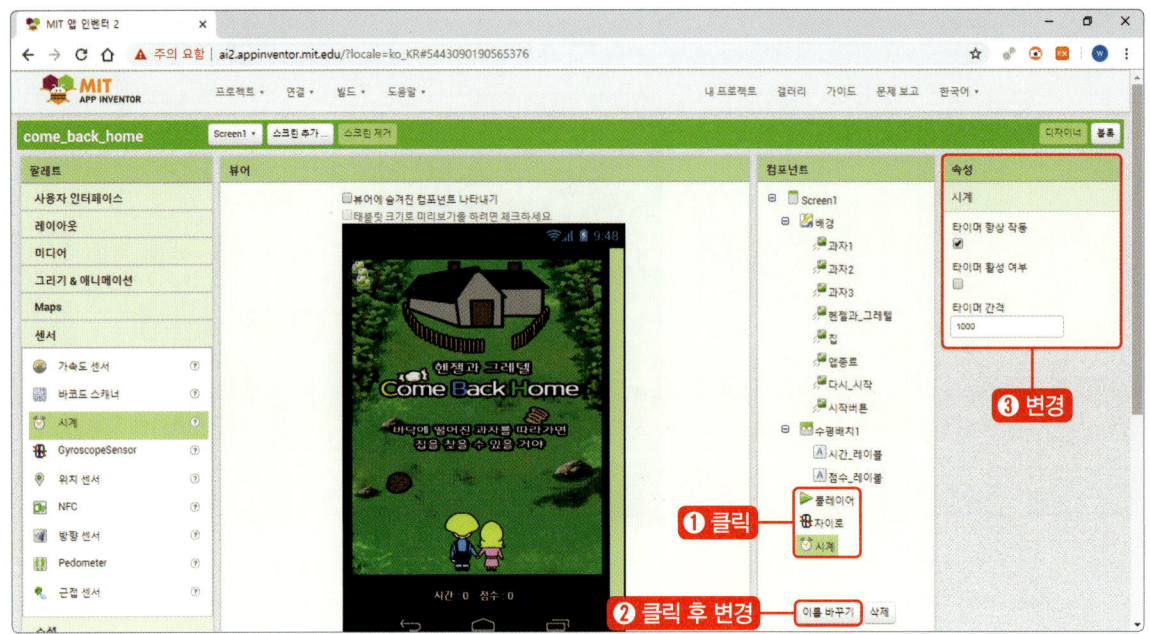

🔷 플레이어1

속성	❶ 이름	❷ 반복	❸ 소스	❹ 볼륨
변경	플레이어	활성화	music.mp3	100

🔷 시계1

속성	❶ 이름	❷ 타이머 활성 여부	❸ 타이머 간격
변경	시계	비활성화	1000

🔷 GyroscopeSensor

속성	❶ 이름
변경	자이로

'시계' 컴포넌트의 타이머 간격 '1000'은 '1'초를 의미해!

Chapter 09

  척척박사의 **퀴즈 타임!**

01 이미지 스프라이트가 이동하려면 변경해야 하는 속성은 무엇일까요?

① 속도　　　　　　　　　② 방향
③ 너비　　　　　　　　　④ 높이

02 스마트폰의 기울기 값을 알려주는 센서는 무엇일까요?

① 플레이어　　　　　　　② GyroscopeSensor
③ 가속도 센서　　　　　　④ 수평배치

03 레이블을 통해 원하는 메시지를 앱('App') 화면에 띄우기 위해 사용해야 하는 속성은 무엇일까요?

① 글꼴 크기　　　　　　　② 텍스트 정렬
③ 텍스트　　　　　　　　④ 텍스트 색상

04 이미지 컴포넌트를 앱('App') 화면에서 숨기기 위해 사용해야 하는 속성은 무엇일까요?

① x　　　　　　　　　　② y
③ 회전하기　　　　　　　④ 보이기

05 스크린('Screen')에서 앱('App') 아이콘을 변경하기 위해 사용해야 하는 속성은 무엇일까요?

① 배경 이미지　　　　　　② 아이콘
③ 스크린 배경　　　　　　④ 크기

Chapter 10

'초기화' 코딩하기

- 변수를 생성할 수 있습니다.
- 함수를 사용할 수 있습니다.
- 프로그램을 초기화시킬 수 있습니다.

▶ 예제 파일 : come_back_home10.aia

• 코딩 난이도 : ☆☆☆★★

▲ 초기화 코딩 화면

영상 파일₩9-12강_come back home.mp4 **영상 위치**

코딩 스토리

❶ 변수를 초기화합니다(점수 : 과자를 먹으면 점수 증가에 사용/시간 : 시간을 체크하는데 사용).

❷ 게임을 실행하면 앱을 초기화하기 위해 이미지나 버튼을 화면에서 숨기거나 보이고 배경을 상황에 맞는 이미지로 변경합니다. 스마트폰 화면에 표시되는 시간과 점수의 텍스트와 시간, 점수 변수 값과 과자의 위치 값을 초기화하고 음악을 재생합니다.

❸ 시작버튼을 누르면 게임 진행을 위해 이미지나 버튼을 화면에서 숨기거나 보이고, 배경을 상황에 맞는 이미지로 변경합니다. 스마트폰의 자이로 센서를 작동시키고 게임 진행 시간을 확인하기 위해 시계를 작동시킵니다.

120 _ Part 04. 여기로 슝! 저기로 슝! 냠냠 과자 먹기

 **앱 정보 확인하기**

 척척박사님! 오늘 만들 앱에 대한 정보를 알려주세요.

1. 앱 이름 : 잃어버린 집 찾기
2. 게임 시간 : 1분
3. 플레이 : 1인용
4. 게임 방법
   ❶ 앱('App')이 실행되면 '시작 하기' 버튼을 눌러 게임을 시작합니다.
   ❷ 숲 속에 떨어지는 간식을 하나도 놓치지 않고 받아야 합니다.
   ❸ 간식을 놓치면 게임이 종료되며 처음부터 다시 시작해야 합니다.
   ❹ 1분 동안 간식을 잘 받으면 일정 시간이 지난 후 잃어버린 집이 나타납니다.
   ❺ 집이 나타나고 '1'초가 지나면 게임에 성공합니다.
   ❻ 과자를 먹으면 점수가 올라갑니다.
   ❼ 게임을 다시 시작하려면 '다시 하기' 버튼을 누르고 끝내려면 '나가기'를 누릅니다.

자이로 센서란?
스마트폰을 좌우로 움직였을 때 그 기울기 값을 기억하는 센서입니다.

2 블록 코딩하기

척척박사님! 블록 코딩은 어떻게 하는 건가요? 빨리 앱을 만들고 싶어요!

주요 블록

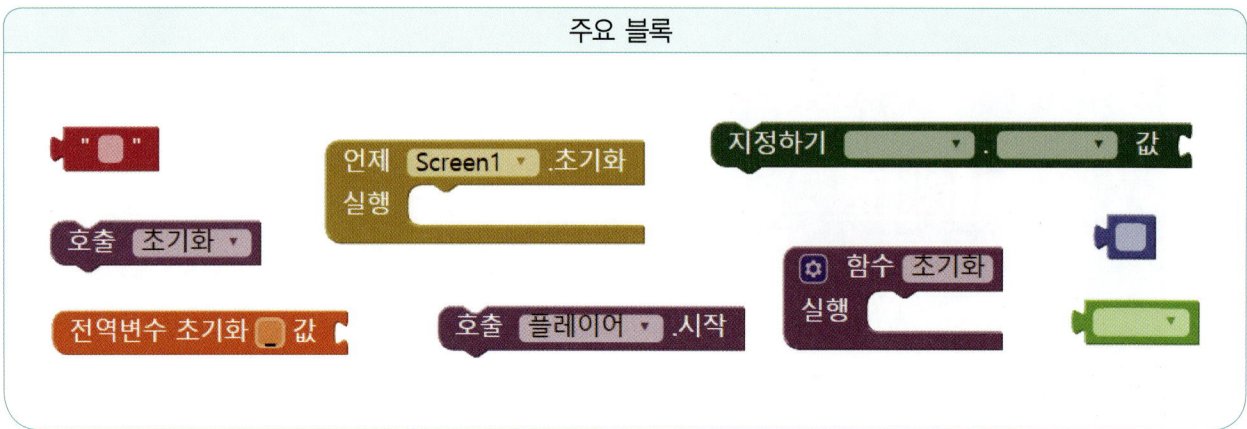

1 [프로젝트]-[내 컴퓨터에서 프로젝트 (.aia) 가져오기]를 클릭하여 예제 파일('come_back_home10.aia')을 불러온 후 오른쪽 상단의 [블록]을 클릭하여 코딩창으로 이동합니다.

Tip
기존에 저장해 놓은 파일을 불러와 작업하면 되지만 만약 저장해 놓은 파일이 없다면 차시별 예제 파일을 불러와 작업하면 돼!

2 앱('App')에 사용할 변수를 생성하기 위해 [블록]-[공통 블록]-[변수]에서
[] 블록을 가져와 변수 이름을 "점수"로 입력한 후 [블록]-[공통 블록]-[수학]에서 [] 블록을 가져와 값에 붙여 넣습니다.

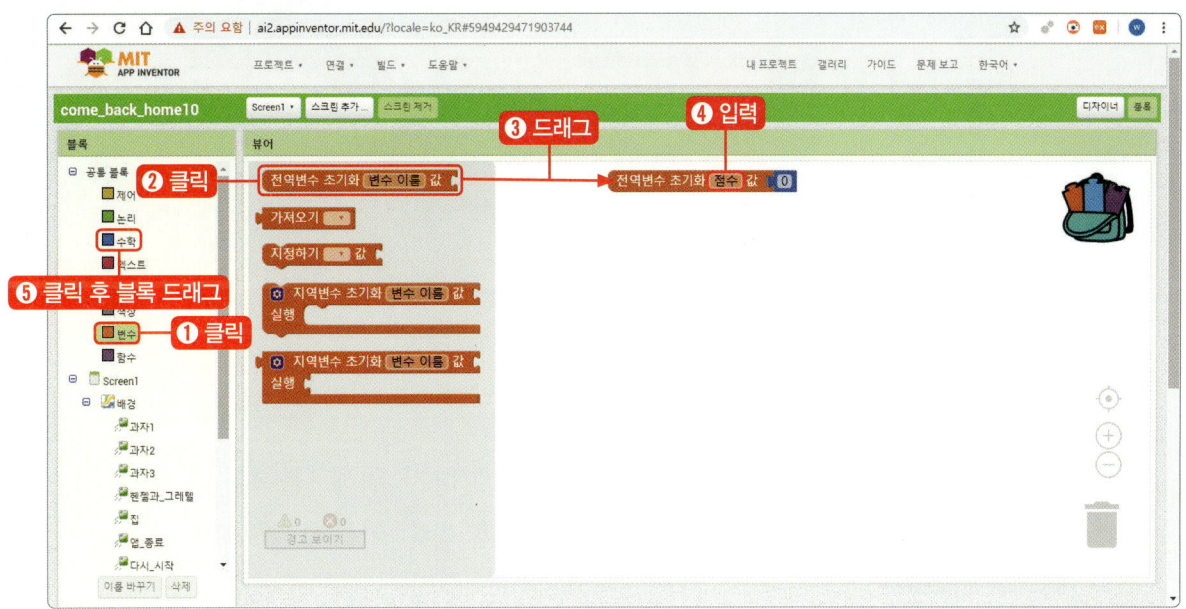

> **Tip**
> 변수란 변하는 문자나 숫자를 기억하는 저장소를 의미해!

3 동일한 방법으로 '시간' 변수를 생성하고, 값을 "0"으로 입력합니다.

ⓐ ❶ 전역변수 초기화 점수 값 0 ❷
ⓑ ❶ 전역변수 초기화 시간 값 0 ❷

블록 위치 확인
❶ [블록]-[공통 블록]-[변수]
❷ [블록]-[공통 블록]-[수학]

블록 이해하기
ⓐ '점수' 변수는 '헨젤과 그레텔'이 과자를 먹으면 점수를 증가시키는데 사용하는 변수입니다.
ⓑ '시간' 변수는 '게임' 진행 시간을 확인하는데 사용하는 변수입니다.

> **Tip**
> '변수'의 이름은 컴포넌트 이름과 헷갈리지 않게 정해야 해!

Chapter 10. '초기화' 코딩하기 _ 123

4 앱('App')을 실행하면 게임을 초기화하기 위해 [블록]-[Screen1]에서 [언제 Screen1.초기화 실행] 블록을 [뷰어]로 드래그 합니다.

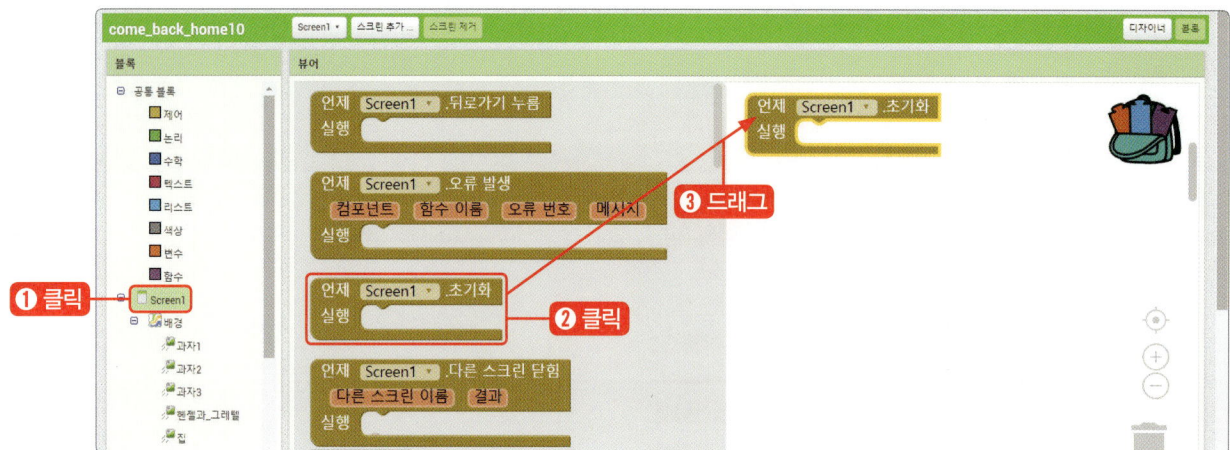

5 이어서 함수를 이용하여 초기화할 명령을 표현하기 위해 [블록]-[공통 블록]-[함수]에서 [함수 함수_이름 실행] 블록을 [뷰어]로 드래그 한 후 함수 이름에 "초기화"를 입력합니다.

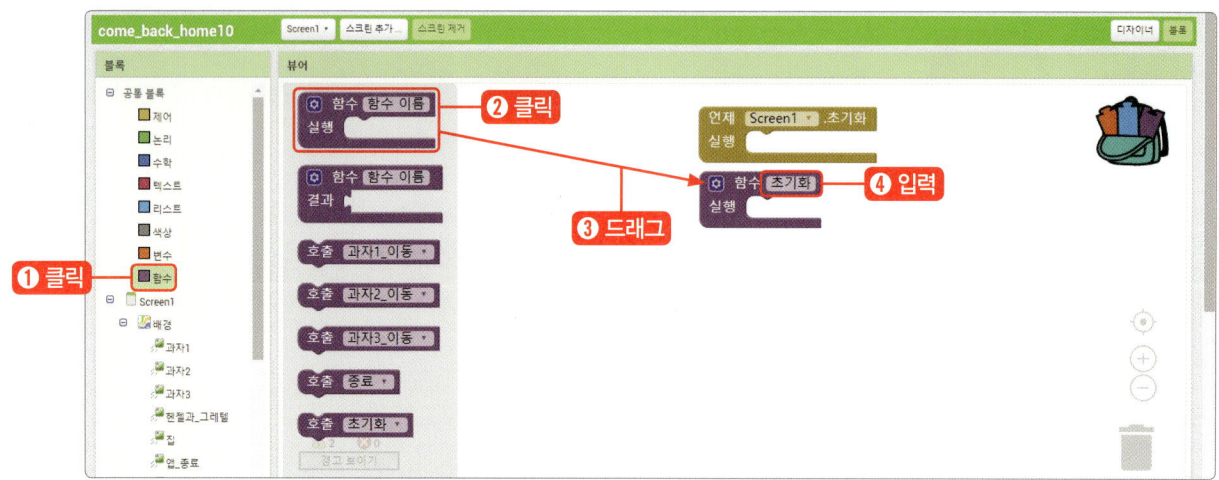

6 이어서 '스크린(Screen1)'이 초기화될 수 있도록 [블록]-[공통 블록]-[함수]에서 [호출 초기화] 블록을 [언제 Screen1.초기화 실행] 블록 안쪽으로 드래그 합니다.

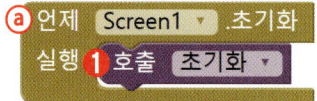

🔴 블록 위치 확인

❶ [블록]-[공통 블록]-[함수]

🔴 블록 이해하기

ⓐ 앱('App')이 실행되면 '초기화' 함수를 호출합니다. 실제 초기화는 함수에서 이루어집니다.

7 이어서 초기화할 수 있도록 [함수 초기화 실행] 블록 안쪽에 다음과 같이 [블록]에서 '명령 블록'을 가져와 코딩을 완성합니다.

🔶 블록 이해하기

ⓐ 프로그램을 초기화하기 위해 함수를 호출하면 '앱 종료'를 화면에서 숨깁니다.
ⓑ 프로그램을 초기화하기 위해 함수를 호출하면 '다시 시작'을 화면에서 숨깁니다.
ⓒ 프로그램을 초기화하기 위해 함수를 호출하면 배경 이미지('start-bg.png')를 변경합니다.
ⓓ 프로그램을 초기화하기 위해 함수를 호출하면 '과자1'을 화면에서 숨깁니다.
ⓔ 프로그램을 초기화하기 위해 함수를 호출하면 '과자2'를 화면에서 숨깁니다.
ⓕ 프로그램을 초기화하기 위해 함수를 호출하면 '과자3'을 화면에서 숨깁니다.
ⓖ 프로그램을 초기화하기 위해 함수를 호출하면 '과자1'의 y위치를 '30'으로 초기화합니다.
ⓗ 프로그램을 초기화하기 위해 함수를 호출하면 '과자2'의 y위치를 '30'으로 초기화합니다.
ⓘ 프로그램을 초기화하기 위해 함수를 호출하면 '과자3'의 y위치를 '30'으로 초기화합니다.
ⓙ 프로그램을 초기화하기 위해 함수를 호출하면 '헨젤과 그레텔'을 화면에서 숨깁니다.
ⓚ 프로그램을 초기화하기 위해 함수를 호출하면 '집'을 화면에서 숨깁니다.
ⓛ 프로그램을 초기화하기 위해 함수를 호출하면 '시작버튼'을 화면에 보입니다.
ⓜ 프로그램을 초기화하기 위해 함수를 호출하면 '자이로' 센서의 작동을 멈춥니다.
ⓝ 프로그램을 초기화하기 위해 함수를 호출하면 '시간 레이블' 텍스트를 "시간 : 0"으로 입력합니다.
ⓞ 프로그램을 초기화하기 위해 함수를 호출하면 '점수 레이블' 텍스트를 "점수 : 0"으로 입력합니다.
ⓟ 프로그램을 초기화하기 위해 함수를 호출하면 '시간' 변수 값을 '0'으로 초기화합니다.
ⓠ 프로그램을 초기화하기 위해 함수를 호출하면 '점수' 변수 값을 '0'으로 초기화합니다.
ⓡ 프로그램을 초기화하기 위해 함수를 호출하면 음악을 재생시킵니다.

8 앱('App')이 실행되면 '시작버튼'을 터치했는지 확인할 수 있도록 [블록]-[Screen1]-[배경]-[시작버튼]에서 [언제 시작버튼.터치] 블록을 [뷰어]로 드래그 합니다.

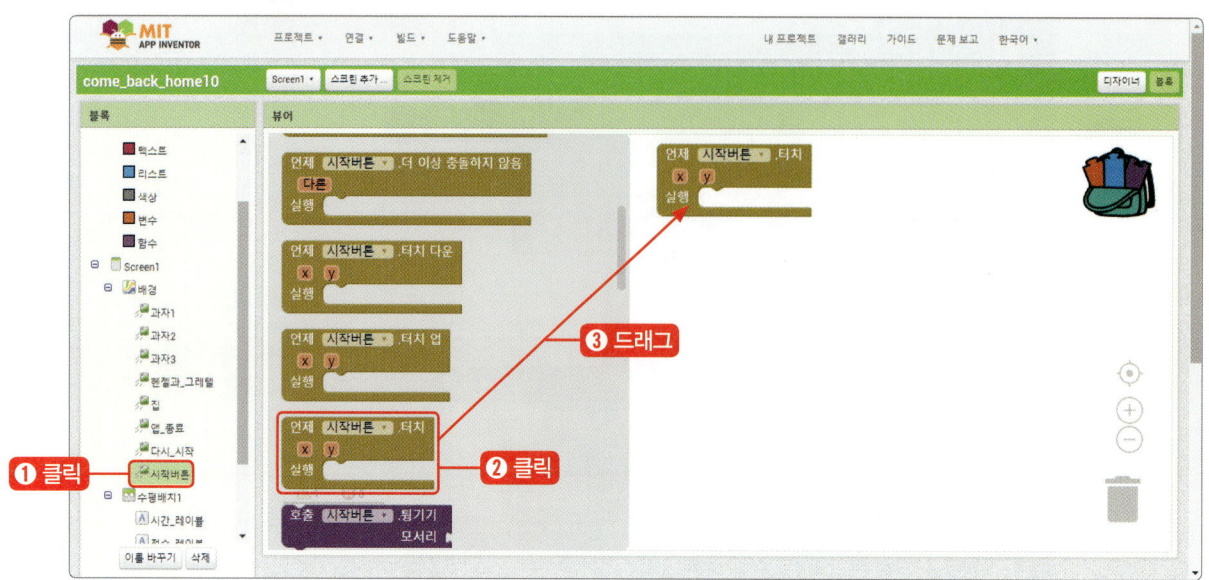

9 이어서 '시작버튼'을 터치했을 때 게임 환경을 마련하기 위해 블록 안쪽에 다음과 같이 [블록]에서 '명령 블록'을 가져와 코딩을 완성합니다.

● 블록 이해하기

ⓐ '시작버튼'을 누르면 배경을 게임에 맞는 이미지('bg.png')로 변경합니다.
ⓑ '시작버튼'을 누르면 '헨젤과 그레텔'을 화면에 보입니다.
ⓒ '시작버튼'을 누르면 '자이로 센서'를 활성화시킵니다.
ⓓ '시작버튼'을 누르면 멈춰 있는 '시계'를 작동시킵니다.
ⓔ~ⓖ '시작버튼'을 누르면 '과자1'~'과자3'을 활성화시킵니다.
ⓗ~ⓙ '시작버튼'을 누르면 '과자1'~'과자3'을 화면에 보입니다.
ⓚ '시작버튼'을 누르면 '시작버튼'을 화면에서 숨깁니다.

Chapter 10 척척박사의 퀴즈 타임!

01 시작버튼을 터치했을 때 '자이로' 센서는 활성화시켜야 할까요?

① 예. 활성화시켜야 합니다.

② 아니오. 활성화시키지 않습니다.

02 자이로 센서는 어떤 기능을 가지고 있는 센서인가요?

① 자이로 센서는 스마트폰의 기울기 값을 알려줍니다.

② 자이로 센서는 스마트폰의 화면을 터치했을 때 그 위치를 알려줍니다.

③ 자이로 센서는 위도와 경도를 알려줍니다.

④ 자이로 센서는 스마트폰이 흔들렸는지 알려줍니다.

03 다음 중 자이로 센서는 어느 그룹에 존재하나요?

① 사용자 인터페이스　　　② 레이아웃

③ 센서　　　　　　　　　④ 미디어

04 다음 중 자이로 센서 컴포넌트는 무엇일까요?

① ▶ 플레이어　　　　　　② 🔊 소리

③ 🎲 GyroscopeSensor　　④ ⏰ 시계

Chapter 11

'과자' 코딩하기

- 과자를 랜덤 위치에서 나타나게 할 수 있습니다.
- 과자가 컴포넌트와 충돌했을 때 조건을 지정할 수 있습니다.
- 과자가 스마트폰 화면에 부딪혔을 때 조건을 지정할 수 있습니다.

▶ 예제 파일 : come_back_home11.aia

• 코딩 난이도 : ☆☆★★★

▲ 과자 코딩 화면

영상 파일₩9-12강_come back home.mp4

영상 위치

코딩 스토리

❶ 과자가 헨젤과 그레텔과 충돌하면 점수를 '1'씩 증가시키고 스마트폰 화면에 증가된 점수 변수 값을 점수 레이블에 표시하고 과자를 다시 위에서 떨어지도록 과자 이동 함수를 호출합니다.

❷ 헨젤과 그레텔이 과자를 받지 못해 바닥에 닿으면 미션 실패(lose-bg.png)를 표현하고 앱을 다시 시작할지 종료할지 결정하기 위해 종료 함수를 호출합니다.

❸ 과자 이동 함수가 호출되면 과자의 y좌표 값은 고정으로, x좌표 값은 랜덤으로 지정합니다.

1 블록 코딩하기

척척박사님! 과자가 떨어지는 모습은 어떻게 코딩해야 하나요?

주요 블록

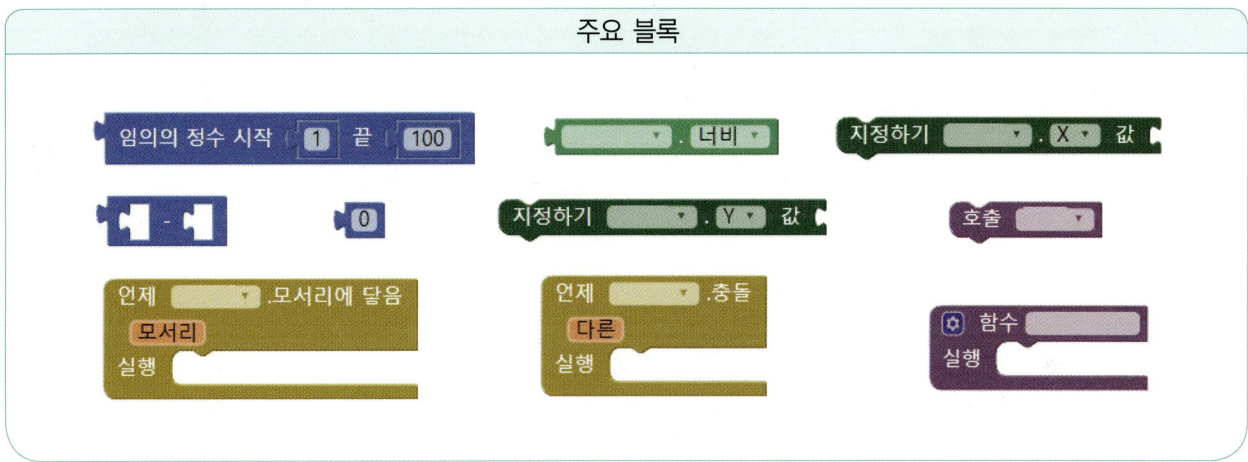

1 [프로젝트]-[내 컴퓨터에서 프로젝트 (.aia) 가져오기]를 클릭하여 예제 파일('come_back_home11.aia')을 불러온 후 오른쪽 상단의 [블록]을 클릭하여 코딩창으로 이동합니다.

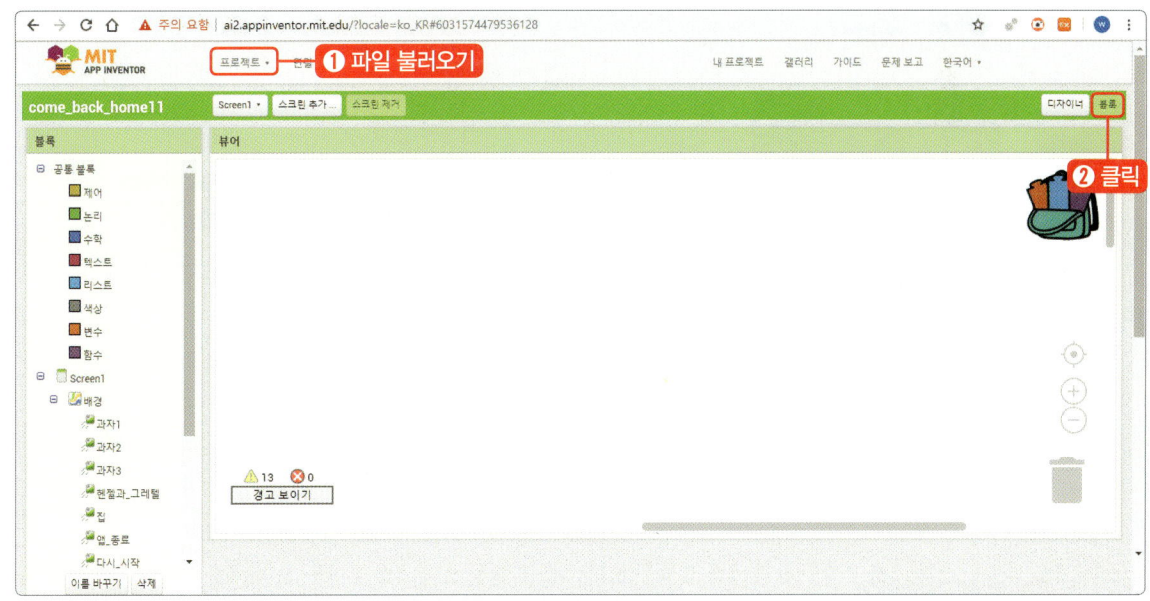

 **Tip**

기존에 저장해 놓은 파일을 불러와 작업하면 되지만 만약 저장해 놓은 파일이 없다면 차시별 예제 파일을 불러와 작업하면 돼!

Chapter 11. '과자' 코딩하기 _ **129**

2 '과자'가 다른 컴포넌트와 충돌했을 때 조건을 주기 위해 [블록]-[Screen1]-[배경]-[과자1]에서 [언제 과자1.충돌 다른 실행] 블록을 [뷰어]로 드래그 합니다.

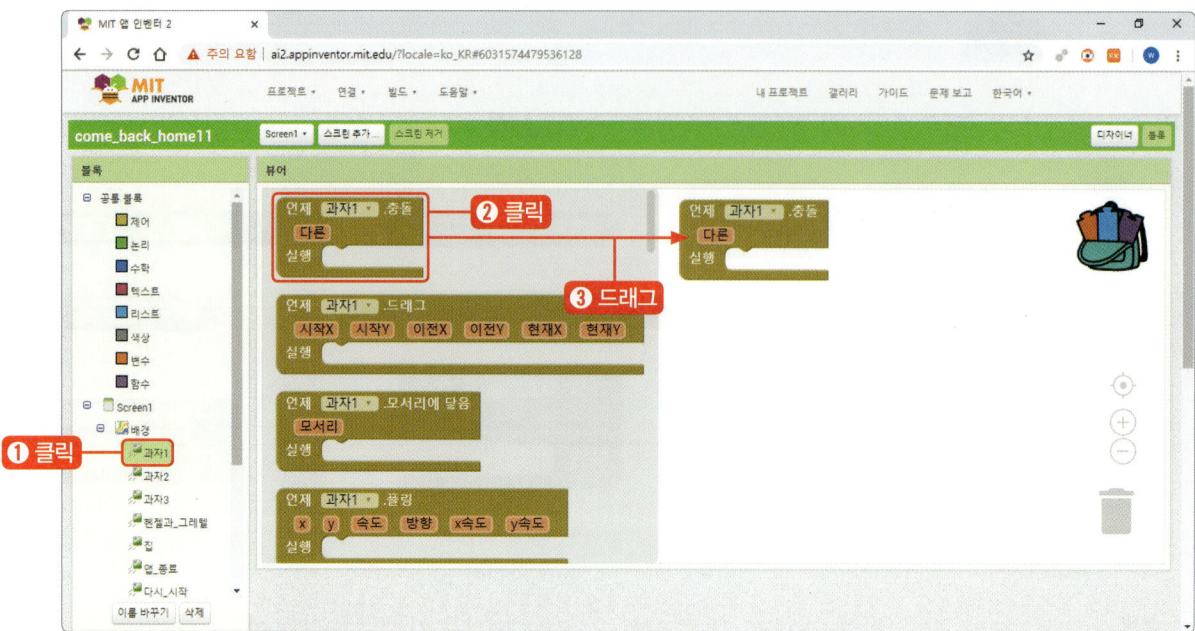

3 이어서 점수 변수 값이 증가될 수 있도록 다음과 같이 [블록]에서 '명령 블록'을 가져와 코딩을 완성합니다.

블록 위치 확인
❶ [블록]-[공통 블록]-[변수]
❷ [블록]-[공통 블록]-[수학]
❸ [블록]-[공통 블록]-[변수]
❹ [블록]-[공통 블록]-[수학]

블록 이해하기
ⓐ '과자1'이 다른 컴포넌트와 충돌하면 '점수' 변수 값을 '1'씩 증가시킵니다.

4 기록된 '점수' 변수 값을 앱('App') 화면에 표시하기 위해 다음과 같이 [블록]에서 '명령 블록'을 가져와 코딩을 완성합니다.

🔷 블록 위치 확인

① [블록]-[Screen1]-[수평배치1]-[점수 레이블]
② [블록]-[공통 블록]-[텍스트]
③ [블록]-[공통 블록]-[텍스트]("점수 : " 입력)
④ [블록]-[공통 블록]-[변수]
⑤ [블록]-[공통 블록]-[함수]

🔷 블록 이해하기

ⓐ 화면에 있는 '점수 레이블'에 "점수 : " 텍스트와 점수 변수 값을 합쳐서 나타냅니다.
ⓑ '과자1 이동' 함수를 호출합니다.

5 이어서 '과자2'와 '과자3'도 동일한 방법으로 다음과 같이 [블록]에서 '명령 블록'을 가져와 코딩을 완성합니다.

6 '과자1 이동' 함수 호출을 받으면 '과자1'의 위치를 랜덤으로 지정하기 위해 다음과 같이 [블록]에서 '명령 블록'을 가져와 코딩을 완성합니다.

🔴 **블록 위치 확인**

❶ [블록]-[Screen1]-[배경]-[과자1]   ❸ [블록]-[Screen1]
❷ [블록]-[공통 블록]-[수학]

🔴 **블록 이해하기**

ⓐ '과자1'의 x좌표 값을 랜덤으로 입력 받습니다. [임의의 정수] 블록을 사용하면 '과자1'이 랜덤으로 나타날 구간을 설정할 수 있습니다.
ⓑ '과자1'의 y좌표 값을 '30'으로 지정합니다.

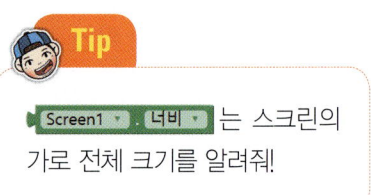

Tip: `Screen1.너비` 는 스크린의 가로 전체 크기를 알려줘!

7 이어서 '과자2'와 '과자3'도 동일한 방법으로 다음과 같이 [블록]에서 '명령 블록'을 가져와 코딩을 완성합니다.

8 '과자1'이 스마트폰의 모서리에 닿았을 때 조건을 지정하기 위해 [블록]-[Screen1]-[배경]-[과자1]에서 [언제 과자1.모서리에 닿음] 블록을 [뷰어]로 드래그 합니다.

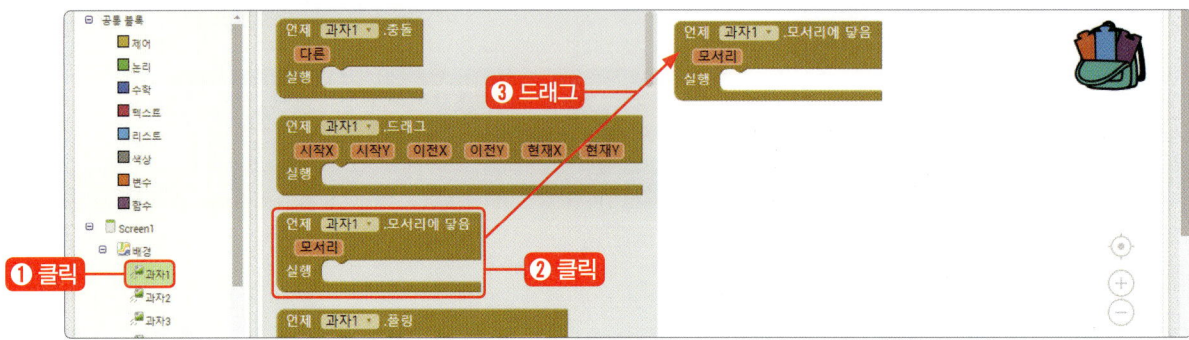

132 _ Part 04. 여기로 슉! 저기로 슉! 냠냠 과자 먹기

9 이어서 '과자1'이 모서리에 닿으면 배경 이미지를 바꾸고 '종료' 함수를 호출할 수 있도록 다음과 같이 [블록]에서 '명령 블록'을 가져와 코딩을 완성합니다.

블록 위치 확인
❶ [블록]-[Screen1]-[배경]
❷ [블록]-[공통 블록]-[함수]
❸ [블록]-[공통 블록]-[텍스트]("lose-bg.png" 입력)

블록 이해하기
ⓐ '과자1'이 스마트폰의 모서리에 닿으면 졌다는 의미의 'lose-bg.png'로 배경 이미지를 변경합니다.
ⓑ '종료' 함수를 호출합니다.

10 이어서 '과자2'와 '과자3'도 동일한 방법으로 다음과 같이 [블록]에서 '명령 블록'을 가져와 코딩을 완성합니다.

Chapter 11

  척척박사의 **퀴즈 타임!**

01 다음 중 '과자' 컴포넌트가 스마트폰의 모서리에 닿았는지 알 수 있는 블록은 무엇일까요?

① 언제 과자1.모서리에 닿음 / 모서리 / 실행
② 언제 과자1.충돌 / 다른 / 실행
③ 언제 과자1.터치 다운 / x y / 실행
④ 언제 과자1.터치 업 / x y / 실행

02 다음 중 '과자' 컴포넌트가 다른 컴포넌트와 부딪혔는지 알 수 있는 블록은 무엇일까요?

① 언제 과자1.모서리에 닿음 / 모서리 / 실행
② 언제 과자1.충돌 / 다른 / 실행
③ 언제 과자1.터치 다운 / x y / 실행
④ 언제 과자1.터치 업 / x y / 실행

03 다음 중 스크린의 가로 크기를 알 수 있는 블록은 무엇일까요?

① Screen1 . 너비
② Screen1 . 스크린 설명
③ Screen1 . 배경색
④ Screen1 . 수평 정렬

Chapter 12
'자이로 센서' 코딩하기

- 자이로 센서를 활용할 수 있습니다.
- 시계 컴포넌트를 이용할 수 있습니다.
- 함수와 변수를 활용할 수 있습니다.

▶ 예제 파일 : come_back_home12.aia

• 코딩 난이도 : ☆★★★★

▲ 자이로 센서 코딩 화면

영상 파일₩9-12강_come back home.mp4

영상 위치

코딩 스토리

❶ 자이로 센서의 y값이 '-30'보다 작아지면 헨젤과 그레텔을 왼쪽으로 이동시키고 자이로 센서의 y값이 '30'보다 크면 헨젤과 그레텔을 오른쪽으로 이동시킵니다.
❷ 앱 종료를 터치하면 앱을 종료시키고 다시 시작을 터치하면 초기화 함수를 호출합니다.
❸ '1'초 간격으로 시간 변수 값을 증가시키고 스마트폰 화면의 시간 레이블에 변경된 시간을 표시합니다.
❹ 시간이 '59'초를 넘으면 집을 화면에 보이고 시간이 '60'초를 넘으면 나타났던 집을 화면에서 숨긴 뒤 미션 성공(win-bg.png) 배경으로 이미지를 변경한 후 종료 함수를 호출합니다.
❺ 종료 함수가 호출되면 불필요한 이미지나 버튼을 화면에서 숨기거나 보이고, 자이로 센서와 시계의 작동을 멈춥니다.

1 블록 코딩하기

척척박사님! 자이로 센서는 어떻게 사용하는 건가요?

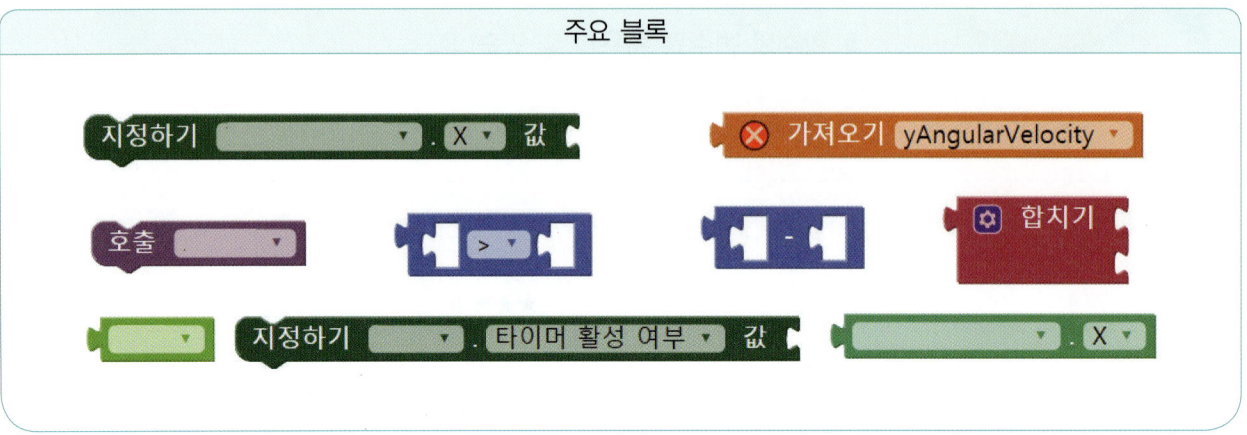

1 [프로젝트]-[내 컴퓨터에서 프로젝트 (.aia) 가져오기]를 클릭하여 예제 파일('come_back_home12.aia')을 불러온 후 오른쪽 상단의 [블록]을 클릭하여 코딩창으로 이동합니다.

2 스마트폰의 기울기 값을 알기 위해 [블록]-[Screen1]의 [자이로]에서 [언제 자이로.GyroscopeChanged xAngularVelocity yAngularVelocity zAngularVelocity timestamp 실행] 블록을 [뷰어]로 드래그 합니다.

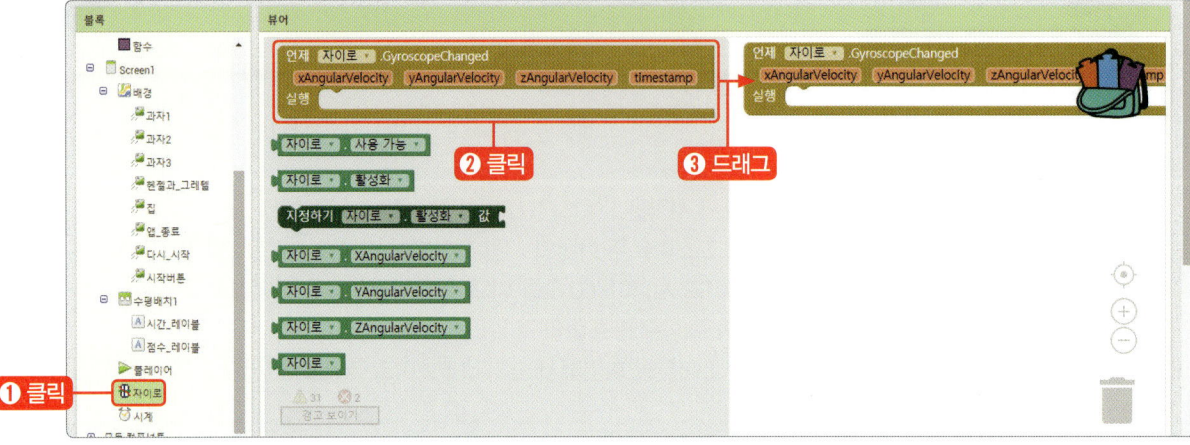

3 스마트폰의 기울기 값에 따라 조건을 지정하기 위해 다음과 같이 [블록]에서 '명령 블록'을 가져와 코딩을 완성합니다.

블록 위치 확인
① [블록]-[공통 블록]-[제어]　　　③ [블록]-[공통 블록]-[변수]
② [블록]-[공통 블록]-[수학]　　　④ [블록]-[공통 블록]-[수학]

블록 이해하기
ⓐ '자이로 센서(스마트폰 기울기 값)' 값이 '-30'보다 작으면 왼쪽으로 기울어집니다.
ⓑ '자이로 센서(스마트폰 기울기 값)' 값이 '30'보다 크면 오른쪽으로 기울어집니다.

4 기울기 값이 '-30'보다 작으면 '헨젤과 그레텔'이 왼쪽으로 움직이고, '30'보다 크면 '헨젤과 그레텔'이 오른쪽으로 움직이도록 다음과 같이 [블록]에서 '명령 블록'을 가져와 코딩을 완성합니다.

블록 위치 확인
① [블록]-[Screen1]-[배경]-[헨젤과 그레텔]　　　③ [블록]-[Screen1]-[배경]-[헨젤과 그레텔]
② [블록]-[공통 블록]-[수학]　　　④ [블록]-[공통 블록]-[수학]

블록 이해하기
ⓐ 스마트폰을 왼쪽으로 기울이면 '헨젤과 그레텔'이 왼쪽으로 '1'만큼씩 움직입니다.
ⓑ 스마트폰을 오른쪽으로 기울이면 '헨젤과 그레텔'이 오른쪽으로 '1'만큼씩 움직입니다.

5 시계를 사용할 수 있도록 [블록]-[Screen1]에서 [언제 시계.타이머 실행] 블록을 [뷰어]로 드래그 합니다.

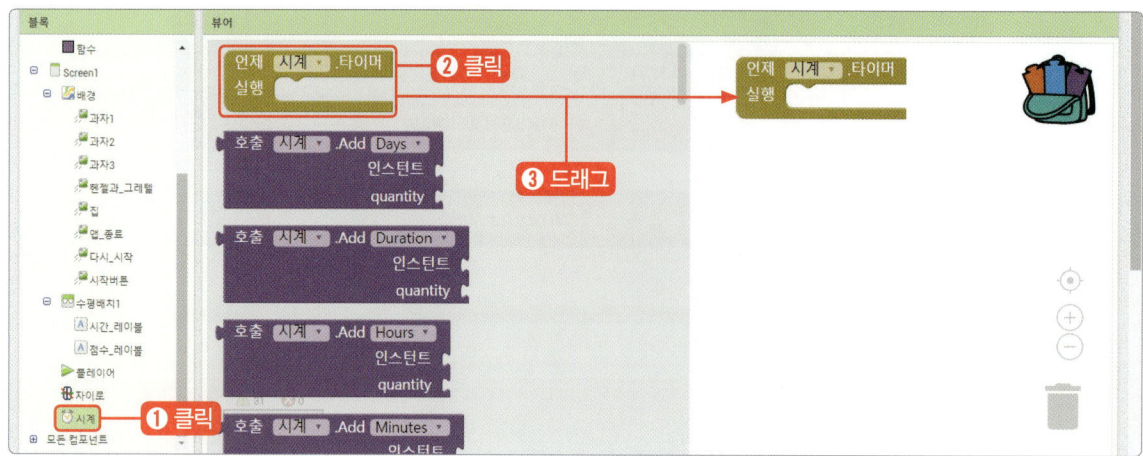

6 '1'초마다 '시계' 변수 값을 '1'씩 증가시키기 위해 다음과 같이 [블록]에서 '명령 블록'을 가져와 코딩을 완성합니다.

블록 위치 확인

❶ [블록]-[공통 블록]-[변수]   ❷ [블록]-[공통 블록]-[수학]

블록 이해하기

ⓐ '시계' 타이머의 간격['1000'(1초)]마다 '시계' 변수 값을 '1'씩 증가시킵니다.

7 '시간'을 앱('App') 화면에 표시하기 위해 다음과 같이 [블록]에서 '명령 블록'을 가져와 코딩을 완성합니다.

블록 위치 확인

❶ [블록]-[Screen1]-[수평배치1]-[시간 레이블]   ❸ [블록]-[공통 블록]-[텍스트]("시간 : " 입력)
❷ [블록]-[공통 블록]-[텍스트]   ❹ [블록]-[공통 블록]-[변수]

블록 이해하기

ⓐ '1'초마다 앱('App') 화면의 '시간 레이블'에 변경된 시간을 표시합니다.

8 '시계' 변수 값이 '59'초를 넘기면 집이 보이게 하기 위해 다음과 같이 [블록]에서 '명령 블록'을 가져와 코딩을 완성합니다.

블록 위치 확인
① [블록]-[공통 블록]-[제어]
② [블록]-[공통 블록]-[수학]
③ [블록]-[Screen1]-[배경]-[집]
④ [블록]-[공통 블록]-[변수]
⑤ [블록]-[공통 블록]-[논리]

블록 이해하기
ⓐ '시계' 변수 값이 '59'초를 넘기면 '헨젤과 그레텔'이 찾고 있는 '집'의 모습이 나타납니다.

9 '시계' 변수 값이 '60'초를 넘기면 미션 성공 배경을 띄우기 위해 다음과 같이 [블록]에서 '명령 블록'을 가져와 코딩을 완성합니다.

블록 위치 확인
① [블록]-[공통 블록]-[제어]
② [블록]-[공통 블록]-[수학]
③ [블록]-[Screen1]-[배경]-[집]
④ [블록]-[Screen1]-[배경]
⑤ [블록]-[공통 블록]-[함수]
⑥ [블록]-[공통 블록]-[변수]
⑦ [블록]-[공통 블록]-[수학]
⑧ [블록]-[공통 블록]-[논리]
⑨ [블록]-[공통 블록]-[텍스트]("win-bg.png" 입력)

블록 이해하기
ⓐ '시계' 변수 값이 '60'초를 넘기면 보였던 '집'을 화면에서 감추고 배경('win-bg.png')을 변경한 뒤 '종료' 함수를 호출합니다.

10 '종료' 함수를 받으면 움직이던 컴포넌트를 멈추기 위해 다음과 같이 [블록]에서 '명령 블록'을 가져와 코딩을 완성합니다.

🔶 **블록 이해하기**

ⓐ '종료' 함수가 호출되면 작동하던 '시계'를 멈춥니다.
ⓑ '종료' 함수가 호출되면 '헨젤과 그레텔'을 화면에서 숨깁니다.
ⓒ~ⓔ '종료' 함수가 호출되면 '과자1'~'과자3'을 화면에서 숨깁니다.
ⓕ~ⓗ '종료' 함수가 호출되면 '과자1'~'과자3'의 움직임을 멈춥니다.
ⓘ '종료' 함수가 호출되면 '자이로' 센서의 작동을 멈춥니다.
ⓙ '종료' 함수가 호출되면 '다시 시작'이 화면에 표시됩니다.
ⓚ '종료' 함수가 호출되면 '앱 종료'가 화면에 표시됩니다.

11 '앱 종료' 버튼을 누르면 앱('App')이 종료될 수 있도록 [블록]-[Screen1]-[배경]-[앱 종료]에서 [언제 앱_종료.터치] 블록을 [뷰어]로 드래그 한 후 [블록]-[공통 블록]-[제어]에서 [앱 종료] 블록을 가져옵니다.

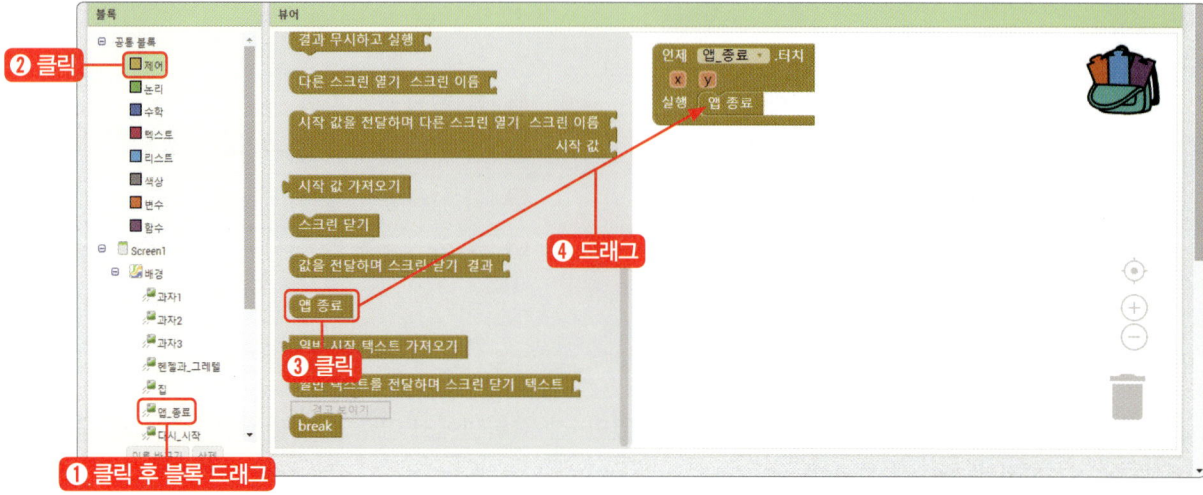

140 _ Part 04. 여기로 슉! 저기로 슉! 냠냠 과자 먹기

12 '다시 시작' 버튼을 누르면 앱('App')이 초기화될 수 있도록 [블록]-[Screen1]-[배경]-[앱 종료]에서 [언제 다시_시작 터치 실행] 블록을 [뷰어]로 드래그 한 후 [블록]-[공통 블록]-[함수]에서 [호출 초기화] 블록을 가져옵니다.

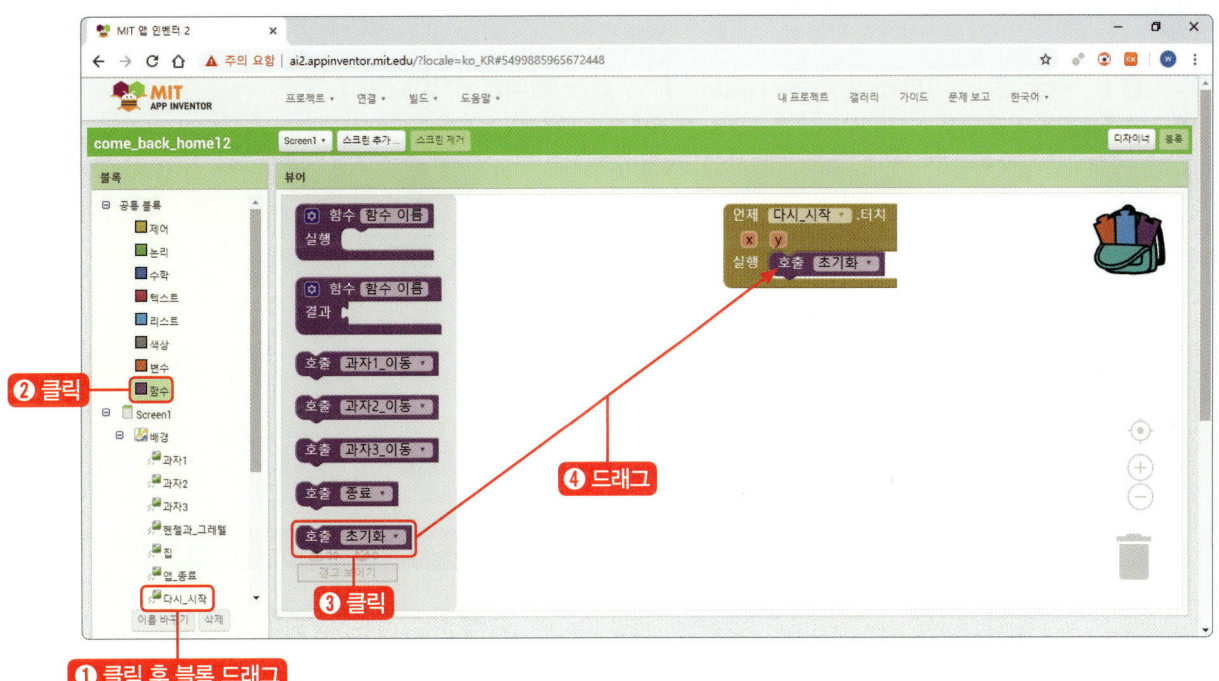

Chapter 12. '자이로 센서' 코딩하기 _ 141

Chapter 12 척척박사의 퀴즈 타임!

01 다음 중 스마트폰의 기울기 값을 알 수 있는 블록은 무엇일까요??

① 가져오기 yAngularVelocity
② 호출 초기화
③ 헨젤과_그레텔 . X
④ ▨ - ▨

02 다음 중 '시계' 변수 값이 '60'초를 넘긴 블록은 무엇일까요?

① 가져오기 global 시간 > 60
② 가져오기 global 시간 = 60
③ 가져오기 global 시간 < 60
④ 가져오기 global 시간 ≠ 60

03 다음 중 '헨젤과 그레텔'을 좌우로 이동시킬 때 사용하는 블록은 무엇일까요?

① 지정하기 헨젤과_그레텔 . Y 값
② 지정하기 헨젤과_그레텔 . X 값

04 다음 중 '1'초마다 '시간' 변수 값을 증가시키는 블록은 무엇일까요?

① 지정하기 global 시간 값 [가져오기 global 시간 + 1]
② 지정하기 global 시간 값 [가져오기 global 시간 - 1]

Part 05

[위치 센서]

딱 걸렸어! 교실 속 몬스터를 찾아라!

◆ 위치 센서는 물체가 위치를 이동하면 위도와 경도로 그 위치를 알려주는 센서입니다. GPS를 통해 위도와 경도 값을 알면 현재 위치의 주소도 알 수 있습니다. 이 센서는 네비게이션 등 길을 찾거나 사람을 찾을 때 유용하게 사용할 수 있습니다.

Chapter 13
화면 디자인하기

Chapter 14
'초기화' 코딩하기

Chapter 15
'타이머' 코딩하기

Chapter 16
'몬스터 터치' 코딩하기

화면 디자인하기

Chapter 13

- 컴포넌트를 이용하여 앱('App')을 디자인할 수 있습니다.
- 컴포넌트의 속성을 변경할 수 있습니다.

▶ 예제 파일 : monster.aia

• 게임 난이도 : ☆☆☆★★   • 진행 시간 : 5분   • 디자인 난이도 : ☆☆☆★★

▲ 몬스터 서치 디자인 완성 화면

영상 파일₩13-16강_몬스터 서치.mp4   **영상 위치**

컴포넌트 스토리

❶ 캔버스 1개, 이미지 스프라이트 5개
❷ 표배치 1개, 레이블 3개
❸ 플레이어 1개, 소리 1개, 시계 1개, 위치 센서 1개, 알림 1개

1 스크린 디자인하기

 척척박사님! '몬스터 서치' 앱('App') 디자인하는 방법을 빨리 알려주세요!

1 '크롬(🌐)'에서 '앱 인벤터2'를 검색한 후 'MIT App Inventor2'에 접속합니다. 상단 메뉴의 [프로젝트]-[내 컴퓨터에서 프로젝트 (.aia) 가져오기]를 클릭하여 예제 파일('monster.aia')을 불러옵니다.

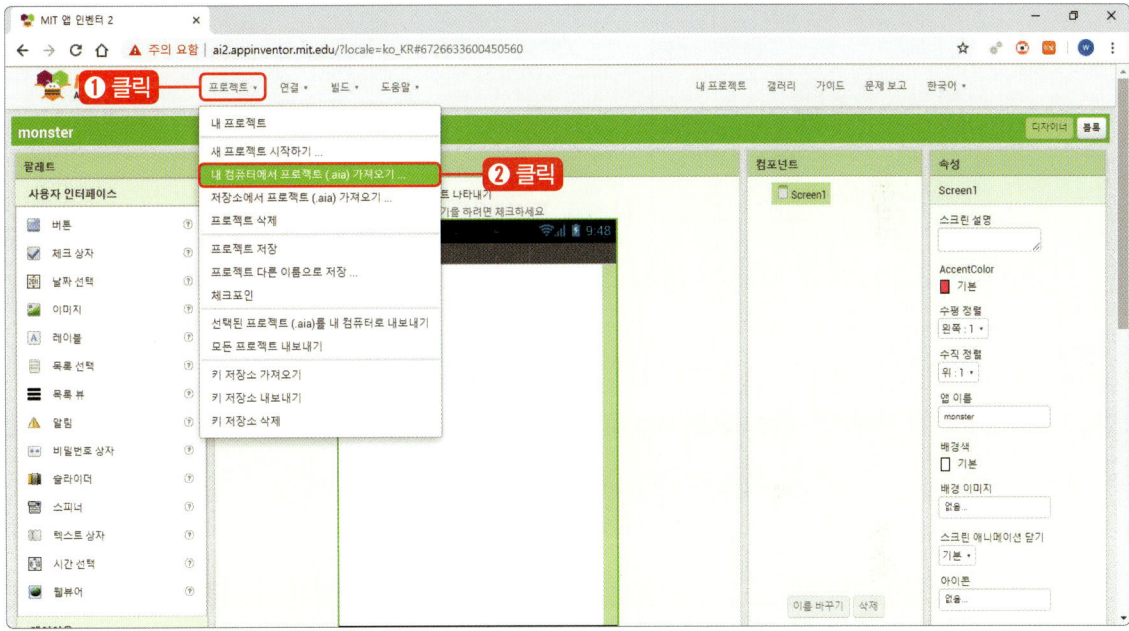

2 스마트폰 화면을 터치할 수 있는 앱('App')을 만들기 위해 [팔레트]의 [그리기 & 애니메이션] 그룹에서 '캔버스' 컴포넌트를 [뷰어]로 드래그 합니다.

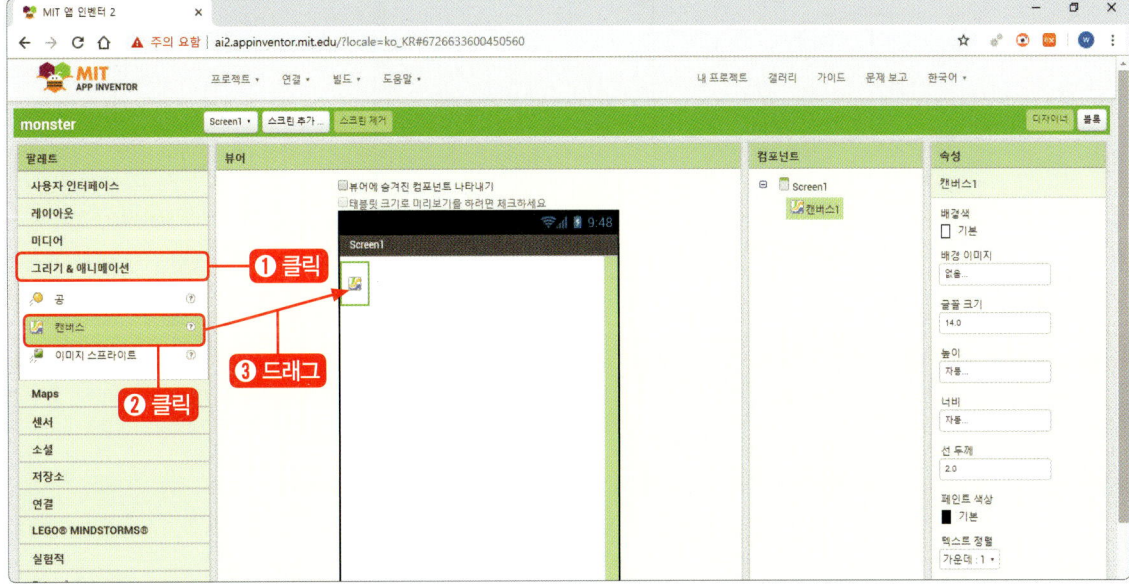

Chapter 13. 화면 디자인하기 _ 145

3 앱('App')에 필요한 '개체'를 화면에 표현하기 위해 [팔레트]의 [그리기 & 애니메이션] 그룹에서 '이미지 스프라이트' 컴포넌트를 [뷰어]에 있는 '캔버스' 안쪽으로 '5'개 드래그 합니다.

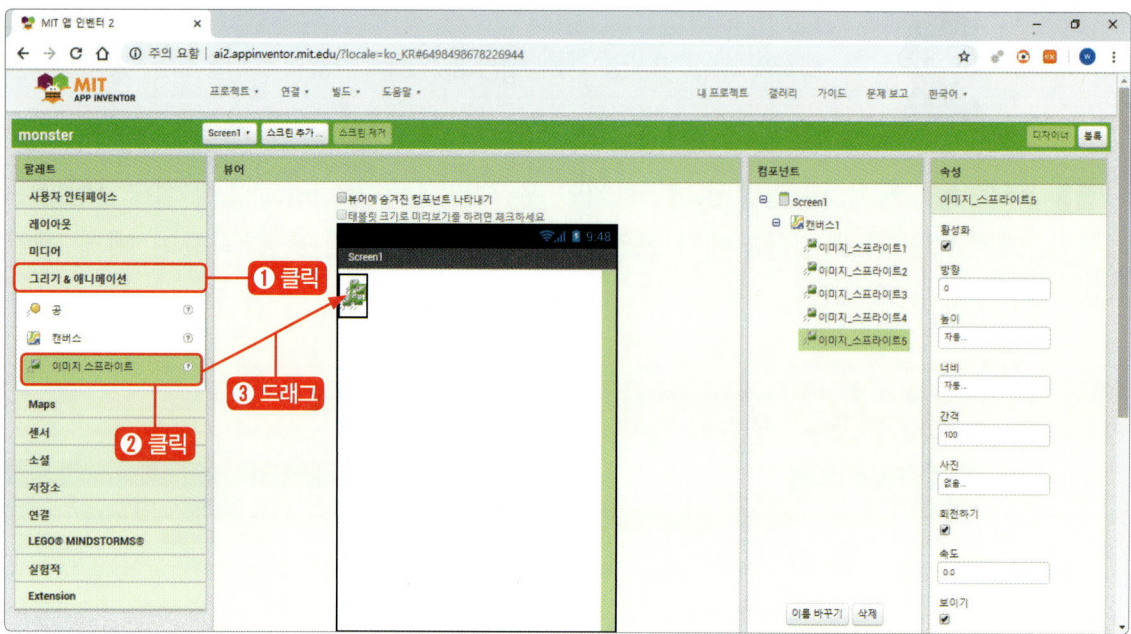

4 앱('App')에서 필요한 여러 '진행 상황'을 같은 줄에 표현하기 위해 [팔레트]의 [레이아웃] 그룹에서 '표배치' 컴포넌트를 [뷰어]의 '캔버스' 아래쪽으로 드래그 합니다.

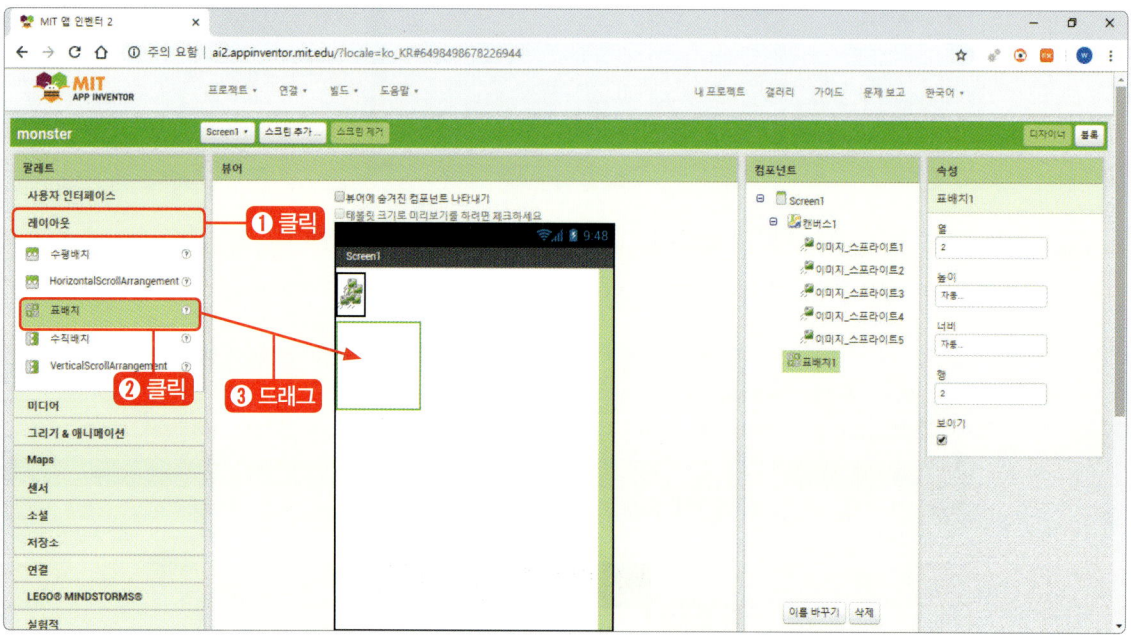

5 이어서 진행 상황을 나타내기 위해 [팔레트]의 [사용자 인터페이스] 그룹에서 '레이블' 컴포넌트를 [뷰어]에 있는 '표배치1' 안쪽으로 3개 드래그 합니다.

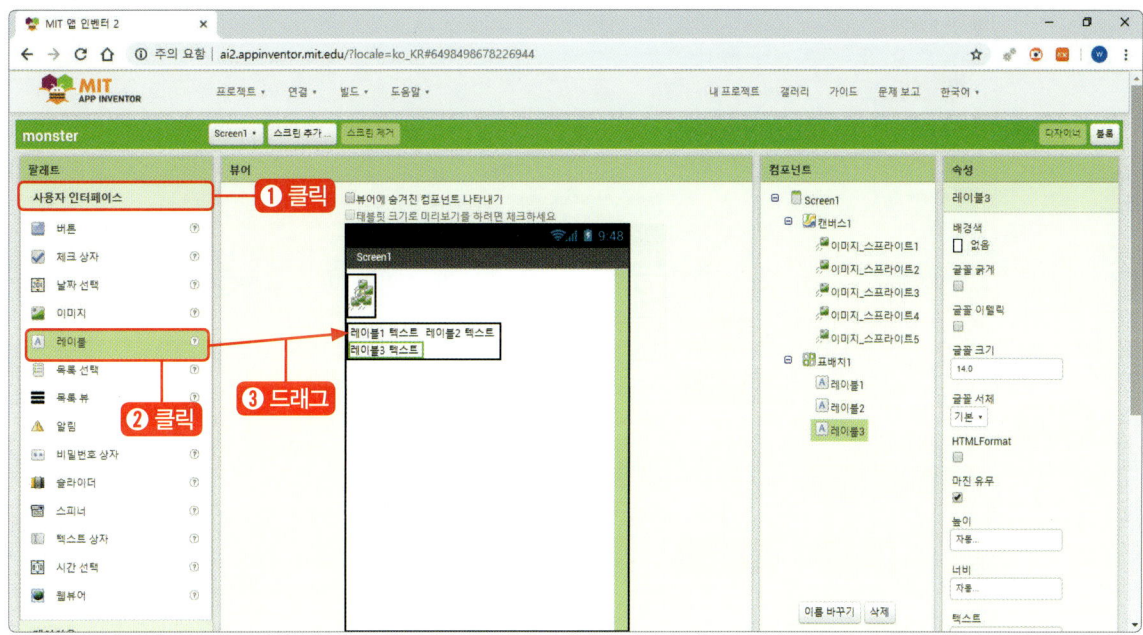

6 앱('App')이 실행되면 음악과 진동을 사용하기 위해 [팔레트]의 [미디어] 그룹에서 '플레이어'와 '소리' 컴포넌트를 [뷰어]로 드래그 합니다.

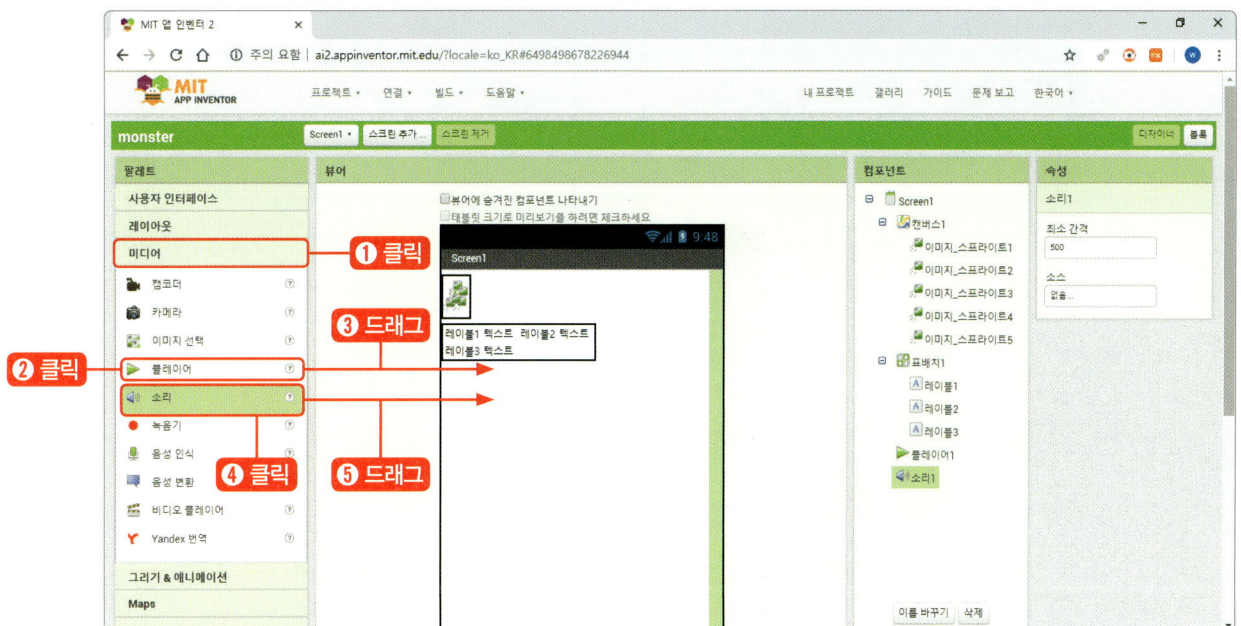

Chapter 13. 화면 디자인하기 _ 147

7 스마트폰의 위치 값과 시간을 알 수 있도록 [팔레트]의 [센서] 그룹에서 '시계'와 '위치 센서' 컴포넌트를 [뷰어]로 드래그 합니다.

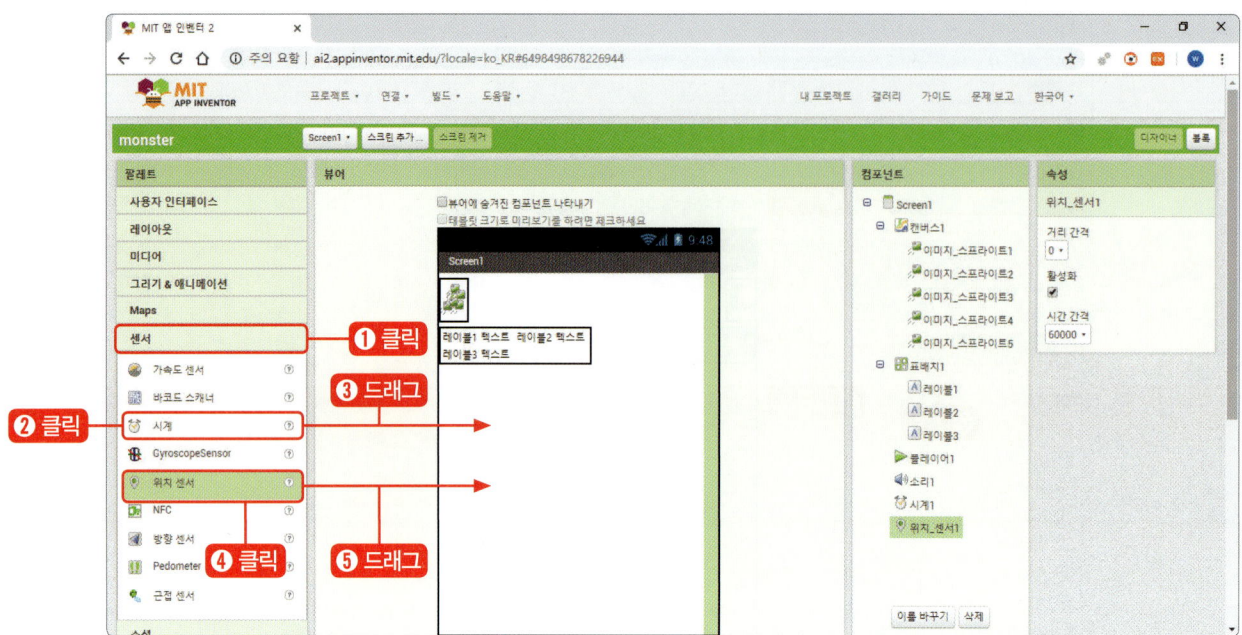

8 앱('App')에서 메시지를 띄우기 위해 [팔레트]의 [사용자 인터페이스] 그룹에서 '알림' 컴포넌트를 [뷰어]로 드래그 합니다.

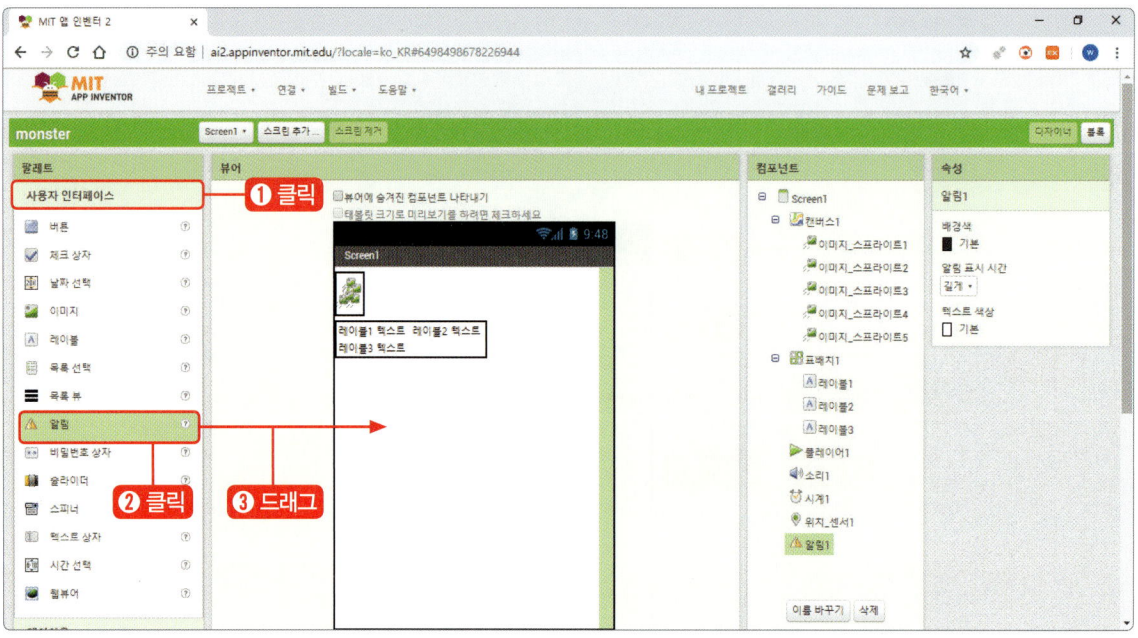

2 컴포넌트 속성 변경하기

'뷰어'로 옮긴 '컴포넌트'의 '속성'을 변경하여 디자인을 마무리해 볼까?

1 앱('App')의 기본 정보를 설정하기 위해 [컴포넌트] 창에서 'Screen1'을 선택한 후 속성을 다음과 같이 변경해 봅니다.

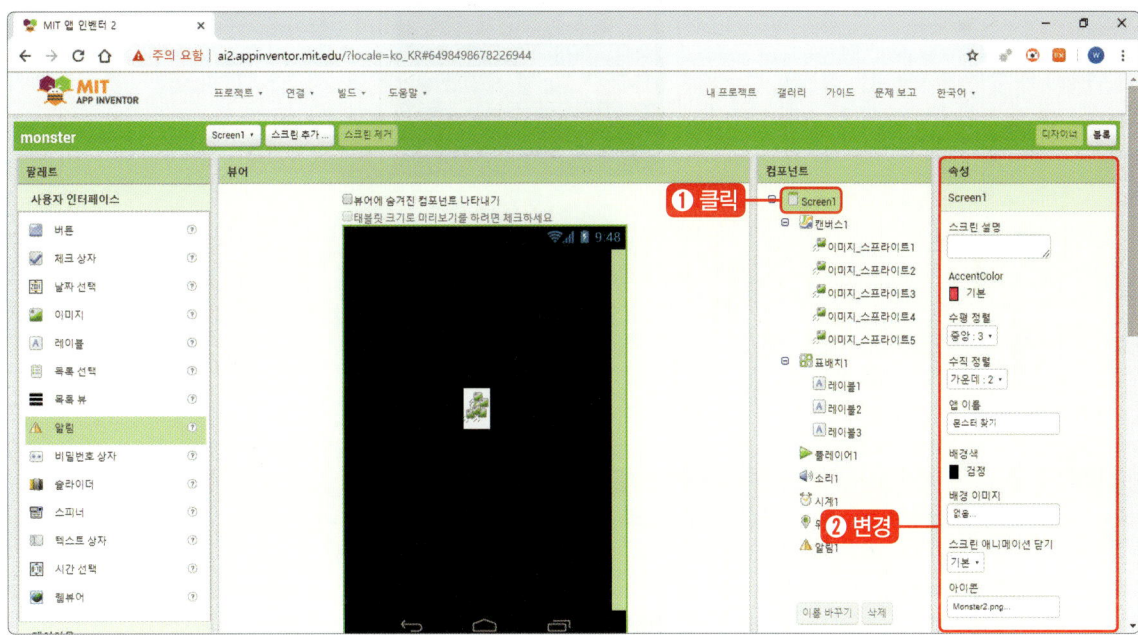

● Screen1

속성	❶ 수평 정렬	❷ 수직 정렬	❸ 앱 이름	❹ 배경색
변경	중앙 : 3	가운데 : 2	몬스터 찾기	검정
속성	❺ 아이콘	❻ 스크린 방향	❼ 크기	❽ 제목 보이기
변경	Monster2.png	세로	고정형	비활성화

2 앱('App')의 초기 화면을 디자인하기 위해 [컴포넌트] 창에서 '캔버스1'을 선택한 후 속성을 다음과 같이 변경해 봅니다.

● 캔버스1

속성	❶ 이름	❷ 배경 이미지	❸ 높이	❹ 너비
변경	배경	start-bg.png	부모에 맞추기	부모에 맞추기

3 앱('App')을 실행하면 화면에 '개체'가 나타날 수 있도록 [컴포넌트] 창에서 '이미지 스프라이트'를 선택한 후 속성을 다음과 같이 각각 변경해 봅니다.

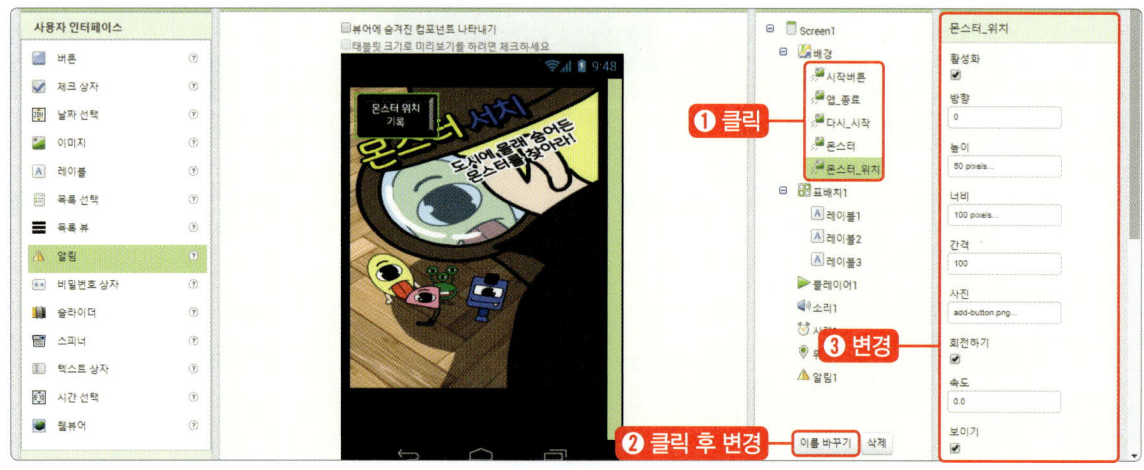

● 이미지 스프라이트1~5

속성	❶ 이름	❷ 높이	❸ 너비	❹ 사진	❺ 보이기	❻ x	❼ y
변경	시작버튼	70	150	start-button.png	활성화	90	480
	앱 종료	40	100	close-button.png	비활성화	20	480
	다시 시작	40	100	restart-button.png	비활성화	200	480
	몬스터	350	300	Monster2.png	비활성화	0	0
	몬스터 위치	40	100	add-button.png	활성화	0	0

4 '시간'과 '점수', '주소'가 앱('App') 화면에서 나타날 수 있도록 [컴포넌트] 창에서 '레이블'을 선택한 후 속성을 다음과 같이 각각 변경해 봅니다.

● 레이블1~3

속성	❶ 이름	❷ 텍스트	❸ 텍스트 색상
변경	시간 레이블	시간 : 0	흰색
	체포 레이블	체포 : 0	흰색
	주소 레이블	주소 : 셋팅 중	흰색

5 '플레이어'를 작동시키기 위해 [컴포넌트]의 창에서 '플레이어1'을 선택한 후 속성을 변경해 봅니다.

● 플레이어1

속성	❶ 이름	❷ 반복	❸ 소스	❹ 볼륨
변경	플레이어	활성화	music.mp3	100

6 '시계'를 작동시키기 위해 [컴포넌트] 창에서 '시계1'을 선택한 후 속성을 변경해 봅니다.

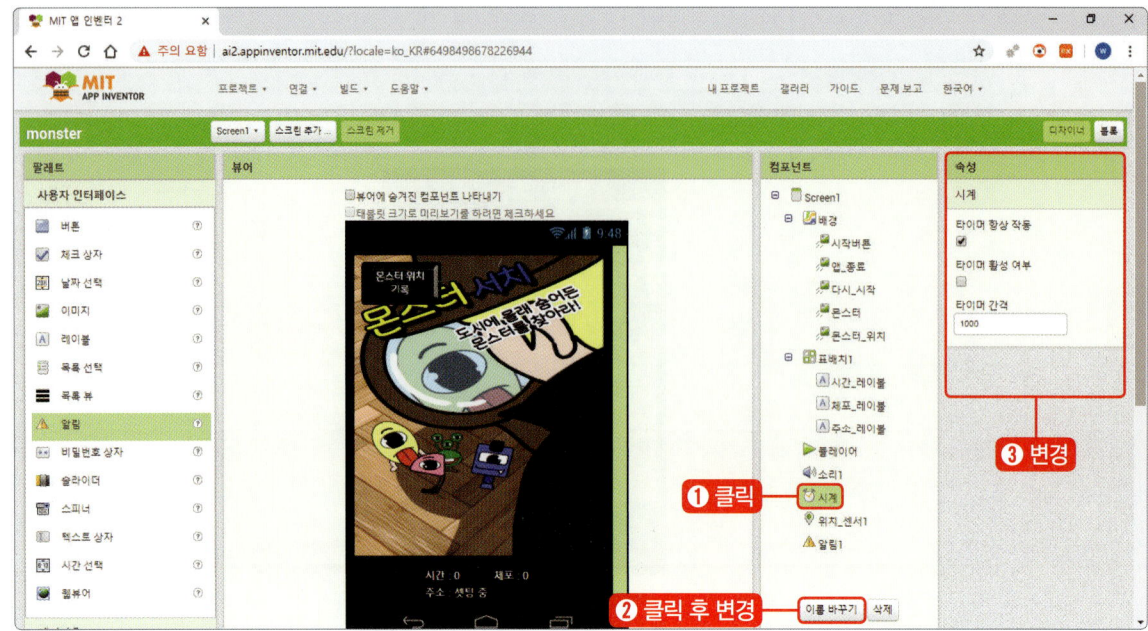

시계1

속성	❶ 이름	❷ 타이머 활성 여부	❸ 타이머 간격
변경	시계	비활성화	1000

Chapter 13 척척박사의 퀴즈 타임!

01 다음 중 앱('App')에서 메시지를 띄우기 위해 사용하는 컴포넌트는 무엇일까요?

① 레이블　　　　　② 표배치
③ 알림　　　　　　④ 위치 센서

02 다음 중 스마트폰의 위치 값을 알 수 있는 컴포넌트는 무엇일까요?

① 위치 센서　　　　② 터치 센서
③ 가속도 센서　　　④ 자이로 센서

03 다음 중 팔레트의 레이아웃에 속해 있는 컴포넌트는 무엇일까요?

① 레이블　　　　　② 플레이어
③ 자이로 센서　　　④ 표배치

04 다음 중 음악을 재생시킬 수 있는 컴포넌트는 무엇일까요?

① 플레이어　　　　② 소리
③ 자이로 센서　　　④ 시계

05 다음 중 이미지 스프라이트를 화면에서 숨기는 속성은 무엇일까요?

① 높이　　　　　　② 보이기
③ 사진　　　　　　④ 간격

Chapter 14 '초기화' 코딩하기

- 변수를 생성할 수 있습니다.
- 함수를 사용할 수 있습니다.
- 위치 센서를 이해합니다.

▶ 예제 파일 : monster14.aia

• 코딩 난이도 : ☆☆★★★

▲ 초기화 코딩 화면

영상 파일₩13-16강_몬스터 서치.mp4   **영상 위치**

코딩 스토리

❶ 리스트와 변수를 초기화합니다(몬스터이미지 : 몬스터 이미지 변경에 사용/몬스터체포주소, 몬스터주소 : 몬스터를 체포한 현재 주소와 숨어 있는 주소 표시/체포 : 체포한 몬스터 개수 표시/시간 : 변경되는 시간을 표시하는데 사용).

❷ 게임을 실행하면 앱을 초기화하기 위해 이미지나 버튼을 화면에서 숨기거나 화면에 보입니다. 위치 센서를 초기화하고 시계의 작동을 멈춥니다. 리스트를 생성하여 화면에 표현할 몬스터 이미지 이름을 미리 저장해 놓습니다. 시간, 체포, 주소 레이블 텍스트를 초기화하고 이어서 체포와 시간 변수 값을 초기화한 후 음악을 재생합니다.

❸ 시작버튼을 누르면 게임 진행을 위해 이미지나 버튼을 화면에서 숨기거나 보이고 배경을 상황에 맞는 이미지로 변경합니다.

❹ 위치 센서 값이 변경되면 스마트폰 화면의 주소 레이블에 현재 주소를 표시합니다.

1 앱 정보 확인하기

 척척박사님! 오늘 만들 앱에 대한 정보를 알려주세요.

1. 앱 이름 : 몬스터 찾기
2. 게임 시간 : 1분
3. 플레이 : 1인용
4. 게임 방법
   ❶ '몬스터 위치 기록' 버튼을 이용하여 원하는 위치에 몬스터를 숨깁니다.
   ❷ 'START' 버튼을 눌러 '몬스터'를 숨겨 놓은 위치를 찾습니다.
   ❸ 앱('App')을 실행한 상태에서 '몬스터'가 숨겨진 위치로 이동하면 앱('App')에 진동이 울리며 화면에 '몬스터'가 나타납니다.
   ❹ 숨겨 놓은 '몬스터'를 모두 찾고, 정해진 시간이 지나면 게임이 종료됩니다.
   ❺ 게임을 다시 시작하려면 '다시 시작' 버튼을 누르고 끝내려면 '나가기' 버튼을 누릅니다.

위치 센서란?
스마트폰의 위치를 경도와 위도로 알려주고, 경도와 위도를 참고하여 필요한 주소도 찾아주는 센서입니다.

블록 코딩하기

척척박사님! 블록 코딩은 어떻게 하는 건가요? 빨리 앱을 만들고 싶어요!

1 [프로젝트]-[내 컴퓨터에서 프로젝트 (.aia) 가져오기]를 클릭하여 예제 파일('monster14.aia')을 불러온 후 오른쪽 상단의 [블록]을 클릭하여 코딩창으로 이동합니다.

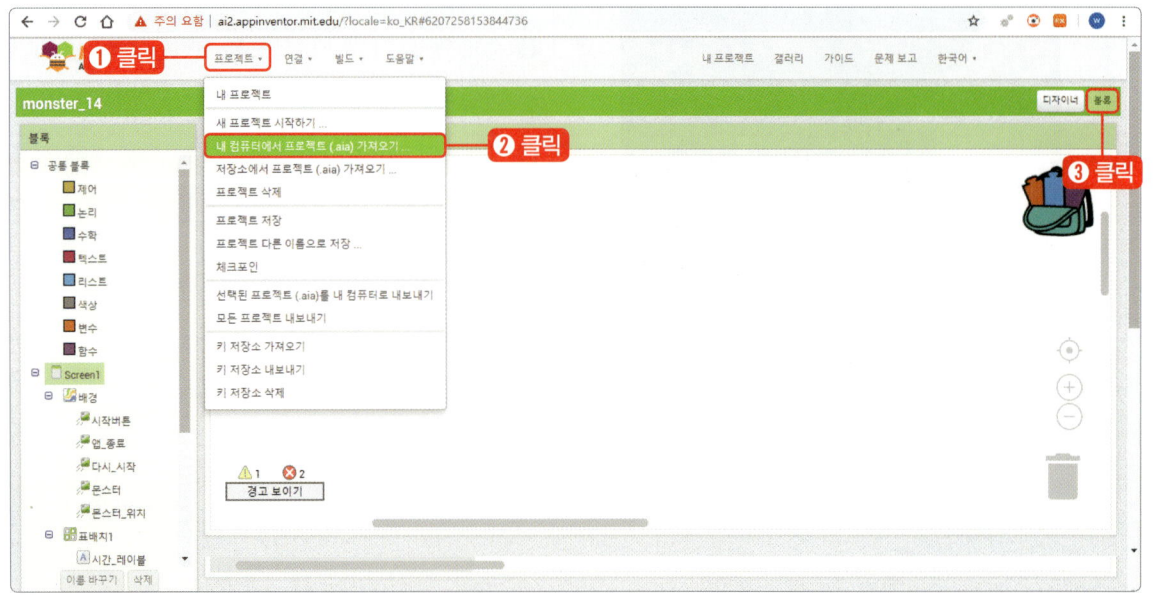

 **Tip**

기존에 저장해 놓은 파일을 불러와 작업하면 되지만 만약 저장해 놓은 파일이 없다면 차시별 예제 파일을 불러와 작업하면 돼!

2 '몬스터 서치' 앱('App')에 사용할 변수를 생성하기 위해 [블록]의 [변수]에서
[전역변수 초기화 변수_이름 값] 블록을 가져와 변수 이름을 "몬스터이미지"로 입력한 후 [블록]-
[공통 블록]-[리스트]에서 [ 빈 리스트 만들기] 블록을 가져와 값에 붙여 넣습니다.

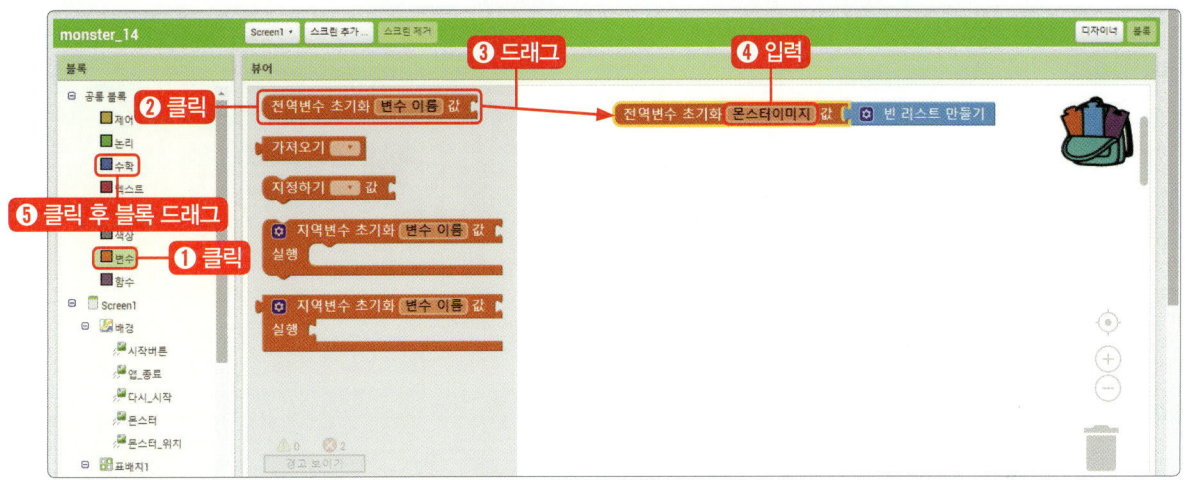

Tip

리스트란 변수가 여러 개 쌓여 있는 변수 아파트라고 생각하면 돼!

3 동일한 방법으로 '몬스터체포주소', '몬스터주소' 리스트를 생성한 후 이어서 '체포', '시간'
변수를 생성한 후 값을 "0"으로 각각 입력합니다.

ⓐ ❶ 전역변수 초기화 몬스터이미지 값 ⚙ 빈 리스트 만들기 ❷
ⓑ ❶ 전역변수 초기화 몬스터체포주소 값 ⚙ 빈 리스트 만들기 ❷
ⓒ ❶ 전역변수 초기화 몬스터주소 값 ⚙ 빈 리스트 만들기 ❷
ⓓ ❶ 전역변수 초기화 체포 값 0 ❸
ⓔ ❶ 전역변수 초기화 시간 값 0 ❸

🔷 블록 위치 확인

❶ [블록]-[공통 블록]-[변수]
❷ [블록]-[공통 블록]-[리스트]
❸ [블록]-[공통 블록]-[수학]

🔷 블록 이해하기

ⓐ '몬스터이미지' 변수는 몬스터 이미지를 자동으로 바꾸는데 사용하는 변수입니다.
ⓑ '몬스터체포주소' 변수는 몬스터를 체포한 주소를 모아두는데 사용하는 변수입니다.
ⓒ '몬스터주소' 변수는 몬스터를 숨겨 놓은 위치의 주소를 모아두는데 사용하는 변수입니다.
ⓓ '체포' 변수는 몬스터를 체포한 횟수를 기록하는 변수입니다.
ⓔ '시간' 변수는 시간을 기록하는 변수입니다.

4 앱('App')을 실행하면 게임을 초기화하기 위해 [블록]-[Screen1]에서 [언제 Screen1.초기화 실행] 블록을 [뷰어]로 드래그 합니다.

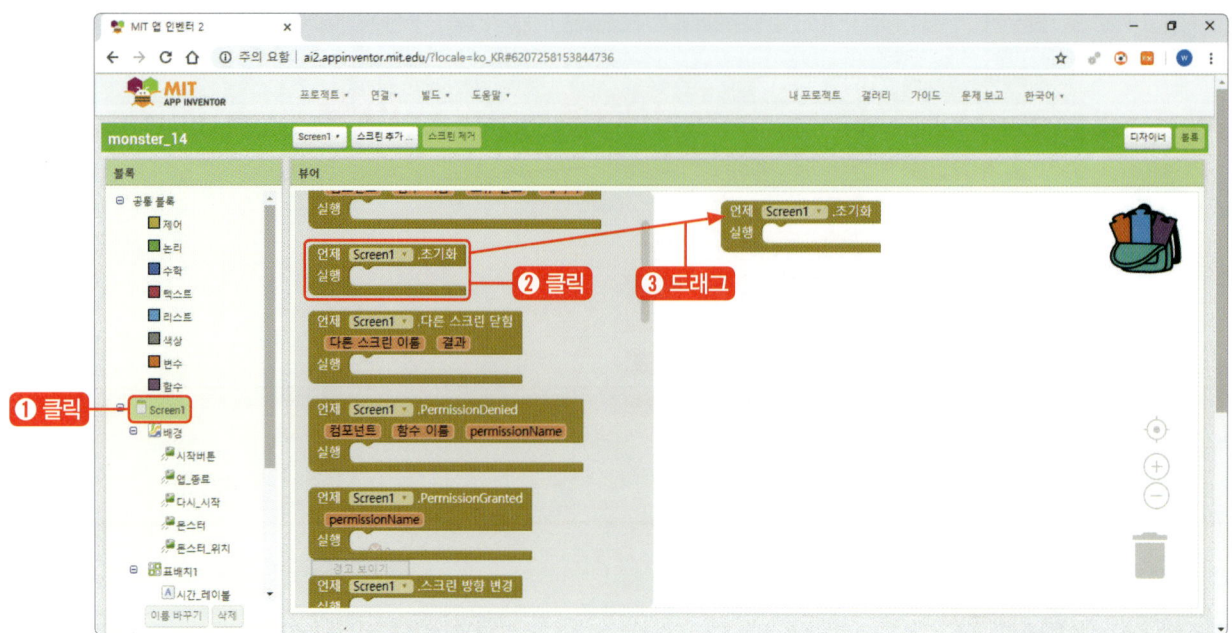

5 이어서 초기화할 명령을 함수를 이용하여 표현하기 위해 [블록]-[함수]에서 [함수 함수_이름 실행] 블록을 [뷰어]로 드래그 한 후 함수 이름에 "초기화"를 입력합니다. 이어서 [블록]-[함수]에서 [호출 초기화] 블록을 [언제 Screen1.초기화 실행] 블록 안쪽으로 드래그 합니다.

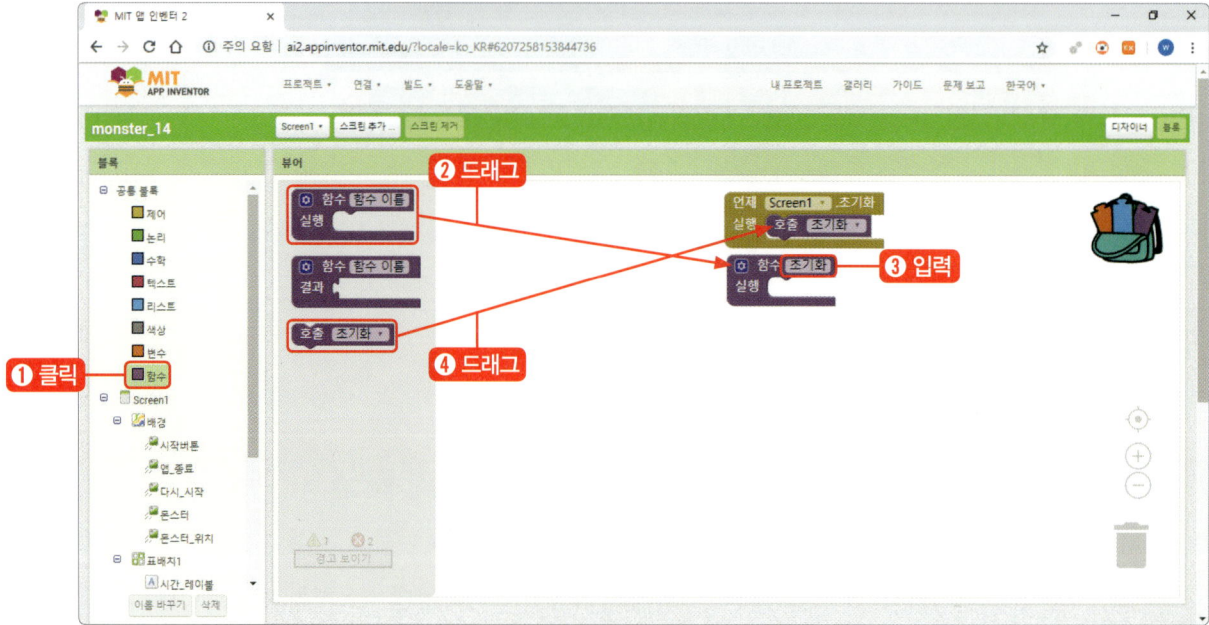

6 이어서 초기화할 수 있도록 [🟣 함수 초기화 실행] 블록 안쪽에 다음과 같이 [블록]에서 '명령 블록'을 가져와 코딩을 완성합니다.

```
함수 초기화
실행 ⓐ 지정하기 [배경 ▼].[배경 이미지 ▼] 값 " start-bg.png "
     ⓑ 지정하기 [시작버튼 ▼].[보이기 ▼] 값 참
     ⓒ 지정하기 [앱_종료 ▼].[보이기 ▼] 값 거짓
     ⓓ 지정하기 [다시_시작 ▼].[보이기 ▼] 값 거짓
     ⓔ 지정하기 [몬스터 ▼].[보이기 ▼] 값 거짓
     ⓕ 지정하기 [시계 ▼].[타이머 활성 여부 ▼] 값 거짓
     ⓖ 지정하기 [시간_레이블 ▼].[텍스트 ▼] 값 " 시간 : 0 "
     ⓗ 지정하기 [체포_레이블 ▼].[텍스트 ▼] 값 " 체포 : 0 "
     ⓘ 지정하기 [주소_레이블 ▼].[텍스트 ▼] 값 " 주소 : 셋팅 중 "
     ⓙ 지정하기 [위치_센서 ▼].[거리 간격 ▼] 값 1
     ⓚ 지정하기 [위치_센서 ▼].[시간 간격 ▼] 값 500
     ⓛ 지정하기 [몬스터_위치 ▼].[보이기 ▼] 값 참
     ⓜ 리스트에 항목 추가하기 리스트 가져오기 global 몬스터이미지 ▼
                             item " Monster1.png "
                             item " Monster2.png "
                             item " Monster3.png "
     ⓝ 지정하기 global 체포 ▼ 값 0
     ⓞ 지정하기 global 시간 ▼ 값 0
     ⓟ 호출 [플레이어 ▼].시작
```

🟧 블록 이해하기

ⓐ 프로그램을 초기화하기 위해 함수를 호출하면 배경 이미지('start-bg.png')를 변경합니다.
ⓑ 프로그램을 초기화하기 위해 함수를 호출하면 '시작버튼'을 화면에 보입니다.
ⓒ 프로그램을 초기화하기 위해 함수를 호출하면 '앱 종료'를 화면에서 숨깁니다.
ⓓ 프로그램을 초기화하기 위해 함수를 호출하면 '다시 시작'을 화면에서 숨깁니다.
ⓔ 프로그램을 초기화하기 위해 함수를 호출하면 '몬스터'를 화면에서 숨깁니다.
ⓕ 프로그램을 초기화하기 위해 함수를 호출하면 작동하던 '시계'를 멈춥니다.
ⓖ 프로그램을 초기화하기 위해 함수를 호출하면 '시간 레이블' 텍스트를 "시간 : 0"으로 입력합니다.
ⓗ 프로그램을 초기화하기 위해 함수를 호출하면 '체포 레이블' 텍스트를 "체포 : 0"으로 입력합니다.
ⓘ 프로그램을 초기화하기 위해 함수를 호출하면 '주소 레이블' 텍스트를 "주소 : 셋팅 중"으로 입력합니다.
ⓙ 프로그램을 초기화하기 위해 함수를 호출하면 '위치 센서'의 거리 간격을 '1'로 초기화합니다.
ⓚ 프로그램을 초기화하기 위해 함수를 호출하면 '위치 센서'의 시간 간격을 '500(0.5초)'로 초기화합니다.
ⓛ 프로그램을 초기화하기 위해 함수를 호출하면 '몬스터 위치' 버튼을 화면에 보입니다.
ⓜ 프로그램을 초기화하기 위해 함수를 호출하면 '몬스터이미지' 리스트에 'Monster1.png', 'Monster2.png', 'Monster3.png'를 기록합니다.
ⓝ 프로그램을 초기화하기 위해 함수를 호출하면 '체포' 변수 값을 '0'으로 초기화합니다.
ⓞ 프로그램을 초기화하기 위해 함수를 호출하면 '시간' 변수 값을 '0'으로 초기화합니다.
ⓟ 프로그램을 초기화하기 위해 함수를 호출하면 '음악'을 재생하기 위해 '플레이어'를 호출합니다.

 **Tip**

함수란 인터넷의 즐겨찾기와 같은 의미로 같은 내용을 여러 곳에서 사용할 때 자주 사용하는 코딩 내용을 한군데 모아 놓고 불러와 사용할 수 있는 기능이야. 잘 사용하면 코딩의 내용이 줄어들 수 있겠지?

7 게임을 시작하기 위해 '시작버튼'을 터치했는지 확인할 수 있도록 [블록]-[Screen1]-[배경]-[시작버튼]에서 [언제 시작버튼.터치] 블록을 [뷰어]로 드래그 합니다.

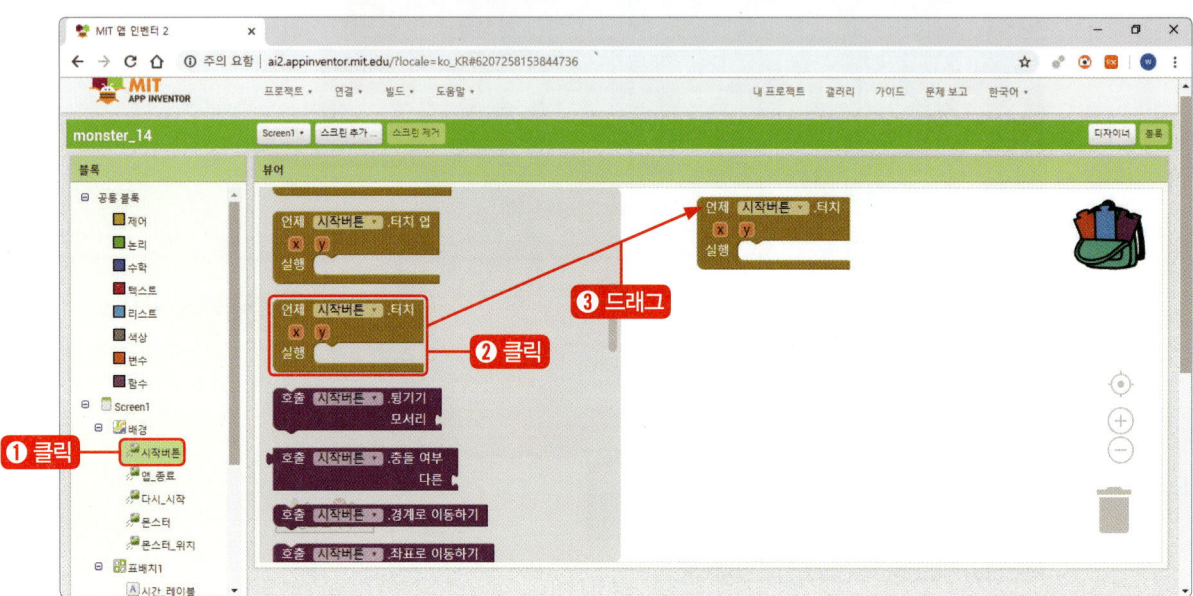

8 이어서 '시작버튼'을 터치했을 때 게임 환경을 마련하기 위해 블록 안쪽에 다음과 같이 [블록]에서 '명령 블록'을 가져와 코딩을 완성합니다.

🔴 블록 이해하기

ⓐ '시작버튼'을 누르면 시작버튼을 화면에서 숨깁니다.
ⓑ '시작버튼'을 누르면 배경 이미지('bg.png')를 변경합니다.
ⓒ '시작버튼'을 누르면 멈춰 있는 시계를 작동시킵니다.
ⓓ '시작버튼'을 누르면 '몬스터 위치'를 화면에서 숨깁니다.

9 '스마트폰'의 위치 센서를 이용하여 사용자의 위치를 알아내기 위해 [블록]-[Screen1]-[위치 센서]에서 [언제 위치_센서.위치 변경] 블록을 [뷰어]로 드래그 합니다.

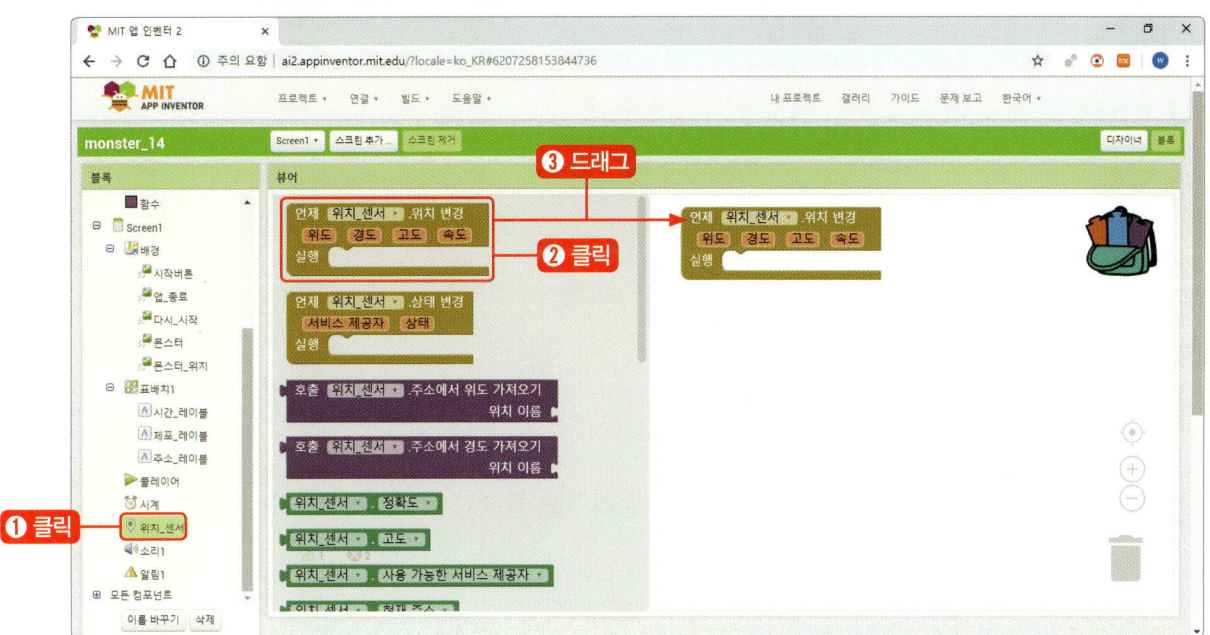

10 이어서 '스마트폰'의 사용 위치가 변경됐을 때 현재 주소를 가져오기 위해 블록 안쪽에 다음과 같이 [블록]에서 '명령 블록'을 가져와 코딩을 완성합니다.

블록 위치 확인
① [블록]-[Screen1]-[표배치1]-[주소 레이블]
② [블록]-[Screen1]-[위치 센서]

블록 이해하기
ⓐ '위치 센서' 값이 변경되면 현재 주소를 주소 레이블에 표시합니다.

Chapter 14  척척박사의 퀴즈 타임!

01 다음 중 '스마트폰'의 위치를 알 수 있는 컴포넌트는 무엇일까요?

① 위치 센서 ② 터치 센서
③ 자이로 센서 ④ 가속도 센서

02 다음 중 '스마트폰'의 위치를 주소로 알려주는 블록은 무엇일까요?

① 위치_센서 . 현재 주소
② 위치_센서 . 거리 간격
③ 위치_센서 . 활성화
④ 위치_센서 . 정확도

03 다음 중 '위치 센서'의 작동 간격을 결정하는 블록은 무엇일까요?

① 지정하기 위치_센서 . 서비스 제공자 이름 값
② 지정하기 위치_센서 . 활성화 값
③ 지정하기 위치_센서 . 시간 간격 값
④ 지정하기 위치_센서 . 거리 간격 값

Chapter 15. '타이머' 코딩하기

- 리스트를 활용할 수 있습니다.
- 몬스터의 위치를 확인할 수 있습니다.
- 미션 성공 조건을 지정할 수 있습니다.
- 위치 센서를 활용할 수 있습니다.

▶ 예제 파일 : monster15.aia

• 코딩 난이도 : ★★★★★

▲ 타이머 코딩 화면

영상 파일₩13-16강_몬스터 서치.mp4 **영상 위치**

코딩 스토리

❶ '1'초 간격으로 시간을 '1'씩 증가시키고 시간 변수 값을 시간 레이블에 표시합니다. 스마트폰이 있는 현재 주소가 몬스터 주소 리스트(몬스터가 숨어 있는 주소)에 있는지 확인하고 현재 주소가 몬스터체포주소 리스트(몬스터를 잡은 주소)에 존재하지 않는지 확인합니다. 몬스터체포주소 리스트에 현재 주소가 없다는 것은 스마트폰이 있는 현재 주소에 있는 몬스터를 잡지 못했다는 것이기에 몬스터이미지 리스트에 있는 이미지를 랜덤으로 보여주고 "몬서터를 찾았습니다." 라는 메시지와 함께 진동을 울립니다.

❷ 시간이 게임 시간인 '60'초를 넘겼을 때 '몬스터'를 체포하면 증가하는 '체포' 변수가 '몬스터'가 숨어 있는 '몬스터주소'의 자료 개수에서 '몬스터체포주소'의 자료 개수를 뺀 값과 같다면 미션 성공 배경(win-gb.png)을 표시하고 뺀 값이 더 크다면 미션 실패 배경(lose-bg.png)을 표시한 후 앱을 종료할지 다시 할지 결정하기 위해 종료 함수를 호출합니다.

1 블록 코딩하기

척척박사님! 타이머 기능은 어떻게 이용하는 건가요?

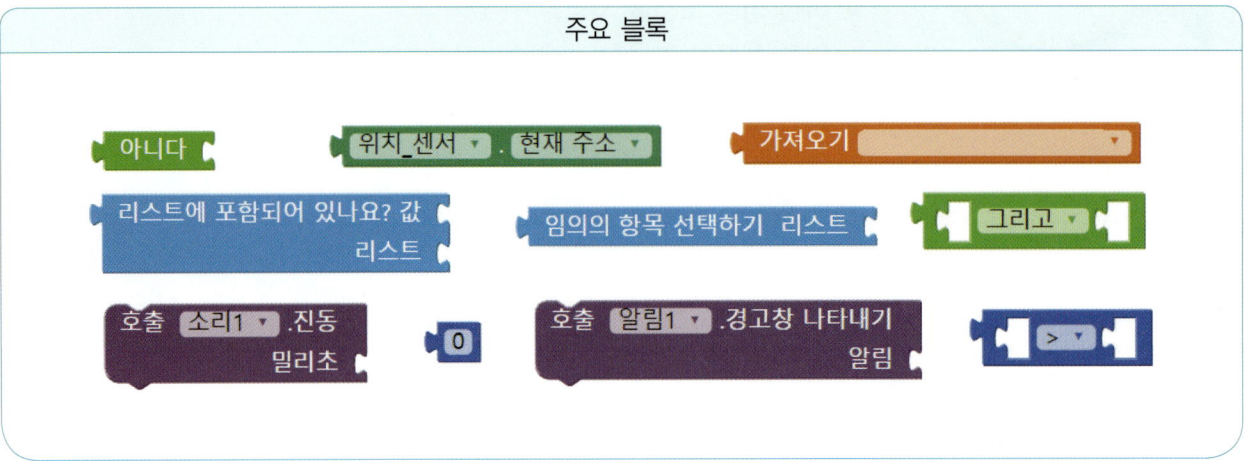

1 [프로젝트]-[내 컴퓨터에서 프로젝트 (.aia) 가져오기]를 클릭하여 예제 파일('monster15.aia')을 불러온 후 오른쪽 상단의 [블록]을 클릭하여 코딩창으로 이동합니다.

 **Tip**

기존에 저장해 놓은 파일을 불러와 작업하면 되지만 만약 저장해 놓은 파일이 없다면 차시별 예제 파일을 불러와 작업하면 돼!

2 시계를 사용할 수 있도록 [블록]–[Screen1]에서 [언제 시계▼.타이머 실행] 블록을 [뷰어]로 드래그합니다.

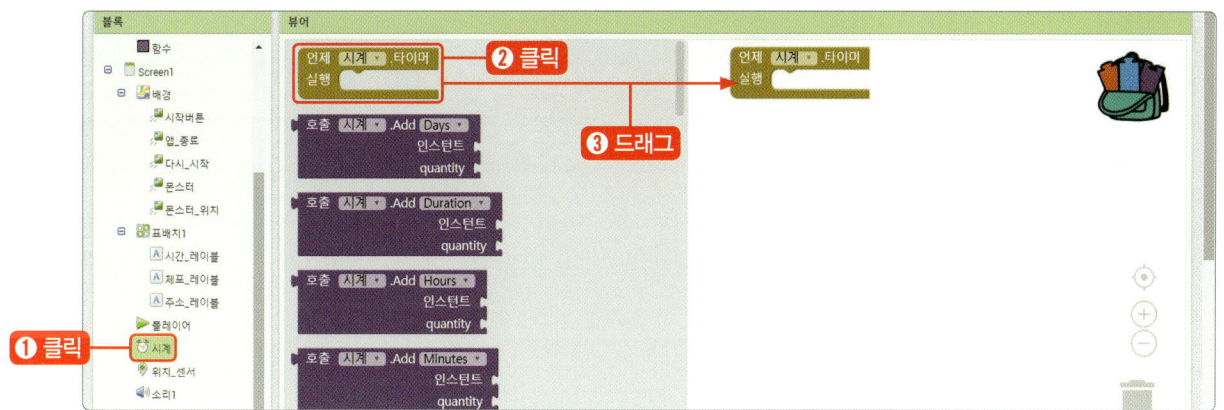

3 '1'초 간격으로 '시간' 변수 값을 '1'만큼 증가시키기 위해 다음과 같이 [블록]에서 '명령 블록'을 가져와 코딩을 완성합니다.

⬢ 블록 위치 확인

❶ [블록]–[공통 블록]–[변수]   ❸ [블록]–[공통 블록]–[변수]
❷ [블록]–[공통 블록]–[수학]   ❹ [블록]–[공통 블록]–[수학]

⬢ 블록 이해하기

ⓐ '시계' 타이머의 간격['1000'(1초)]마다 '시계' 변수 값이 '1'씩 증가합니다.

4 '시간'을 앱('App') 화면에 표시하기 위해 다음과 같이 [블록]에서 '명령 블록'을 가져와 코딩을 완성합니다.

⬢ 블록 위치 확인

❶ [블록]–[Screen1]–[표배치1]–[시간 레이블]   ❸ [블록]–[공통 블록]–[텍스트]("시간 : " 입력)
❷ [블록]–[공통 블록]–[텍스트]   ❹ [블록]–[공통 블록]–[변수]

⬢ 블록 이해하기

ⓐ '1'초마다 앱('App') 화면의 '시간 레이블'에 "시간 : " 텍스트와 '시간' 변수 값을 합쳐 표시합니다.

Chapter 15. '타이머' 코딩하기 _ 165

5 숨겨져 있는 '몬스터'를 잡았는지 확인할 수 있도록 다음과 같이 [블록]에서 '명령 블록'을 가져와 코딩을 완성합니다.

🔷 블록 위치 확인
  ❶ [블록]-[공통 블록]-[제어]
  ❷ [블록]-[공통 블록]-[논리]
  ❸ [블록]-[공통 블록]-[리스트]
  ❹ [블록]-[Screen1]-[위치 센서]
  ❺ [블록]-[공통 블록]-[변수]
  ❻ [블록]-[공통 블록]-[논리]

🔷 블록 이해하기
  ⓐ '몬스터'를 잡은 곳인지 확인할 수 있도록 우선 현재 위치가 '몬스터'가 숨겨져 있는 위치인지 확인합니다. '몬스터'가 숨겨져 있는 곳이라면 현재 위치의 '몬스터'를 체포했는지 확인합니다. 만약 '몬스터'가 존재하는 위치지만 아직 '몬스터체포주소'에는 기록된 내용이 없다면 '몬스터'가 아직 잡히지 않았음을 의미합니다.

6 이어서 '몬스터'를 체포하지 않았다면 필요한 위치에 '몬스터'를 나타내기 위해 다음과 같이 [블록]에서 '명령 블록'을 가져와 코딩을 완성합니다.

🔷 블록 위치 확인
  ❶ [블록]-[Screen1]-[배경]-[몬스터]
  ❷ [블록]-[공통 블록]-[리스트]
  ❸ [블록]-[공통 블록]-[변수]
  ❹ [블록]-[공통 블록]-[논리]

🔷 블록 이해하기
  ⓐ '몬스터이미지' 리스트에 있는 '몬스터' 이미지를 랜덤으로 선택합니다.
  ⓑ 선택한 '몬스터'를 앱('App') 화면에 보여줍니다.

7 이어서 '몬스터'를 체포하면 스마트폰 화면에 메시지를 띄우고 진동을 주기 위해 다음과 같이 [블록]에서 '명령 블록'을 가져와 코딩을 완성합니다.

블록 위치 확인

❶ [블록]-[Screen1]-[알림1]
❷ [블록]-[Screen1]-[소리1]
❸ [블록]-[공통 블록]-[텍스트]("몬스터를 찾았습니다." 입력)
❹ [블록]-[공통 블록]-[수학]

블록 이해하기

ⓐ '몬스터'가 나타나면 '스마트폰' 화면에 "몬스터를 찾았습니다."라는 메시지를 띄웁니다.
ⓑ '몬스터'가 나타나면 '0.5'초 동안 진동을 울립니다.

8 숨어 있는 '몬스터'를 모두 잡았는지 확인할 수 있도록 다음과 같이 [블록]에서 '명령 블록'을 가져와 코딩을 완성합니다.

블록 위치 확인

❶ [블록]-[공통 블록]-[제어]
❷ [블록]-[공통 블록]-[논리]
❸ [블록]-[공통 블록]-[수학]
❹ [블록]-[공통 블록]-[변수]
❺ [블록]-[공통 블록]-[리스트]

블록 이해하기

ⓐ 게임 진행 시간이 '60'초가 지났는지 확인합니다. '몬스터주소'의 자료 개수에서 '몬스터체포주소' 자료 개수를 뺀 값이 '몬스터'를 체포하면 증가하는 '체포' 변수 값보다 큰지, '체포' 변수 값과 같은지 확인합니다.

> **Tip**
> - `가져오기 global 체포` : 몬스터를 체포한 횟수 기록
> - `가져오기 global 몬스터주소` : 몬스터를 숨겨 놓은 주소
> - `가져오기 global 몬스터체포주소` : 몬스터를 체포한 주소

9 이어서 뺀 값이 같다면 '미션 성공' 뺀 값이 크다면 '미션 실패'를 나타내기 위해 다음과 같이 [블록]에서 '명령 블록'을 가져와 코딩을 완성합니다.

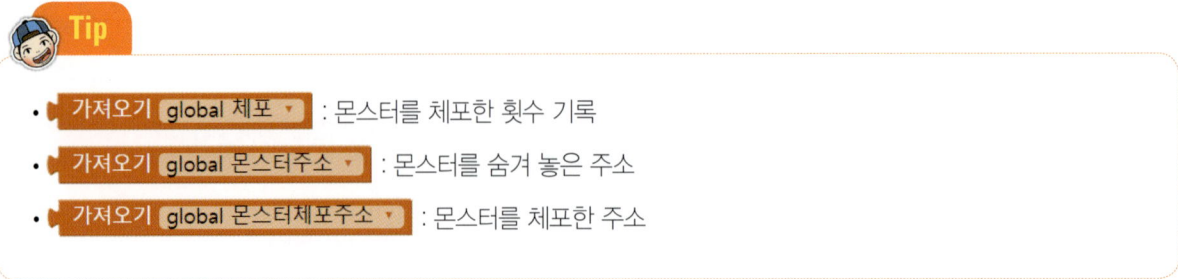

블록 위치 확인
① [블록]-[Screen1]-[배경]
② [블록]-[공통 블록]-[텍스트]("win-bg.png" 입력)
③ [블록]-[공통 블록]-[함수]
④ [블록]-[공통 블록]-[텍스트]("lose-bg.png" 입력)

블록 이해하기
ⓐ 뺀 값이 같다면 배경을 'win-bg.png'로 변경하고 뺀 값이 크다면 배경을 'lose-bg.png'로 변경한 후 '종료' 함수를 호출합니다.

> **Tip**
> `리스트 길이 리스트` 블록은 리스트에 존재하는 자료의 개수를 알려주는 블록이야!

Chapter 15  척척박사의 퀴즈 타임!

01 다음 중 코딩에서 현재 위치에 존재하는 '몬스터'를 잡았는지 못 잡았는지 알 수 있는 블록은 무엇일까요?

① 가져오기 global 체포
② 가져오기 global 몬스터주소
③ 가져오기 global 몬스터체포주소
④ 가져오기 global 시간

02 다음 중 찾으려는 값이 리스트에 존재하는지 알 수 있는 블록은 무엇일까요?

① 리스트에 포함되어 있나요? 값 리스트
② 리스트에서의 위치 값 리스트
③ 리스트에 항목 추가하기 리스트 item
④ 빈 리스트 만들기

03 다음 중 `리스트 길이 리스트` 블록에 대한 설명으로 알맞은 것은 무엇일까요?

① 리스트에 기록되어 있는 자료의 개수를 알려줍니다.

② 리스트에 기록되어 있는 자료의 글자 수를 알려줍니다.

③ 리스트에 기록되어 있는 자료의 첫 번째 값을 알려줍니다.

④ 리스트에 기록되어 있는 마지막 자료의 값을 알려줍니다.

Chapter 16 '몬스터 터치' 코딩하기

- 리스트를 활용할 수 있습니다.
- 버튼에 효과를 넣을 수 있습니다.
- 알림 컴포넌트를 활용할 수 있습니다.
- 위치 센서를 활용할 수 있습니다.

▶ 예제 파일 : monster16.aia

• 코딩 난이도 : ★★★★★

▲ 몬스터 터치 코딩 화면

영상 파일₩13-16강_몬스터 서치.mp4 **영상 위치**

코딩 스토리

❶ 앱을 다시 시작할지 종료할지 결정하기 위해 종료 함수가 호출되면 게임 진행을 위해 이미지나 버튼을 화면에서 숨기거나 보이고 시계 동작을 멈춥니다.

❷ 앱 종료를 터치하면 앱을 종료시키고 다시 시작을 터치하면 게임을 초기화하기 위해 초기화 함수를 호출합니다.

❸ 몬스터 위치 버튼을 누르면 버튼을 눌러진 모습으로 변경하고, 현재 주소를 몬스터를 숨겨 놓을 몬스터주소 리스트에 기록한 후 "몬스터 위치가 기록되었습니다." 메시지를 띄웁니다.

❹ 몬스터 위치 버튼에서 손을 떼면 버튼을 누르기 전 모습으로 돌아갑니다.

❺ 화면에 나타난 몬스터를 터치하면 몬스터를 화면에서 숨기고 체포 변수 값을 '1'씩 증가시킨 후 스마트폰 화면에 체포 횟수를 '체포 레이블'에 표시합니다. 이어서 잡은 몬스터를 기록하는 몬스터체포주소에 현재 주소를 기록합니다.

1 블록 코딩하기

척척박사님! 몬스터를 터치했을 때 터치 기능은 어떻게 이용하는 건가요?

1 [프로젝트]-[내 컴퓨터에서 프로젝트 (.aia) 가져오기]를 클릭하여 예제 파일('monster16.aia')을 불러온 후 오른쪽 상단의 [블록]을 클릭하여 코딩창으로 이동합니다.

2 '몬스터'를 터치했는지 확인할 수 있도록 [블록]-[Screen1]-[배경]-[몬스터]에서 [언제 몬스터.터치] 블록을 [뷰어]로 드래그 합니다.

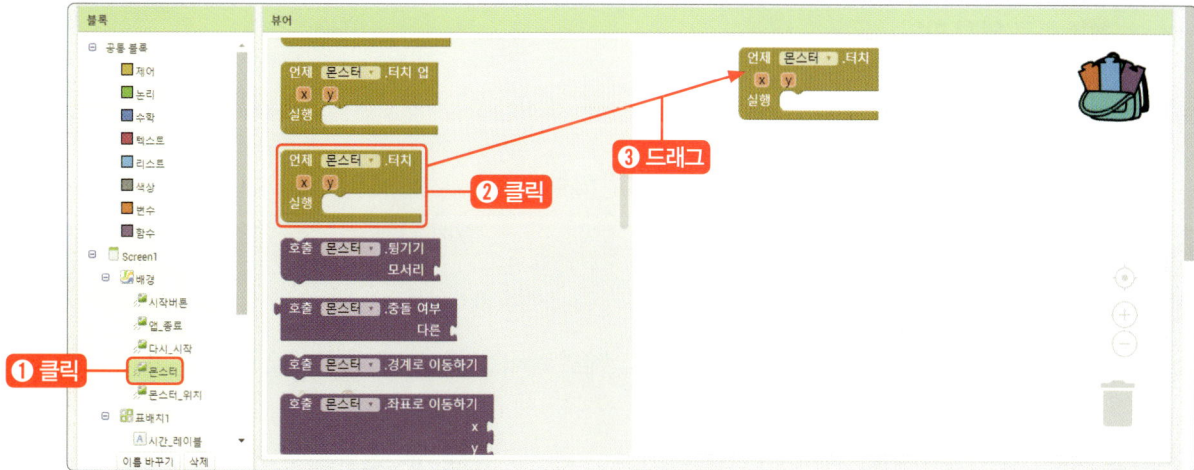

Chapter 16. '몬스터 터치' 코딩하기 _ **171**

3 '몬스터'를 터치하면 '몬스터'가 화면에 보이고 '체포' 변수 값이 증가하도록 다음과 같이 [블록]에서 '명령 블록'을 가져와 코딩을 완성합니다.

🔴 블록 위치 확인

① [블록]-[Screen1]-[배경]-[몬스터]
② [블록]-[공통 블록]-[변수]
③ [블록]-[공통 블록]-[논리]
④ [블록]-[공통 블록]-[수학]
⑤ [블록]-[공통 블록]-[변수]
⑥ [블록]-[공통 블록]-[수학]

🔴 블록 이해하기

ⓐ '몬스터'를 터치하면 '몬스터'를 잡았기 때문에 '몬스터'를 앱('App') 화면에서 숨깁니다.
ⓑ '몬스터'를 터치하면 '체포' 변수 값을 '1'만큼씩 증가시킵니다.

4 '체포' 변수 값을 화면에 표시할 수 있도록 다음과 같이 [블록]에서 '명령 블록'을 가져와 코딩을 완성합니다.

🔴 블록 위치 확인

① [블록]-[Screen1]-[표배치1]-[체포 레이블]
② [블록]-[공통 블록]-[텍스트]
③ [블록]-[공통 블록]-[텍스트]("체포 : " 입력)
④ [블록]-[공통 블록]-[변수]

🔴 블록 이해하기

ⓐ '몬스터'를 터치하면 앱('App') 화면의 '체포 레이블'에 '체포' 변수 값을 표시합니다.

5 '몬스터'를 체포하면 체포한 주소를 '몬스터체포주소'에 추가하기 위해 다음과 같이 [블록]에서 '명령 블록'을 가져와 코딩을 완성합니다.

블록 위치 확인

❶ [블록]-[공통 블록]-[리스트]
❷ [블록]-[공통 블록]-[변수]
❸ [블록]-[Screen1]-[위치 센서]

블록 이해하기

ⓐ '위치 센서'에서 알려준 현재 주소를 '몬스터체포주소' 리스트에 추가합니다.

6 '몬스터 위치' 버튼을 클릭했는지 확인할 수 있도록 [블록]-[Screen1]-[배경]-[몬스터 위치]에서 [언제 몬스터_위치.터치 다운] 블록을 [뷰어]로 드래그 합니다.

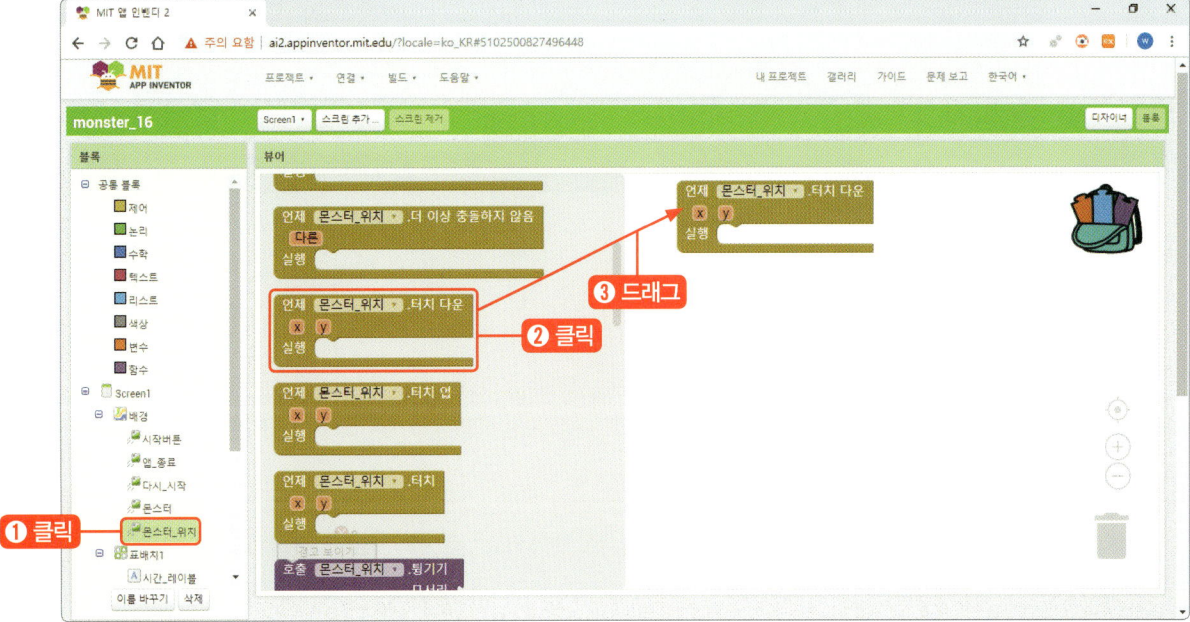

Chapter 16. '몬스터 터치' 코딩하기 _ 173

7 '몬스터'를 숨겨 놓을 위치에서 '몬스터 위치' 버튼을 누르면 주소를 기록할 수 있도록 다음과 같이 [블록]에서 '명령 블록'을 가져와 코딩을 완성합니다.

🔴 블록 위치 확인

① [블록]-[Screen1]-[배경]-[몬스터 위치]
② [블록]-[공통 블록]-[제어]
③ [블록]-[공통 블록]-[텍스트]("add2-button.png" 입력)
④ [블록]-[공통 블록]-[논리]
⑤ [블록]-[공통 블록]-[리스트]
⑥ [블록]-[Screen1]-[위치 센서]
⑦ [블록]-[공통 블록]-[변수]

🔴 블록 이해하기

ⓐ '몬스터 위치' 버튼을 누르면 버튼을 눌린 모양으로 변경합니다.
ⓑ '몬스터 위치' 버튼을 터치했을 때 현재 위치가 '몬스터주소' 리스트에 존재하지 않는지 확인합니다.

8 이어서 주소가 존재하지 않는다면 '몬스터주소' 리스트에 현재 주소를 기록하도록 다음과 같이 [블록]에서 '명령 블록'을 가져와 코딩을 완성합니다.

🔴 블록 위치 확인

① [블록]-[공통 블록]-[리스트]
② [블록]-[Screen1]-[알림1]
③ [블록]-[공통 블록]-[변수]
④ [블록]-[Screen1]-[위치 센서]
⑤ [블록]-[공통 블록]-[텍스트]("몬스터 위치가 기록되었습니다." 입력)

🔴 블록 이해하기

ⓐ '몬스터주소' 리스트에 현재 위치를 기록합니다.
ⓑ "몬스터 위치가 기록되었습니다." 메시지를 '스마트폰' 화면에 띄웁니다.

9 '몬스터 위치' 버튼을 눌렀다가 뗐을 때 버튼의 모양을 변경하기 위해 다음과 같이 [블록]에서 '명령 블록'을 가져와 코딩을 완성합니다.

🔶 블록 위치 확인

❶ [블록]-[Screen1]-[배경]-[몬스터 위치]
❷ [블록]-[공통 블록]-[텍스트]("add-button.png" 입력)

🔶 블록 이해하기

ⓐ '몬스터 위치' 버튼을 눌렀다 떼면 버튼의 모습을 변경하기 위해 몬스터 위치 사진('add-button.png')을 변경합니다.

10 '종료' 함수를 받았을 때 종료 화면을 만들기 위해 다음과 같이 [블록]에서 '명령 블록'을 가져와 코딩을 완성합니다.

🔶 블록 이해하기

ⓐ '종료' 함수가 호출되면 작동하던 '시계'를 멈춥니다.
ⓑ '종료' 함수가 호출되면 '몬스터'를 화면에서 숨깁니다.
ⓒ '종료' 함수가 호출되면 '다시 시작' 버튼을 보입니다.
ⓓ '종료' 함수가 호출되면 '앱 종료' 버튼을 보입니다.
ⓔ '종료' 함수가 호출되면 '시작버튼'을 화면에서 숨깁니다.
ⓕ '종료' 함수가 호출되면 '몬스터 위치' 버튼을 화면에서 숨깁니다.

11 '앱 종료' 버튼을 누르면 앱('App')이 종료될 수 있도록 [Screen1]-[배경]-[앱 종료]에서 [언제 앱 종료 터치 x y 실행] 블록을 [뷰어]로 드래그 한 후 [블록]-[공통 블록]-[제어]에서 [앱 종료] 블록을 가져옵니다.

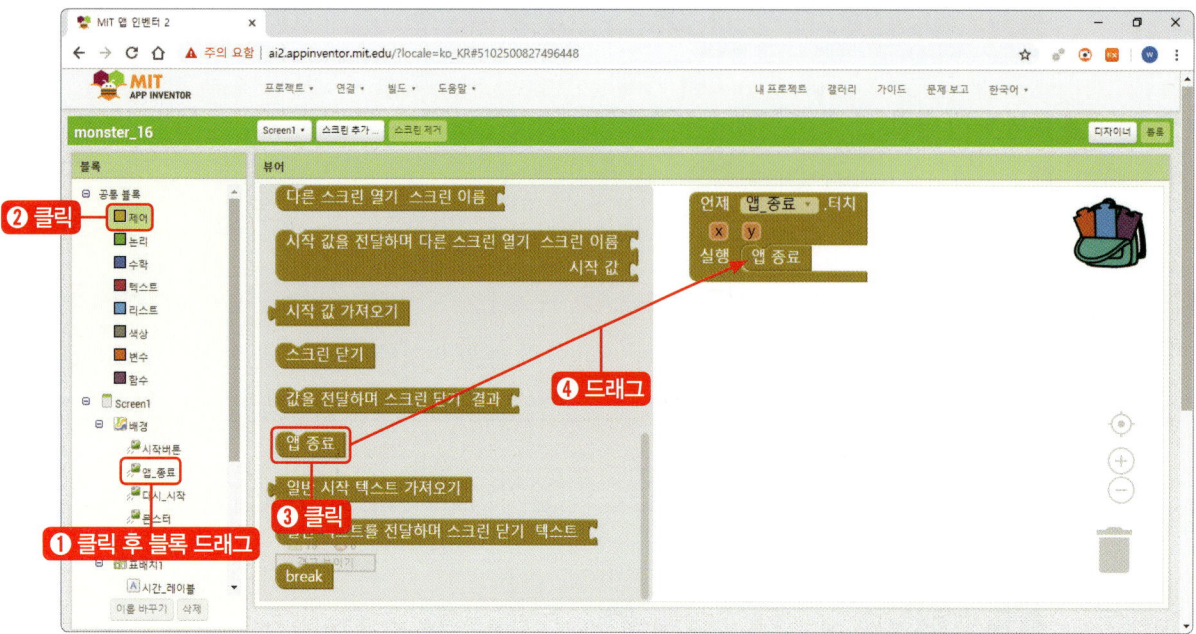

12 게임을 다시 시작할 때 '다시 시작' 버튼을 터치했는지 확인하기 위해 [블록]-[Screen1]-[배경]-[다시 시작]에서 [언제 다시_시작 터치 x y 실행] 블록을 [뷰어]로 드래그 한 후 [블록]-[공통 블록]-[함수]에서 [호출 초기화] 블록을 가져옵니다.

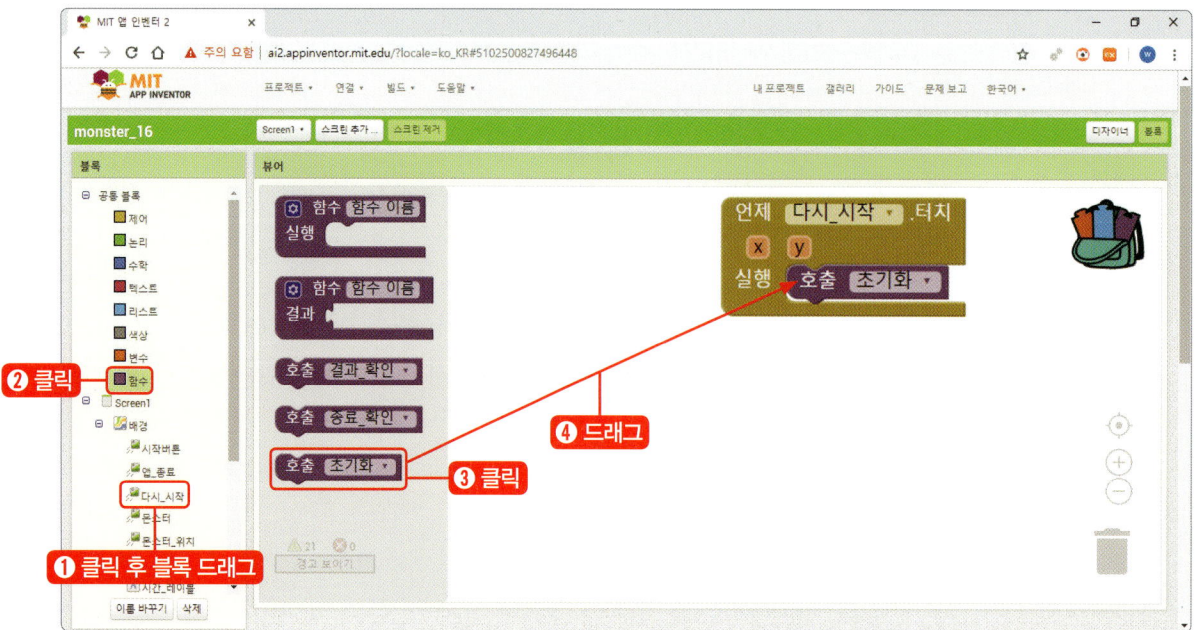

Chapter 16 척척박사의 퀴즈 타임!

01 다음 중 '몬스터'가 나타났을 때 '스마트폰' 화면에 메시지를 띄우려면 어떤 블록을 사용해야 할까요?

① 호출 알림1.경고창 나타내기 알림

② 지정하기 알림1.배경색 값

③ 호출 알림1.진행 대화창 나타내기 메시지 제목

④ 알림1.텍스트 색상

02 다음 중 '스마트폰'에 진동을 울리게 하려면 어떤 블록을 사용해야 할까요?

① 호출 소리1.일시정지
② 호출 소리1.재생
③ 호출 소리1.정지
④ 호출 소리1.진동 밀리초

03 다음 중 '몬스터 위치' 버튼을 터치했을 때를 나타내는 블록은 무엇일까요?

① 언제 몬스터_위치.터치 업 x y 실행
② 언제 몬스터_위치.충돌 다른 실행
③ 언제 몬스터_위치.터치 x y 실행
④ 언제 몬스터_위치.터치 다운 x y 실행

메모

Part 06

[방향 센서]

요리조리 미로 탈출하기

◆ 방향 센서는 나침반과 같은 역할을 하는 센서로 핸드폰의 방향에 따라 그 방향을 알려주는 센서입니다. 이 센서는 길 찾기를 할 때 내가 이동하는 위치의 방향을 지도에 나타내줍니다.

Chapter 17
화면 디자인하기

Chapter 18
'초기화' 코딩하기

Chapter 19
'충돌' 코딩하기

Chapter 20
'타이머' 코딩하기

Chapter 17 화면 디자인하기

● 컴포넌트를 이용하여 앱('App')을 디자인할 수 있습니다.
● 컴포넌트의 속성을 변경할 수 있습니다.

▶ 예제 파일 : escape.aia

• 게임 난이도 : ★★★★★   • 진행 시간 : 1분   • 디자인 난이도 : ☆★★★★

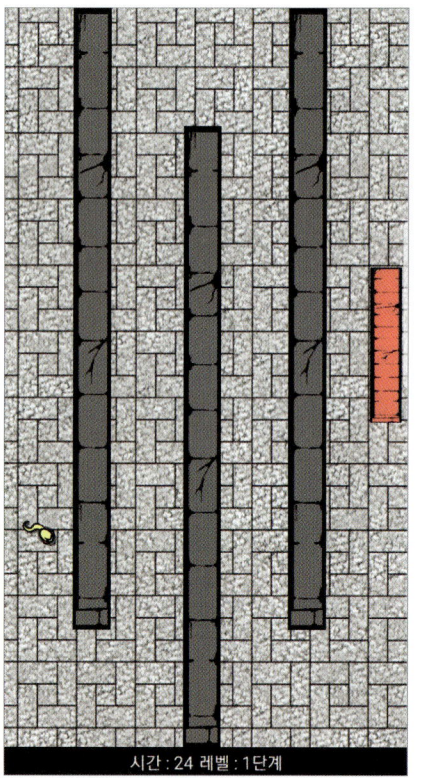

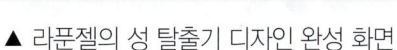
▲ 라푼젤의 성 탈출기 디자인 완성 화면

영상 파일₩17-20강_라푼젤의 성 탈출기.mp4   **영상 위치**

컴포넌트 스토리

❶ 캔버스 1개, 이미지 스프라이트 8개
❷ 수평배치 1개, 레이블 2개
❸ 알림 1개, 플레이어 1개, 시계 1개, 방향 센서 1개

1 스크린 디자인하기

척척박사님! '라푼젤의 성 탈출기' 앱('App') 디자인하는 방법을 빨리 알려주세요!

1 '크롬()'에서 '앱 인벤터2'를 검색한 후 'MIT App Inventor2'에 접속합니다. 상단 메뉴의 [프로젝트]-[내 컴퓨터에서 프로젝트 (.aia) 가져오기]를 클릭하여 예제 파일('escape.aia')을 불러옵니다.

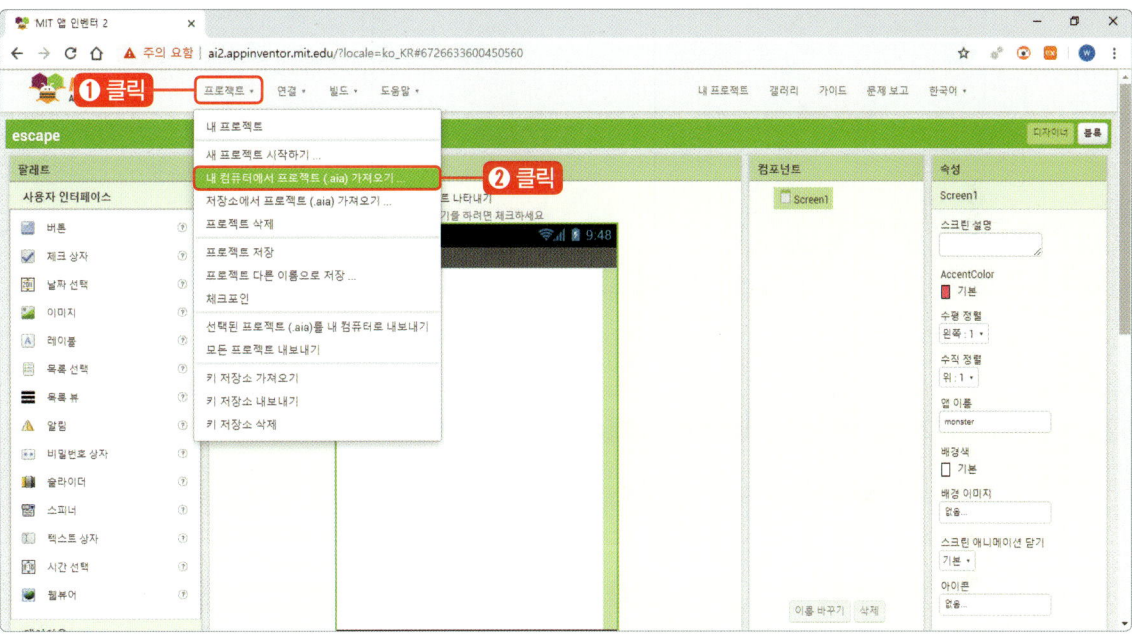

2 스마트폰 화면에서 캐릭터가 움직일 수 있는 앱('App')을 만들기 위해 [팔레트]의 [그리기 & 애니메이션] 그룹에서 '캔버스' 컴포넌트를 [뷰어]로 드래그 합니다.

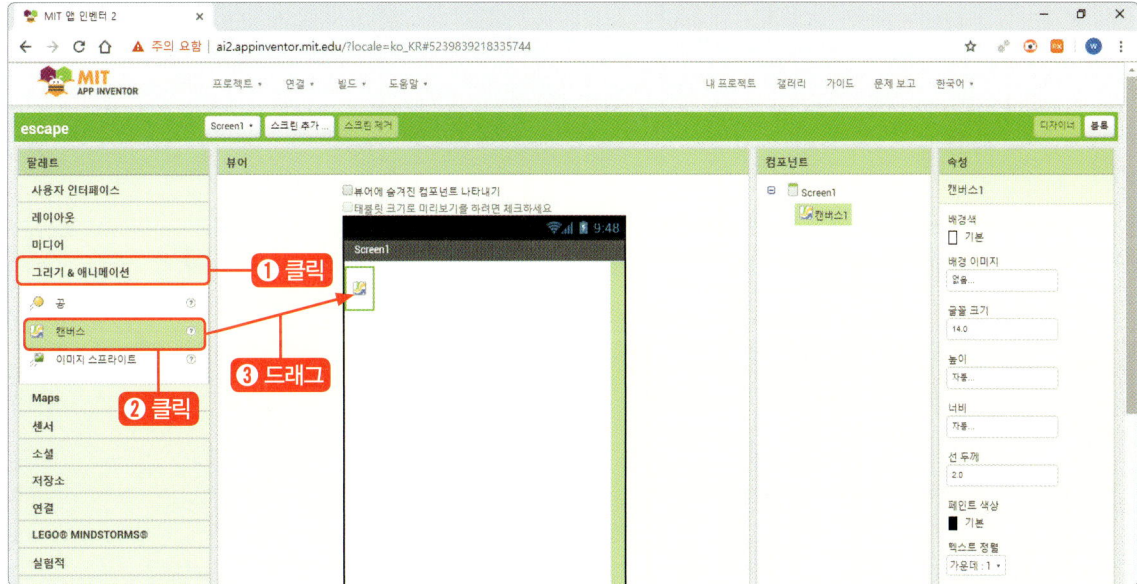

3 앱('App')에 필요한 '개체'를 화면에 표현하기 위해 [팔레트]의 [그리기 & 애니메이션] 그룹에서 '이미지 스프라이트' 컴포넌트를 [뷰어]에 있는 '캔버스' 안쪽으로 '8'개 드래그 합니다.

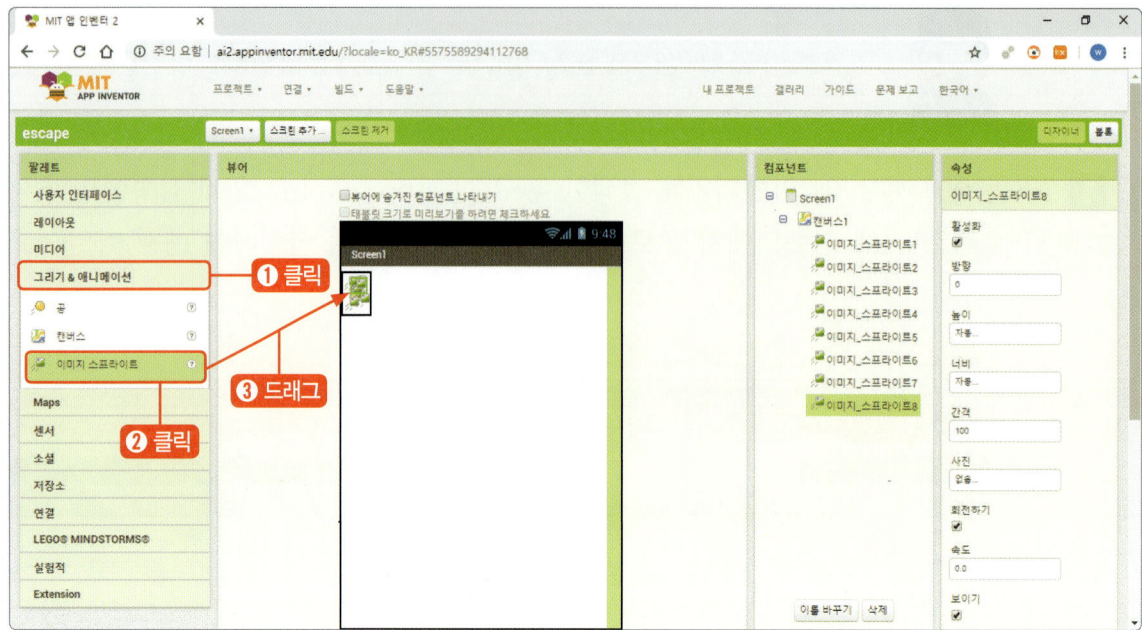

4 앱('App')에서 필요한 여러 '진행 상황'을 같은 줄에 표시하기 위해 [팔레트]의 [레이아웃] 그룹에서 '수평배치' 컴포넌트를 [뷰어]의 '캔버스' 아래쪽으로 드래그 합니다.

5 이어서 진행 상황을 나타내기 위해 [팔레트]의 [사용자 인터페이스] 그룹에서 '레이블' 컴포넌트를 [뷰어]에 있는 '수평배치1' 안쪽으로 2개 드래그 합니다.

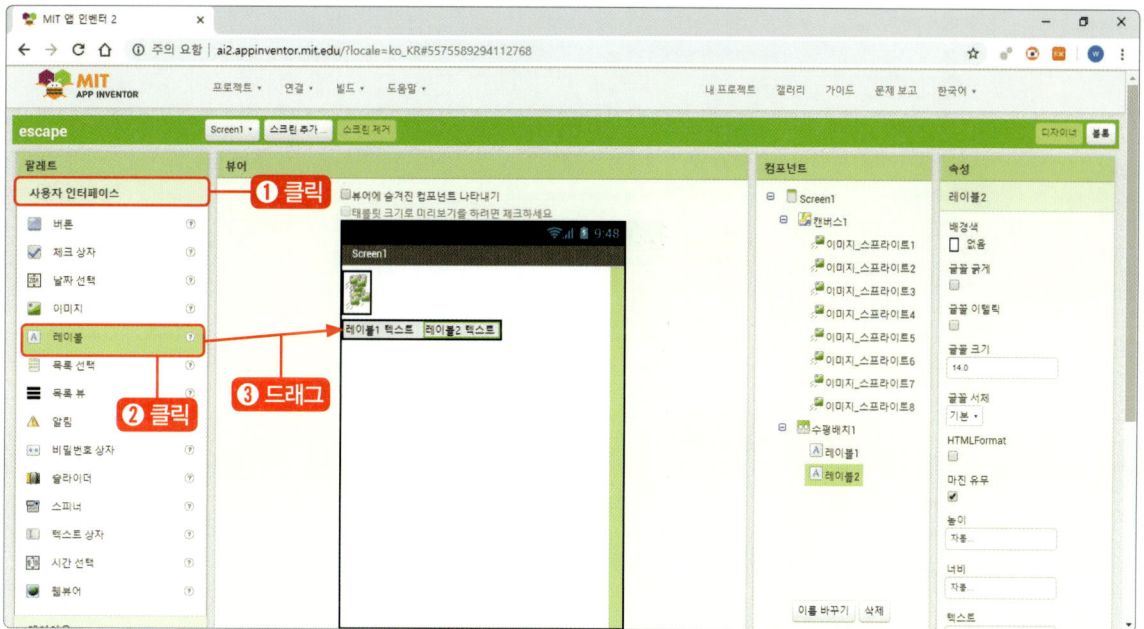

6 앱('App')에 메시지를 띄우기 위해 [팔레트]의 [사용자 인터페이스] 그룹에서 '알림' 컴포넌트를 [뷰어]로 드래그 합니다.

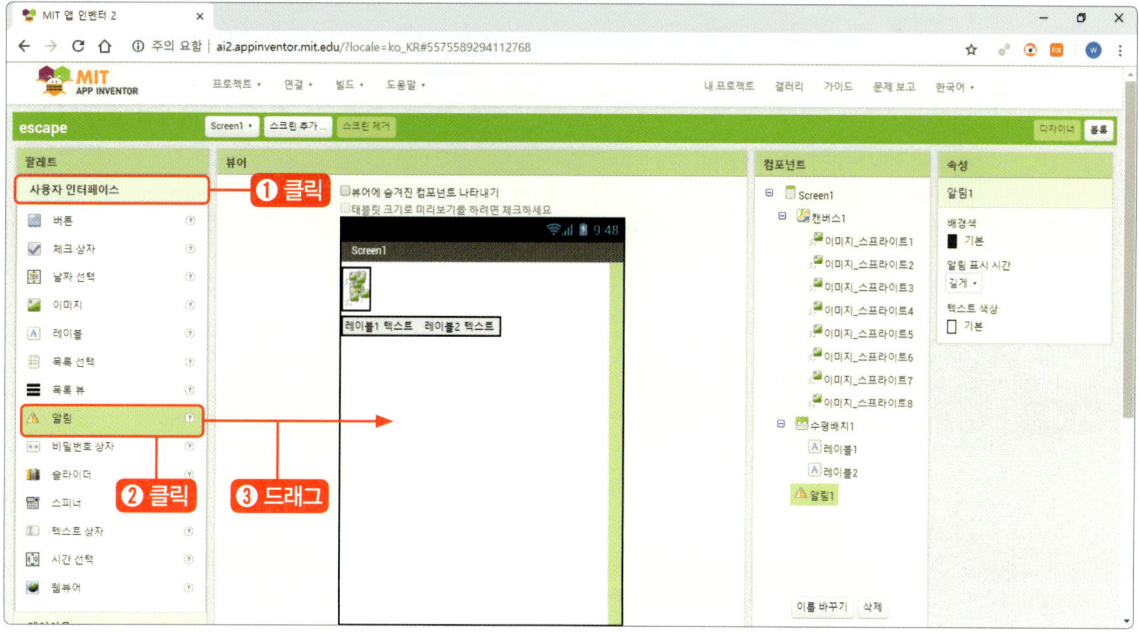

Chapter 17. 화면 디자인하기 _ 183

7 앱('App')이 실행되면 음악을 재생하기 위해 [팔레트]의 [미디어] 그룹에서 '플레이어' 컴포넌트를 [뷰어]로 드래그 합니다.

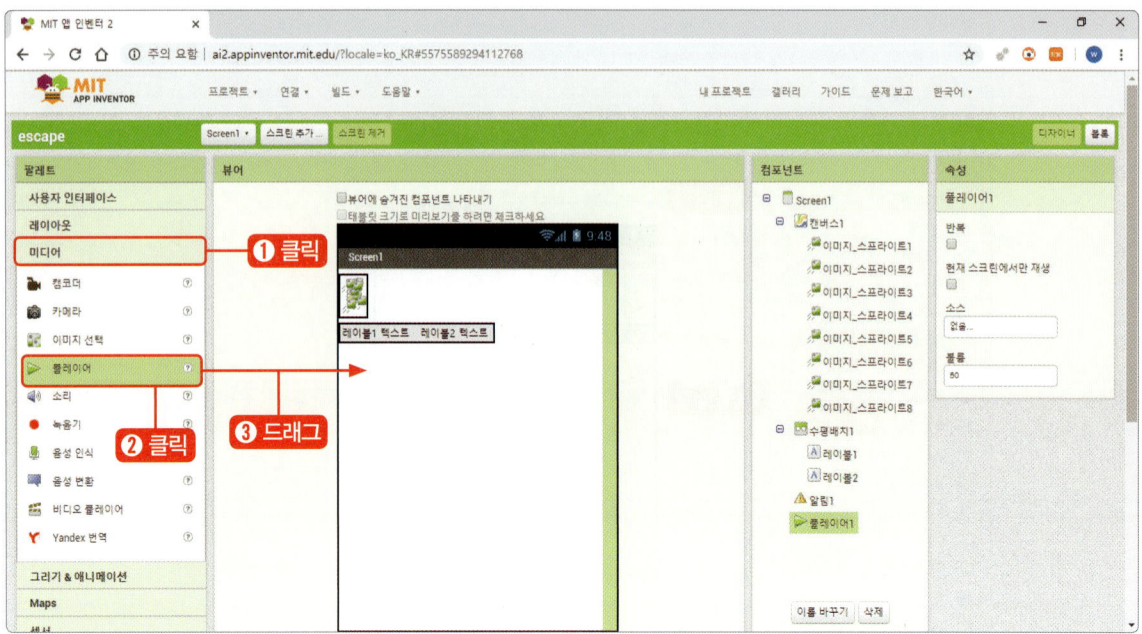

8 스마트폰의 방향 값과 시간을 알 수 있도록 [팔레트]의 [센서] 그룹에서 '시계'와 '방향 센서' 컴포넌트를 [뷰어]로 드래그 합니다.

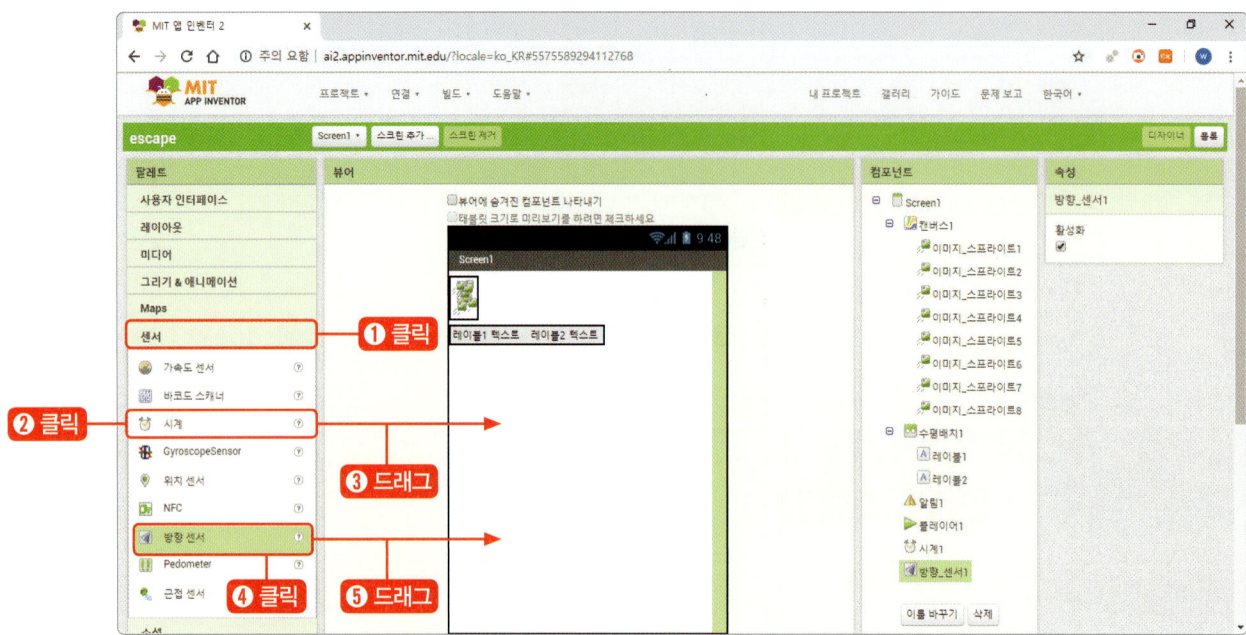

2 컴포넌트 속성 변경하기

'뷰어'로 옮긴 '컴포넌트'의 '속성'을 변경하여 디자인을 마무리해 볼까?

1 앱('App')의 기본 정보를 설정하기 위해 [컴포넌트] 창에서 'Screen1'을 선택한 후 속성을 다음과 같이 변경해 봅니다.

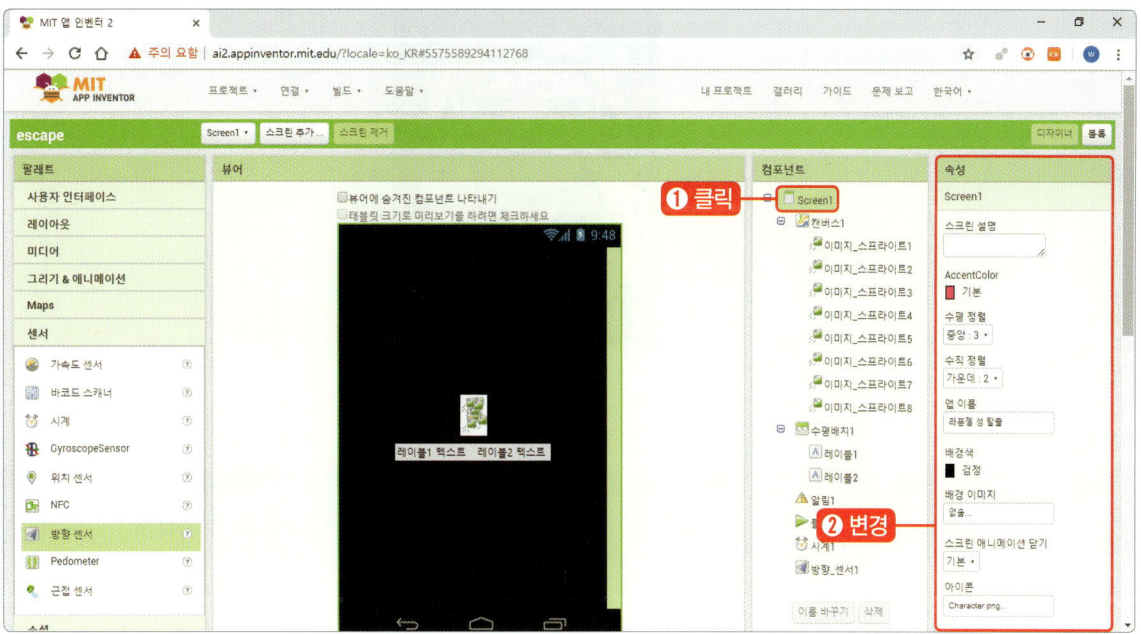

● Screen1

속성	❶ 수평 정렬	❷ 수직 정렬	❸ 앱 이름	❹ 배경색
변경	중앙 : 3	가운데 : 2	라푼젤 성 탈출	검정
속성	❺ 아이콘	❻ 스크린 방향	❼ 크기	❽ 제목 보이기
변경	Character.png	세로	고정형	비활성화

2 앱('App')의 초기 화면을 디자인하기 위해 [컴포넌트] 창에서 '캔버스1'을 선택한 후 속성을 다음과 같이 변경해 봅니다.

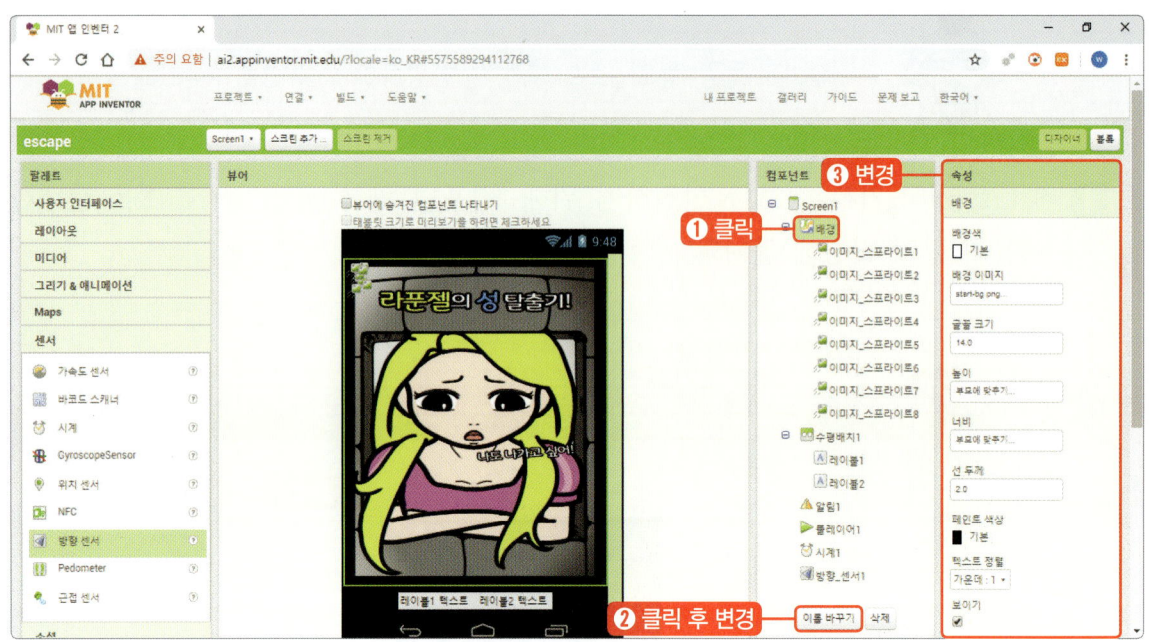

● 캔버스1

속성	❶ 이름	❷ 배경 이미지	❸ 높이	❹ 너비
변경	배경	start-bg.png	부모에 맞추기	부모에 맞추기

3 앱('App')을 실행하면 화면에 '개체'가 나타날 수 있도록 [컴포넌트] 창에서 '이미지 스프라이트'를 선택한 후 속성을 다음과 같이 각각 변경해 봅니다.

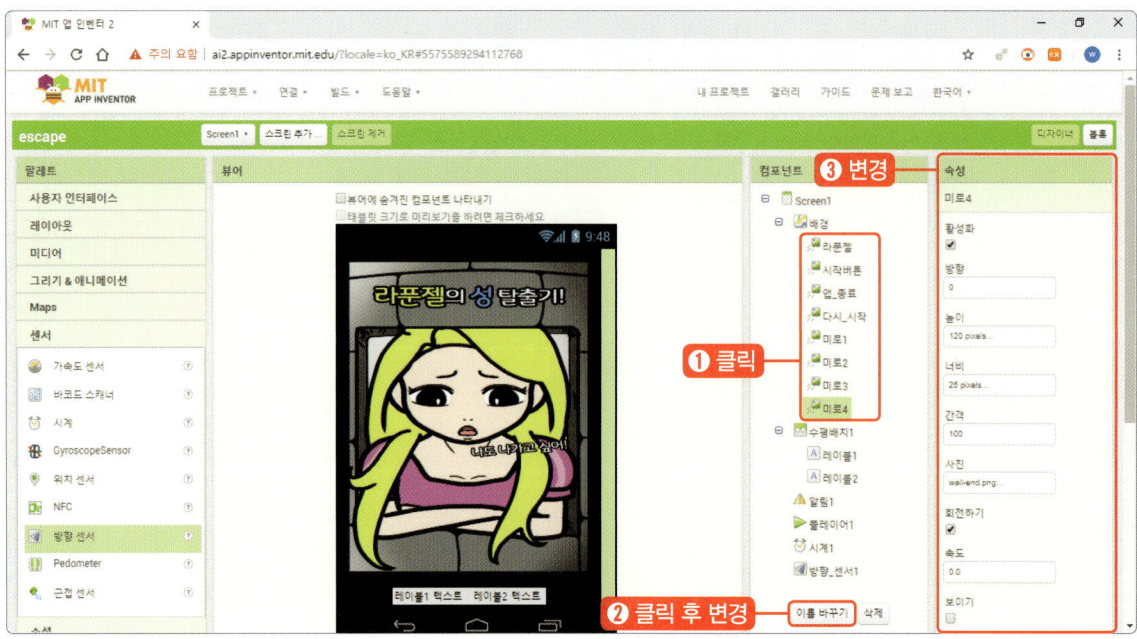

이미지 스프라이트1~8

속성	❶ 이름	❷ 높이	❸ 너비	❹ 사진	❺ 보이기	❻ x	❼ y
변경	라푼젤	15	30	Character.png	비활성화	20	30
	시작버튼	70	150	start_button.png	활성화	90	480
	앱 종료	70	150	close_button.png	비활성화	0	480
	다시 시작	70	150	restart_button.png	비활성화	200	480
	미로1	480	30	wall.png	비활성화	54	−115
	미로2	480	30	wall.png	비활성화	141	102
	미로3	480	30	wall.png	비활성화	225	−102
	미로4	120	25	wall-end.png	비활성화	290	200

4 'Screen1' 배경색에 맞춰 '수평배치1'의 속성을 변경하기 위해 [컴포넌트] 창에서 '수평배치1'을 선택한 후 속성을 변경해 봅니다.

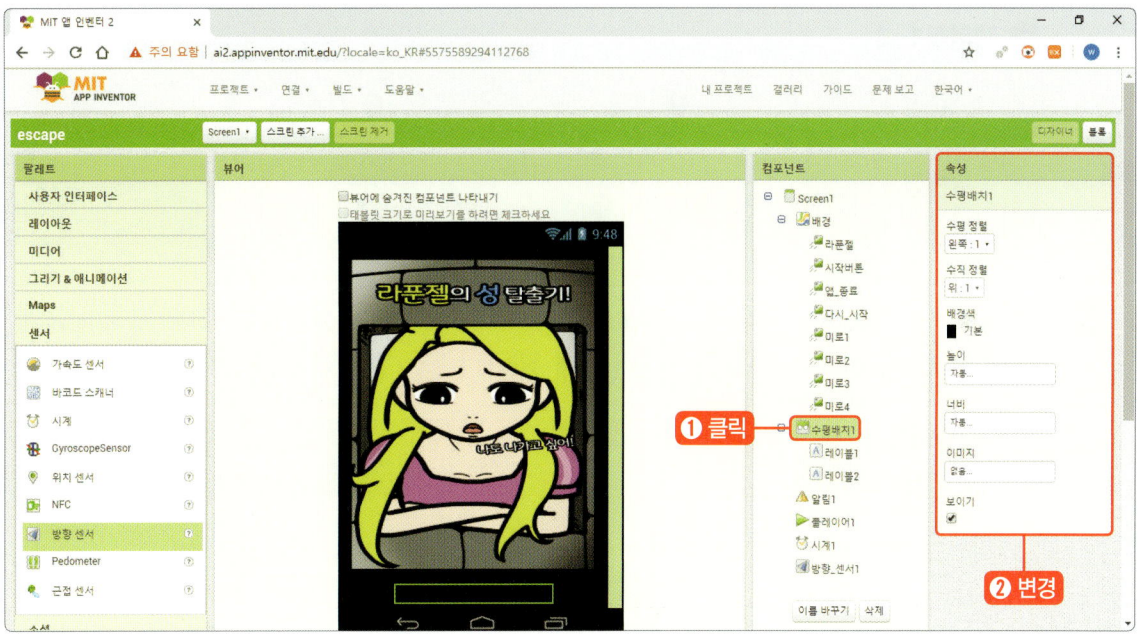

수평배치1

속성	❶ 배경색
변경	검정

5 '시간'과 '레벨'이 앱('App') 화면에 나타날 수 있도록 [컴포넌트] 창에서 '레이블'을 선택한 후 속성을 다음과 같이 각각 변경해 봅니다.

● 레이블1~2

속성	❶ 이름	❷ 텍스트	❸ 텍스트 색상
변경	시간 레이블	시간 : 0	흰색
	레벨 레이블	레벨 : 1단계	흰색

6 앱('App') 화면에 나타나는 알림 표시 시간을 설정하기 위해 [컴포넌트] 창에서 '알림1'을 선택한 후 속성을 다음과 같이 변경해 봅니다.

● 알림1

속성	❶ 이름	❷ 알림 표시 시간
변경	알림	짧게

7 '플레이어'를 작동시키기 위해 [컴포넌트] 창에서 '플레이어1'을 선택한 후 속성을 변경해 봅니다.

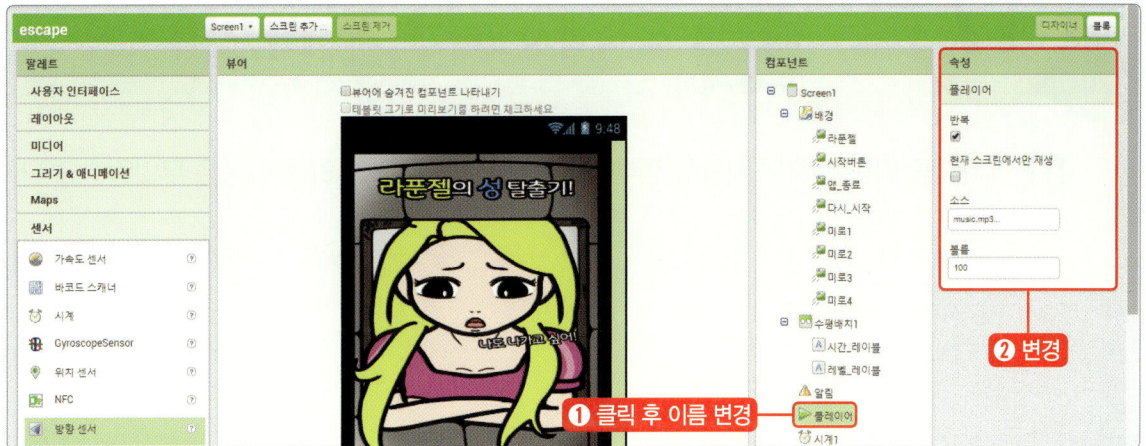

플레이어1

속성	❶ 이름	❷ 반복	❸ 소스	❹ 볼륨
변경	플레이어	활성화	music.mp3	100

8 '시계'는 작동시키고, '방향 센서'는 작동을 멈추기 위해 [컴포넌트] 창에서 '시계1'과 '방향 센서1'을 선택한 후 속성을 각각 변경해 봅니다.

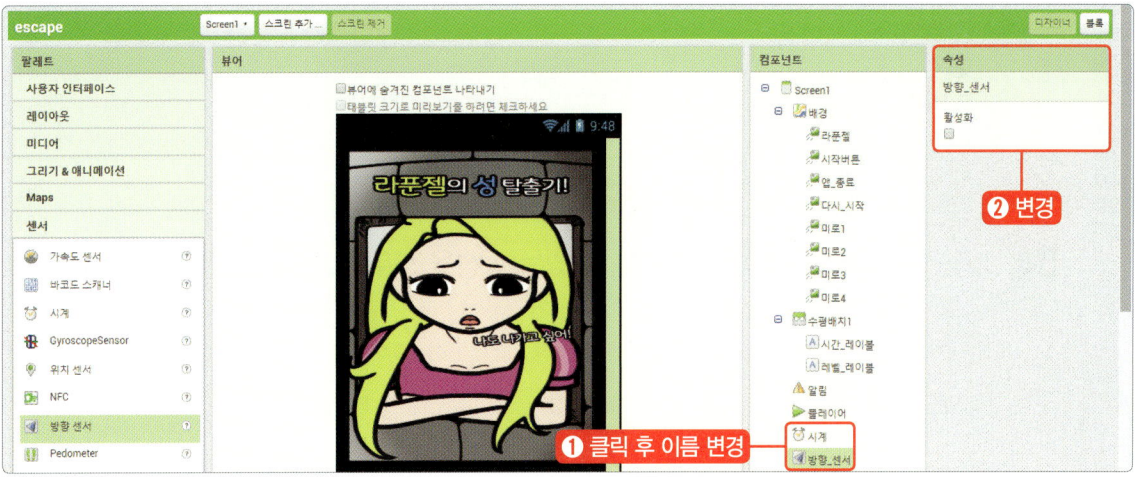

시계1

속성	❶ 이름	❷ 타이머 활성 여부	❸ 타이머 간격
변경	시계	비활성화	1000

방향 센서1

속성	❶ 이름	❷ 활성화
변경	방향 센서	비활성화

Chapter 17 척척박사의 퀴즈 타임!

01 다음 중 방향 센서의 작동을 멈추기 위해 비활성화 해야 하는 속성은 무엇일까요?

① 활성화 ② 수직정렬
③ 사진 ④ 아이콘

02 다음 중 플레이어에서 음악을 추가할 수 있는 속성은 무엇일까요?

① 반복 ② 소스
③ 볼륨 ④ 현재 스크린에서 실행

03 다음 중 알림 메시지를 띄울 때 표시되는 시간을 지정할 수 있는 속성은 무엇일까요?

① 배경색 ② 알림 표시 시간
③ 텍스트 색상 ④ 보이기

04 다음 중 캔버스의 크기를 조절할 수 있는 속성을 모두 고르면 무엇일까요?

① 너비 ② 높이
③ 배경색 ④ 글꼴 크기

05 다음 중 이미지 스프라이트의 위치를 지정할 수 있는 속성을 모두 고르면 무엇일까요?

① 높이 ② 너비
③ x ④ y

Chapter 18

'초기화' 코딩하기

- 변수를 생성할 수 있습니다.
- 함수를 사용할 수 있습니다.

▶ 예제 파일 : escape18.aia

• 코딩 난이도 : ☆☆★★★

▲ 초기화 코딩 화면

영상 파일₩17-20_라푼젤의 성 탈출기.mp4

영상 위치

코딩 스토리

① 변수를 초기화합니다(시간과 레벨 : 화면에 시간과 레벨을 표시하는데 사용).

② 게임을 실행하면 앱을 초기화하기 위해 이미지나 버튼을 화면에서 숨기거나 보이고, 배경을 상황에 맞는 이미지로 변경합니다. 게임 진행 전이기 때문에 시계와 방향 센서의 작동을 멈추고 음악을 재생시킵니다. 이어서 변수와 '미로의 위치(y좌표)'를 모두 초기화합니다.

③ 시작버튼을 누르면 게임 진행을 위해 이미지나 버튼을 숨기거나 보이고 배경을 상황에 맞는 이미지로 변경합니다. 스마트폰의 방향 센서를 작동시키고 게임 진행 시간을 확인하기 위해 시계를 작동시킵니다. 그리고 라푼젤이 화면에서 움직이도록 속도를 지정해줍니다.

 **앱 정보 확인하기**

 척척박사님! 오늘 만들 앱에 대한 정보를 알려주세요.

1. 앱 이름 : 라푼젤 성 탈출
2. 게임 시간 : 1분
3. 플레이 : 1인용
4. 게임 방법
   ❶ '시작' 버튼을 누르면 게임을 시작합니다.
   ❷ '라푼젤'이 '빨간' 벽돌을 만나면 '성'을 탈출할 수 있습니다.
   ❸ 미로의 '회색' 벽돌을 만나면 처음 위치로 돌아갑니다.
   ❹ '스마트폰' 화면의 모서리에 닿으면 처음 위치로 돌아갑니다.
   ❺ 게임을 다시 시작하려면 '다시시작' 버튼을 누르고 끝내려면 '나가기' 버튼을 누릅니다.

방향 센서란?
스마트폰이 가리키는 방향을 '0도'~'360도'까지 알려주는 센서입니다.

2 블록 코딩하기

척척박사님! 블록 코딩은 어떻게 하는 건가요? 빨리 앱을 만들고 싶어요!

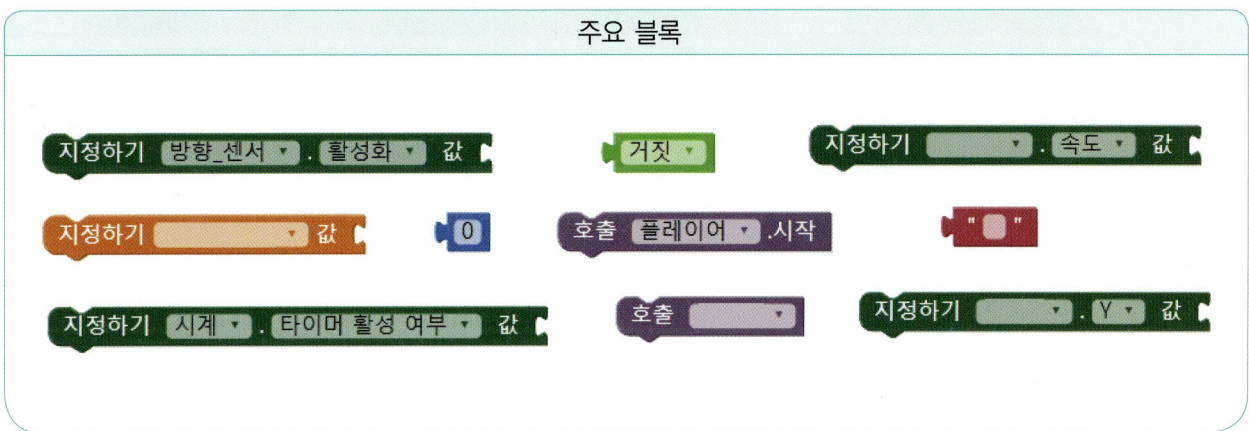

1 [프로젝트]-[내 컴퓨터에서 프로젝트 (.aia) 가져오기]를 클릭하여 예제 파일('escape18.aia')을 불러온 후 오른쪽 상단의 [블록]을 클릭하여 코딩창으로 이동합니다.

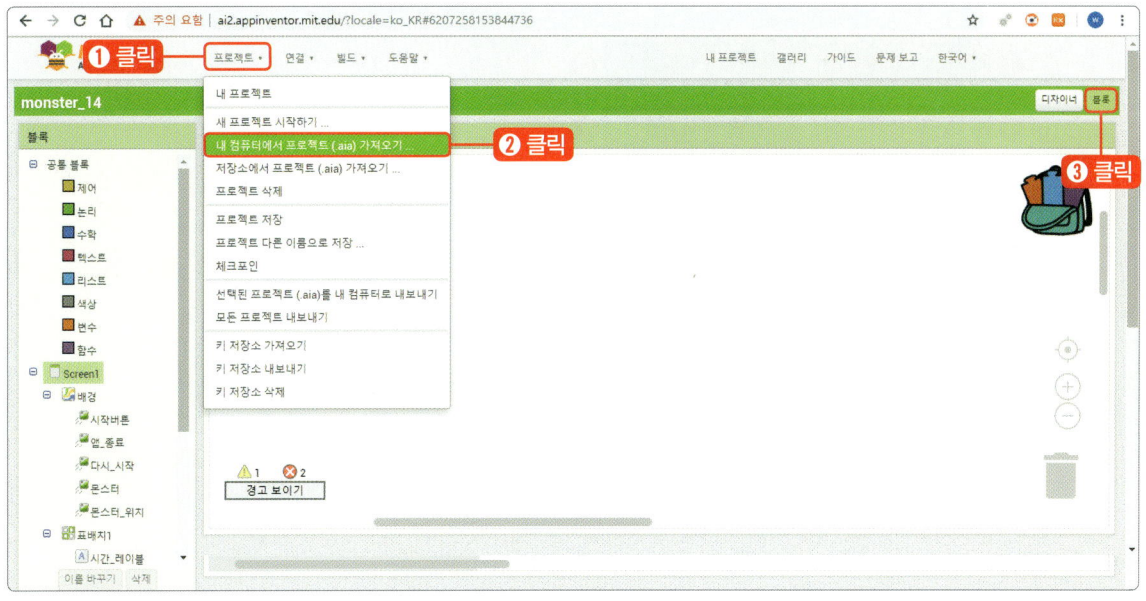

 Tip

기존에 저장해 놓은 파일을 불러와 작업하면 되지만 만약 저장해 놓은 파일이 없다면 차시별 예제 파일을 불러와 작업하면 돼!

2 '라푼젤의 성 탈출기' 앱('App')에 사용할 변수를 생성하기 위해 [블록]의 [변수]에서 [전역변수 초기화 변수_이름 값] 블록을 가져와 변수 이름을 "시간"으로 입력한 후 [블록]-[공통 블록]-[수학]에서 [0] 블록을 가져와 값에 붙여 넣습니다.

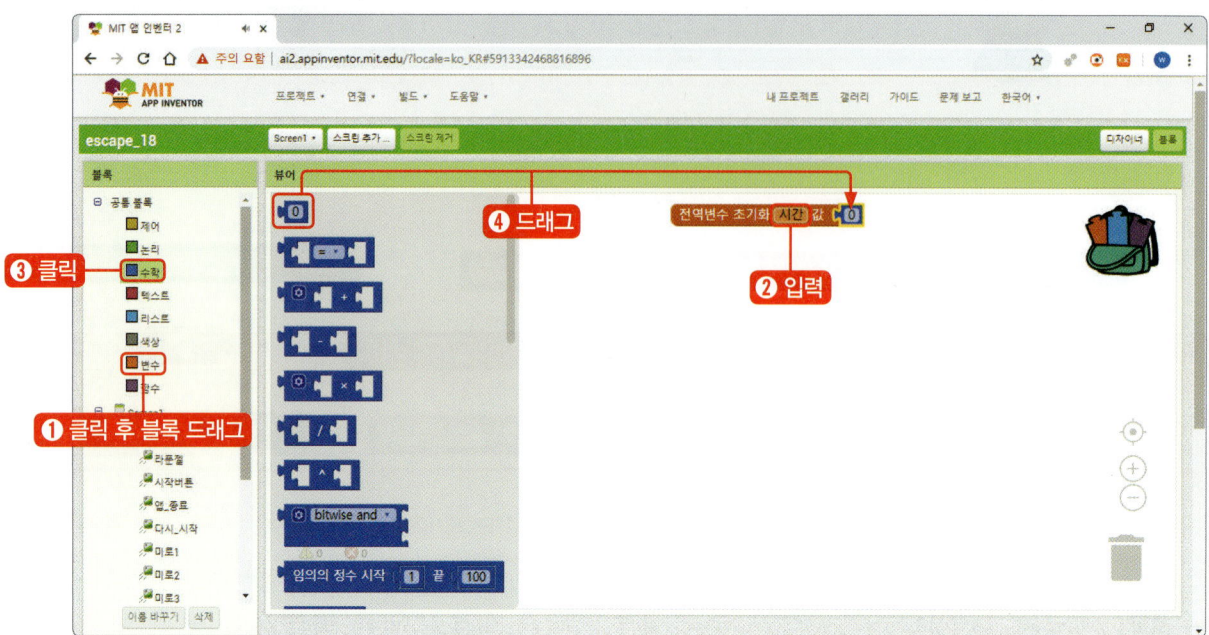

3 동일한 방법으로 '레벨' 변수를 생성한 후 값을 "1"로 입력합니다.

ⓐ ❶ 전역변수 초기화 시간 값 [0] ❷

ⓑ ❶ 전역변수 초기화 레벨 값 [1] ❷

🔷 블록 위치 확인

❶ [블록]-[공통 블록]-[변수]
❷ [블록]-[공통 블록]-[수학]

🔷 블록 이해하기

ⓐ '시간'을 기록할 수 있는 변수를 생성합니다.
ⓑ '레벨'을 기록할 수 있는 변수를 생성하고 현재 레벨을 '1'로 입력합니다.

4 앱('App')을 실행하면 게임을 초기화하기 위해 [블록]–[Screen1]에서 [언제 Screen1 .초기화 실행] 블록을 [뷰어]로 드래그 합니다.

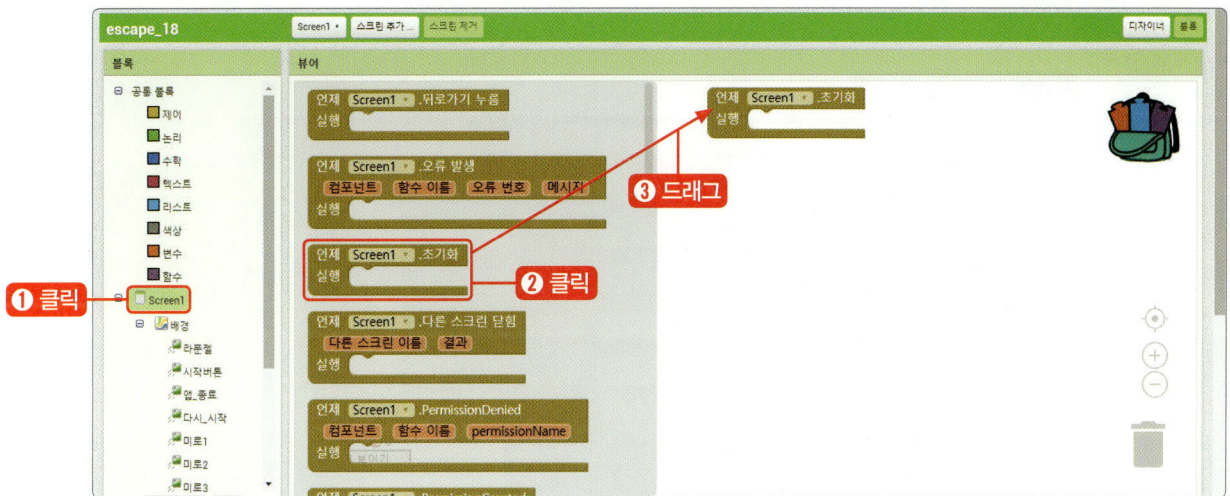

5 이어서 함수를 이용하여 초기화할 명령을 표현하기 위해 [블록]–[공통 블록]–[함수]에서 [함수 함수_이름 실행] 블록을 [뷰어]로 드래그 한 후 함수명에 "초기화"를 입력합니다. 이어서 [블록]–[공통 블록]–[함수]에서 [호출 초기화] 블록을 [언제 Screen1 .초기화 실행] 블록 안쪽으로 드래그 합니다.

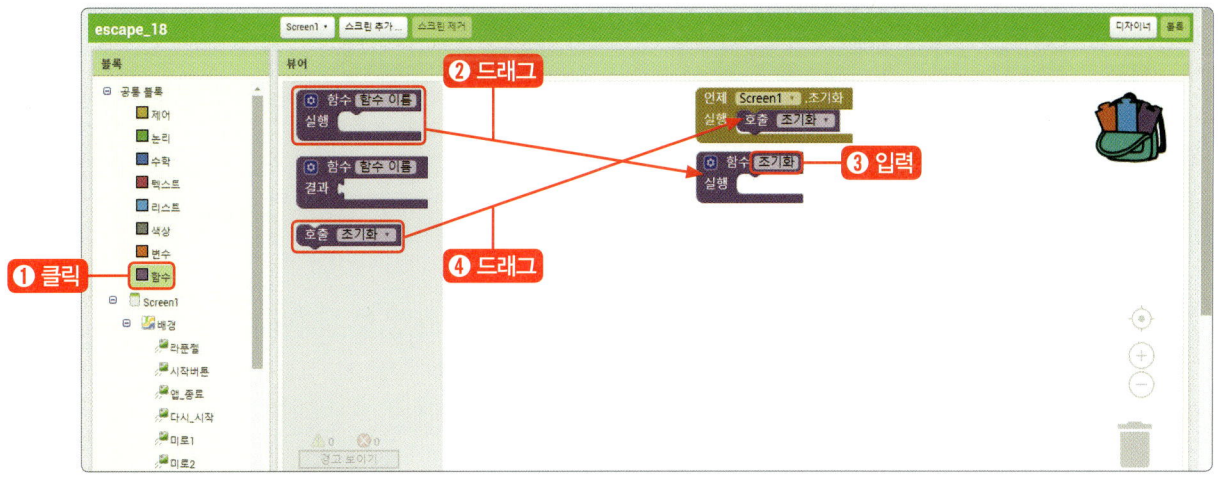

ⓐ 언제 Screen1 .초기화
   실행 ❶ 호출 초기화

🔷 블록 위치 확인

❶ [블록]–[공통 블록]–[함수]

🔷 블록 이해하기

ⓐ 앱('App')이 실행되면 '초기화' 함수를 호출합니다. 실제 초기화는 함수에서 이루어집니다.

6 이어서 초기화할 수 있도록 [⚙ 함수 초기화 실행] 블록 안쪽에 다음과 같이 [블록]에서 '명령 블록'을 가져와 코딩을 완성합니다.

🔷 블록 이해하기

ⓐ '초기화' 함수가 호출되면 배경('start-bg.png')을 변경합니다.
ⓑ '초기화' 함수가 호출되면 '라푼젤'를 화면에서 숨깁니다.
ⓒ '초기화' 함수가 호출되면 '미로1'을 화면에서 숨깁니다.
ⓓ '초기화' 함수가 호출되면 '미로2'를 화면에서 숨깁니다.
ⓔ '초기화' 함수가 호출되면 '미로3'을 화면에서 숨깁니다.
ⓕ '초기화' 함수가 호출되면 '미로4'를 화면에서 숨깁니다.
ⓖ '초기화' 함수가 호출되면 '미로1'의 y좌표 위치를 '-115'로 이동합니다.
ⓗ '초기화' 함수가 호출되면 '미로2'의 y좌표 위치를 '102'로 이동합니다.
ⓘ '초기화' 함수가 호출되면 '미로3'의 y좌표 위치를 '-102'로 이동합니다.
ⓙ '초기화' 함수가 호출되면 '시작버튼'을 화면에 보입니다.
ⓚ '초기화' 함수가 호출되면 '앱 종료'를 화면에서 숨깁니다.
ⓛ '초기화' 함수가 호출되면 '다시 시작'을 화면에서 숨깁니다.
ⓜ '초기화' 함수가 호출되면 '시간 레이블'의 텍스트를 "시간 : 0"으로 초기화합니다.

ⓝ '초기화' 함수가 호출되면 '레벨 레이블'의 텍스트를 "레벨 : 1단계"로 초기화합니다.
ⓞ '초기화' 함수가 호출되면 음악('플레이어')을 재생합니다.
ⓟ '초기화' 함수가 호출되면 작동하던 '시계'를 멈춥니다.
ⓠ '초기화' 함수가 호출되면 '방향 센서'의 작동을 멈춥니다.
ⓡ '초기화' 함수가 호출되면 '시간' 변수 값을 '0'으로 초기화합니다.
ⓢ '초기화' 함수가 호출되면 '레벨' 변수 값을 '1'로 초기화합니다.

7 앱('App')이 실행되면 '시작버튼'을 터치했는지 확인할 수 있도록 [블록]-[Screen1]-[배경]-[시작버튼]에서 [언제 시작버튼.터치] 블록을 [뷰어]로 드래그 합니다.

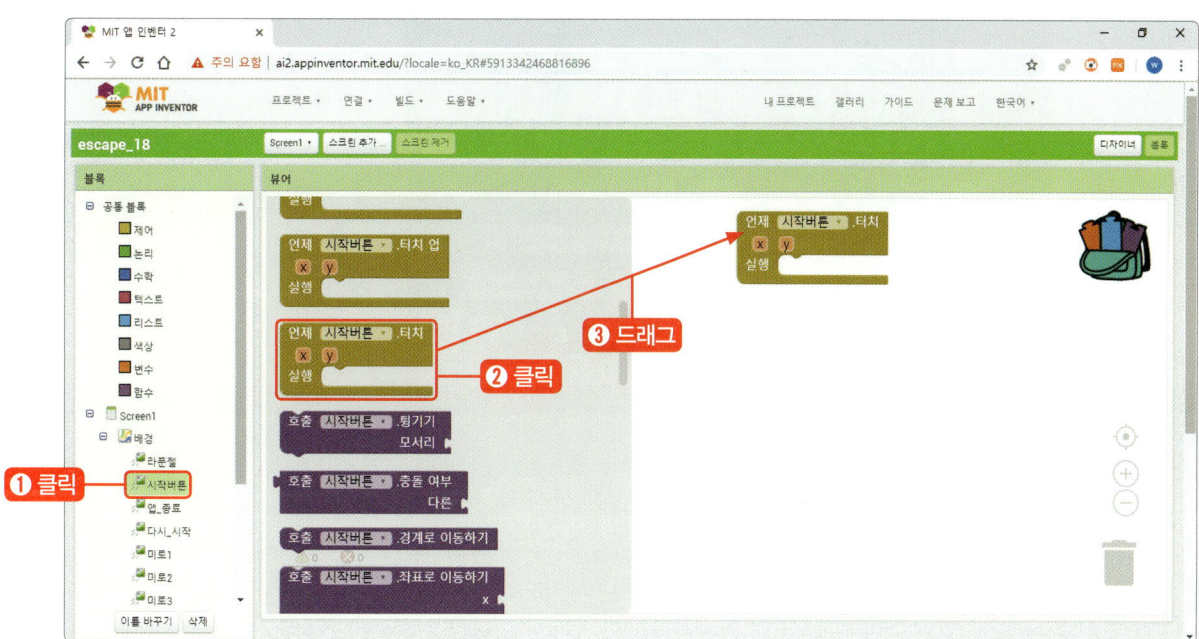

8 이어서 '시작버튼'을 터치했을 때 게임 환경을 마련하기 위해 [언제 시작버튼.터치] 블록 안쪽에 다음과 같이 [블록]에서 '명령 블록'을 가져와 코딩을 완성합니다.

🔶 블록 이해하기

ⓐ '시작버튼'을 눌러 게임이 시작되면 '방향 센서'를 작동시킵니다.
ⓑ '시작버튼'을 눌러 게임이 시작되면 배경 이미지('bg.png')를 변경합니다.
ⓒ '시작버튼'을 눌러 게임이 시작되면 '라푼젤'을 화면에 보입니다.
ⓓ '시작버튼'을 눌러 게임이 시작되면 '미로1'을 화면에 보입니다.
ⓔ '시작버튼'을 눌러 게임이 시작되면 '미로2'를 화면에 보입니다.
ⓕ '시작버튼'을 눌러 게임이 시작되면 '미로3'을 화면에 보입니다.
ⓖ '시작버튼'을 눌러 게임이 시작되면 '미로4'를 화면에 보입니다.
ⓗ '시작버튼'을 눌러 게임이 시작되면 '시작버튼'을 화면에서 숨깁니다.
ⓘ '시작버튼'을 눌러 게임이 시작되면 '앱 종료'를 화면에서 숨깁니다.
ⓙ '시작버튼'을 눌러 게임이 시작되면 '다시 시작'을 화면에서 숨깁니다.
ⓚ '시작버튼'을 눌러 게임이 시작되면 멈춰 있는 시계를 작동시킵니다.
ⓛ '시작버튼'을 눌러 게임이 시작되면 '라푼젤' 이미지의 움직임(속도)을 '5'로 지정합니다.

Chapter 18

01 다음 중 '스마트폰'의 방향을 알 수 있는 컴포넌트는 무엇일까요?

① 방향 센서　　　　　　　② 터치 센서

③ 자이로 센서　　　　　　④ 가속도 센서

02 다음 중 방향 센서를 작동시키기 위해 변경해야 하는 속성은 무엇일까요?

① 활성화　　　　　　　　② 보이기

③ 크기　　　　　　　　　④ 사진

03 다음 중 '라푼젤'의 이미지가 계속해서 이동하기 위해 변경해야 하는 속성은 무엇일까요?

① 활성화　　　　　　　　② 속도

③ x　　　　　　　　　　④ y

04 다음 중 '시작버튼'을 터치했을 때 변경되어야 하는 속성이 아닌 것은 무엇일까요?

① 방향 센서를 작동시킵니다.

② 게임 배경 이미지를 'start-bg.png'로 변경합니다.

③ '미로1'~'미로4' 이미지를 화면에 보입니다.

④ '앱 종료' 버튼을 화면에서 숨깁니다.

Chapter 19 '충돌' 코딩하기

- 알림 컴포넌트를 활용할 수 있습니다.
- 이미지의 위치를 옮길 수 있습니다.
- 미션 성공 조건을 지정할 수 있습니다.
- 방향 센서를 활용할 수 있습니다.

▶ 예제 파일 : escape19.aia

• 코딩 난이도 : ☆☆★★★

▲ 충돌 코딩 화면

영상 파일₩17-20강_라푼젤의 성 탈출기.mp4 **영상 위치**

코딩 스토리

❶ 방향 센서값이 변경되면 방향 센서의 각도로 라푼젤의 방향을 지정합니다.
❷ 라푼젤이 스마트폰 화면의 모서리에 닿으면 처음 위치로 이동합니다.
❸ 미로4(미션 완료 미로)에 닿으면 레벨을 변경하기 위해 라푼젤의 위치를 처음 위치로 이동한 후 레벨 변수 값을 '1'씩 증가시킵니다. 스마트폰 화면의 레벨 레이블에 변경된 레벨을 표시하고, 미로의 위치도 변경한 후 '2단계 시작' 메시지를 띄웁니다.
❹ 레벨이 '2'가 넘으면 미션 성공 배경(win-bg.png)으로 변경하고 종료 함수를 호출합니다.

1 블록 코딩하기

척척박사님! 라푼젤이 '미로4'와 충돌했을 때 조건을 어떻게 코딩해야 하나요?

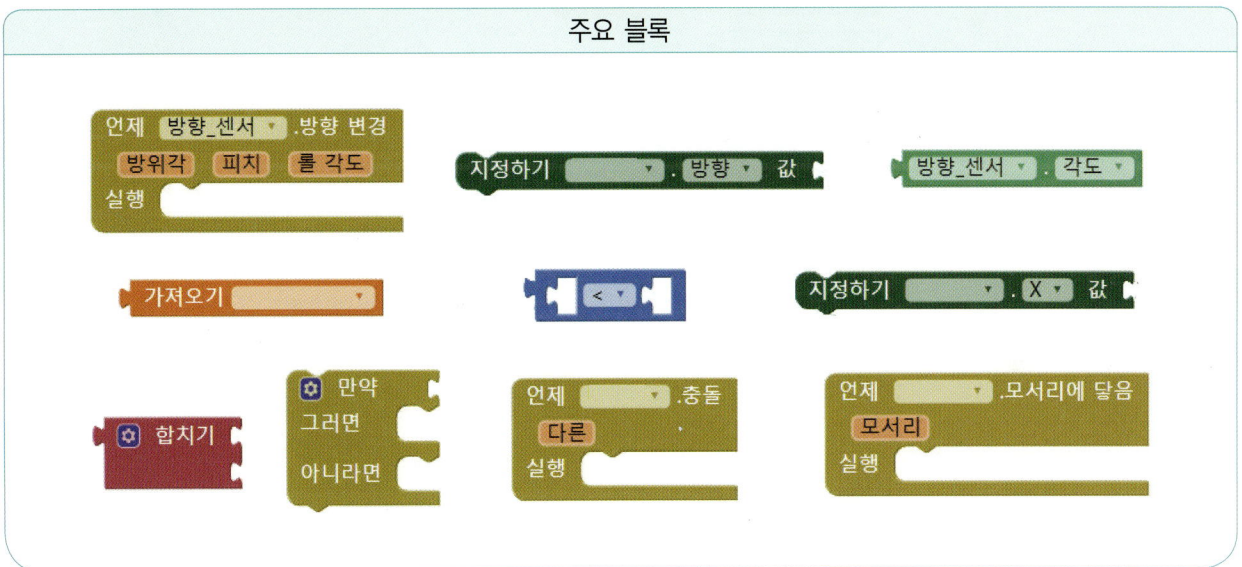

주요 블록

1 [프로젝트]-[내 컴퓨터에서 프로젝트 (.aia) 가져오기]를 클릭하여 예제 파일('escape19.aia')을 불러온 후 오른쪽 상단의 [블록]을 클릭하여 코딩창으로 이동합니다.

 Tip

기존에 저장해 놓은 파일을 불러와 작업하면 되지만 만약 저장해 놓은 파일이 없다면 차시별 예제 파일을 불러와 작업하면 돼!

2 '방향 센서'를 사용하기 위해 [블록]-[Screen1]-[방향 센서]에서 [언제 방향_센서.방향 변경] 블록을 [뷰어]로 드래그 합니다.

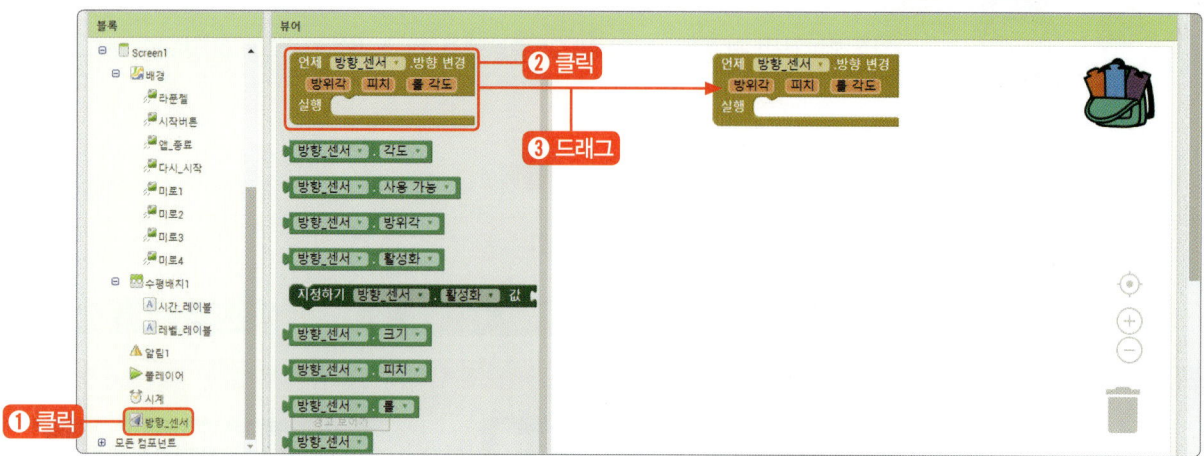

3 이어서 '라푼젤'의 움직임을 '스마트폰'의 '방향 센서'로 제어하기 위해 다음과 같이 [블록]에서 '명령 블록'을 가져와 코딩을 완성합니다.

○ 블록 위치 확인

❶ [블록]-[Screen1]-[배경]-[라푼젤]   ❷ [블록]-[Screen1]-[방향 센서]

○ 블록 이해하기

ⓐ '라푼젤'의 이동 방향을 '스마트폰'의 각도로 지정합니다.

4 '라푼젤'이 '스마트폰' 화면의 모서리에 닿았는지 확인할 수 있도록 [블록]-[Screen1]-[배경]-[라푼젤]에서 [언제 라푼젤.모서리에 닿음] 블록을 [뷰어]로 드래그 합니다.

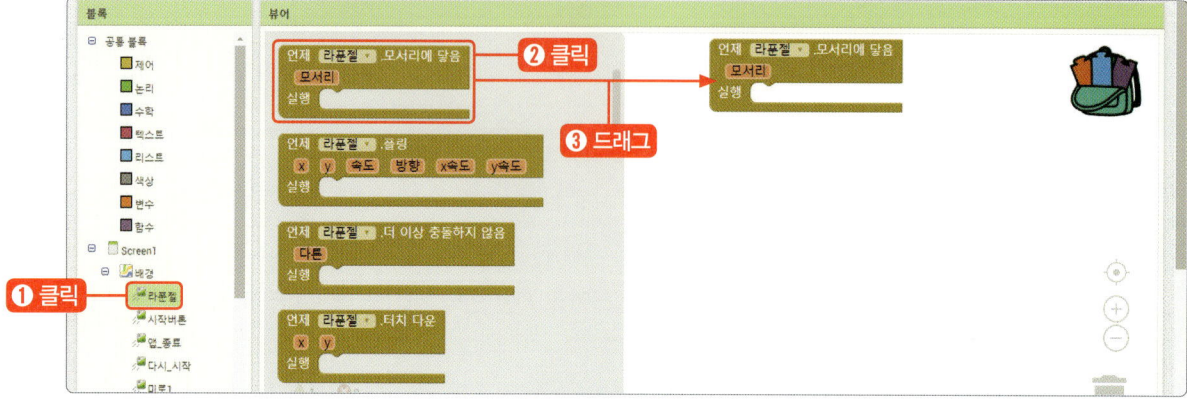

5 '라푼젤'이 '스마트폰' 화면의 모서리에 닿으면 '라푼젤'의 위치를 변경하기 위해 다음과 같이 [블록]에서 '명령 블록'을 가져와 코딩을 완성합니다.

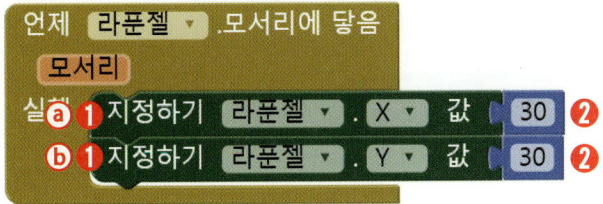

블록 위치 확인
① [블록]-[Screen1]-[배경]-[라푼젤]
② [블록]-[공통 블록]-[수학]

블록 이해하기
ⓐ '라푼젤'이 '스마트폰' 화면의 모서리에 닿으면 x좌표를 '30'으로 지정하여 처음 위치로 이동시킵니다.
ⓑ '라푼젤'이 '스마트폰' 화면의 모서리에 닿으면 y좌표를 '30'으로 지정하여 처음 위치로 이동시킵니다.

6 '미로4'에 닿으면 미션 결과를 보여주기 위해 [블록]-[Screen1]-[배경]-[미로4]에서 [언제 미로4.충돌] 블록을 [뷰어]로 드래그 합니다.

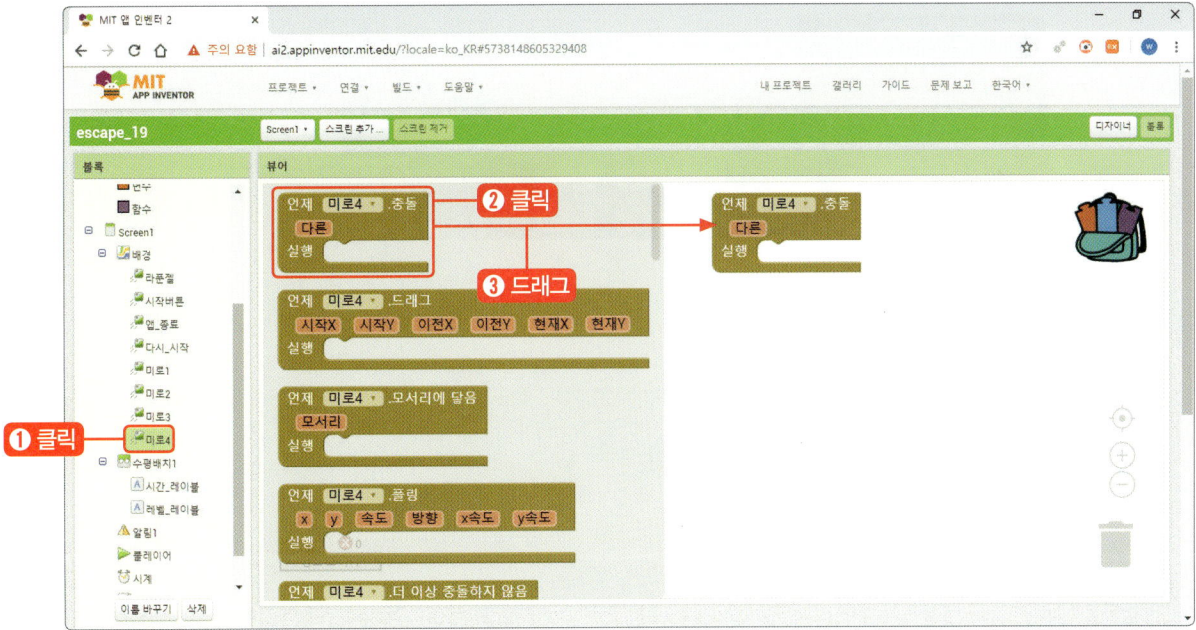

7 이어서 '미로4'와 '라푼젤'이 충돌하면 레벨 단계를 확인하기 위해 다음과 같이 [블록]에서 '명령 블록'을 가져와 코딩을 완성합니다.

🔶 블록 위치 확인

❶ [블록]-[공통 블록]-[제어]
❷ [블록]-[공통 블록]-[수학]
❸ [블록]-[공통 블록]-[변수]
❹ [블록]-[공통 블록]-[수학]

🔶 블록 이해하기

ⓐ '라푼젤'이 '미로4'에 닿으면 현재 레벨이 '2'단계를 넘지 않았는지 확인합니다.

8 이어서 '라푼젤'의 위치를 다시 설정하기 위해 다음과 같이 [블록]에서 '명령 블록'을 가져와 코딩을 완성합니다.

🔶 블록 위치 확인

❶ [블록]-[Screen1]-[배경]-[라푼젤]
❷ [블록]-[공통 블록]-[수학]

🔶 블록 이해하기

ⓐ 현재 레벨이 '2'단계가 되지 않았다면 '라푼젤'의 x좌표를 '20'으로 지정하여 '2'단계 미션 위치로 이동시킵니다.
ⓑ 현재 레벨이 '2'단계가 되지 않았다면 '라푼젤'의 y좌표를 '30'으로 지정하여 '2'단계 미션 위치로 이동시킵니다.

9 이어서 '레벨'의 변수 값을 증가시키고 앱('App') 화면에 바뀐 레벨을 나타내기 위해 [블록]에서 '명령 블록'을 가져와 코딩을 완성합니다.

블록 위치 확인

① [블록]-[공통 블록]-[변수]
② [블록]-[Screen1]-[수평배치1]-[레벨 레이블]
③ [블록]-[공통 블록]-[수학]
④ [블록]-[공통 블록]-[변수]
⑤ [블록]-[공통 블록]-[텍스트]
⑥ [블록]-[공통 블록]-[텍스트]("레벨 : " 입력)
⑦ [블록]-[공통 블록]-[변수]
⑧ [블록]-[공통 블록]-[텍스트]("단계 : " 입력)

블록 이해하기

ⓐ '라푼젤'이 '미로4'와 닿으면 미션을 해결했다는 것이므로 '레벨' 변수 값을 '1'만큼 증가시킵니다.
ⓑ 레벨 업 한 내용을 앱('App') 화면의 '레벨 레이블'에 "레벨 : 2단계"라고 표시해 줍니다.

10 이어서 바뀐 레벨 단계에 맞춰 '미로1'~'미로3'의 위치도 변경하기 위해 [블록]에서 '명령 블록'을 가져와 코딩을 완성합니다.

블록 위치 확인

① [블록]-[Screen1]-[배경]-[미로1]
② [블록]-[Screen1]-[배경]-[미로2]
③ [블록]-[Screen1]-[배경]-[미로3]
④ [블록]-[공통 블록]-[수학]

블록 이해하기

ⓐ 레벨 2단계에 맞춰 '미로1'의 y좌표 위치를 '102'로 변경합니다.
ⓑ 레벨 2단계에 맞춰 '미로2'의 y좌표 위치를 '-115'로 변경합니다.
ⓒ 레벨 2단계에 맞춰 '미로3'의 y좌표 위치를 '102'로 변경합니다.

11 사용자에게 레벨이 바뀌었다는 것을 알리기 위해 [블록]에서 '명령 블록'을 가져와 코딩을 완성합니다.

🔴 블록 위치 확인

① [블록]-[Screen1]-[알림1]
② [블록]-공통 블록]-[텍스트]("2단계 시작" 입력)

🔴 블록 이해하기

ⓐ 앱('App') 화면에 "2단계 시작" 메시지를 띄웁니다.

12 '라푼젤'이 '미로4'에 닿았을 때 레벨이 '2'단계라면 단계를 더 올리지 않고 앱('App')을 종료시킬 수 있도록 [블록]에서 '명령 블록'을 가져와 코딩을 완성합니다.

🔴 블록 위치 확인

① [블록]-[Screen1]-[배경]
② [블록]-공통 블록]-[함수]
③ [블록]-공통 블록]-[텍스트]("win-bg.png" 입력)

🔴 블록 이해하기

ⓐ 레벨이 2단계가 되면 앱('App')의 배경화면을 'win-bg.png'로 변경하여 미션 성공을 알립니다.
ⓑ 레벨이 2단계가 되면 앱('App')을 종료하기 위해 '종료' 함수를 호출합니다.

Chapter 19 척척박사의 퀴즈 타임!

01 '라푼젤의 성 탈출기'는 총 몇 단계로 이루어져 있나요?

① 1단계 ② 2단계
③ 3단계 ④ 4단계

02 다음 중 '라푼젤의 성 탈출기' 미션 단계를 5단계로 변경하고 싶다면 어떤 블록을 수정해야 할까요?

03 다음 중 '라푼젤'의 이동 방향을 '스마트폰'의 방향으로 지정해 주는 블록은 무엇일까요?

① 방향_센서.각도 ② 방향_센서.롤
③ 방향_센서.방위각 ④ 방향_센서.피치

Chapter 20 '타이머' 코딩하기

- 리스트를 활용할 수 있습니다.
- 변수를 활용할 수 있습니다.
- 알림 컴포넌트를 활용할 수 있습니다.
- 시계 컴포넌트를 활용할 수 있습니다.

▶ 예제 파일 : escape20.aia

• 코딩 난이도 : ☆☆★★★

▲ 타이머 코딩 화면

영상 파일₩17-20강_라푼젤의 성 탈출기.mp4   **영상 위치**

코딩 스토리

❶ 앱을 다시 시작할지 종료할지 결정하기 위해 종료 함수를 호출하면 이미지나 버튼을 화면에서 숨기거나 보이고 시계의 작동을 멈춥니다.
❷ 앱 종료를 터치하면 앱을 종료하고, 다시 시작을 터치하면 게임을 다시 시작할 수 있도록 초기화 함수를 호출합니다.
❸ 라푼젤이 미로에 닿으면 라푼젤을 처음 위치로 이동시키고 "미로와 충돌하여 처음 위치로 이동합니다." 메시지를 스마트폰 화면에 띄웁니다.
❹ '1'초 간격으로 스마트폰 화면에 띄워져 있는 메시지를 지우고 시간 변수를 '1'씩 증가시키고 시간 레이블에 시간을 표시합니다.
❺ 시간이 게임 시간인 '60'초를 넘기면 미션 실패 배경 이미지(lose-bg.png)로 변경하고 종료 함수를 호출합니다.

1 블록 코딩하기

척척박사님! 타이머는 어떻게 사용하는 건가요?

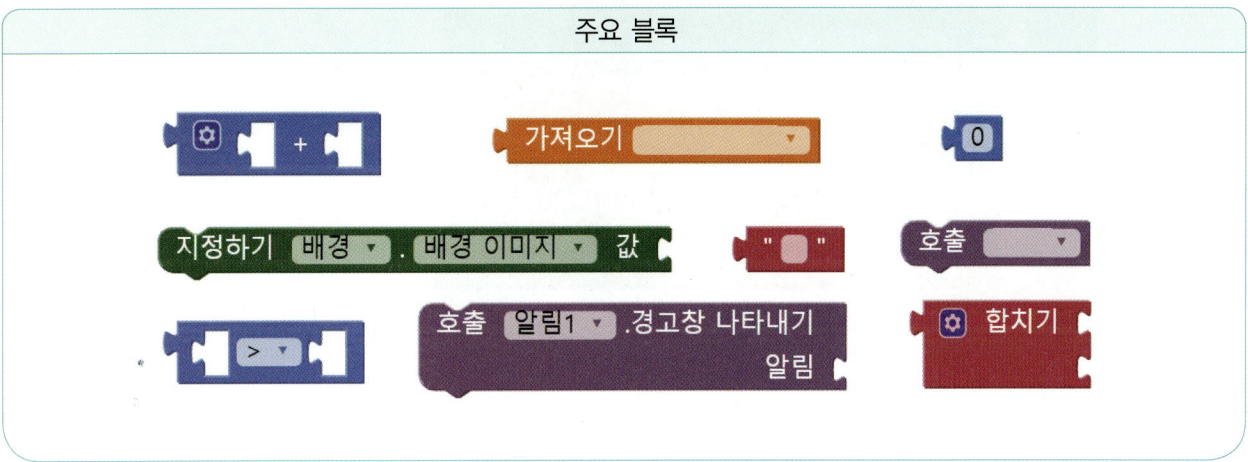

주요 블록

1 [프로젝트]-[내 컴퓨터에서 프로젝트 (.aia) 가져오기]를 클릭하여 예제 파일('escape20. aia')을 불러온 후 오른쪽 상단의 [블록]을 클릭하여 코딩창으로 이동합니다.

 Tip

기존에 저장해 놓은 파일을 불러와 작업하면 되지만 만약 저장해 놓은 파일이 없다면 차시별 예제 파일을 불러와 작업하면 돼!

2 '종료' 함수가 호출되면 종료 화면을 만들기 위해 다음과 같이 [블록]에서 '명령 블록'을 가져와 코딩을 완성합니다.

블록 이해하기

ⓐ '종료' 함수가 호출되면 '방향 센서'의 작동을 멈춥니다.
ⓑ '종료' 함수가 호출되면 작동하던 '시계'를 멈춥니다.
ⓒ '종료' 함수가 호출되면 '미로1'을 화면에서 숨깁니다.
ⓓ '종료' 함수가 호출되면 '미로2'를 화면에서 숨깁니다.
ⓔ '종료' 함수가 호출되면 '미로3'을 화면에서 숨깁니다.
ⓕ '종료' 함수가 호출되면 '미로4'를 화면에서 숨깁니다.
ⓖ '종료' 함수가 호출되면 '다시 시작'을 화면에 보입니다.
ⓗ '종료' 함수가 호출되면 '앱 종료'를 화면에 보입니다.
ⓘ '종료' 함수가 호출되면 '라푼젤'을 화면에서 숨깁니다.

3 '라푼젤'이 '미로1'에 닿았는지 확인하기 위해 [블록]-[Screen1]-[배경]-[미로1]에서 [언제 미로1▼ .충돌 다른 실행] 블록을 [뷰어]로 드래그 합니다.

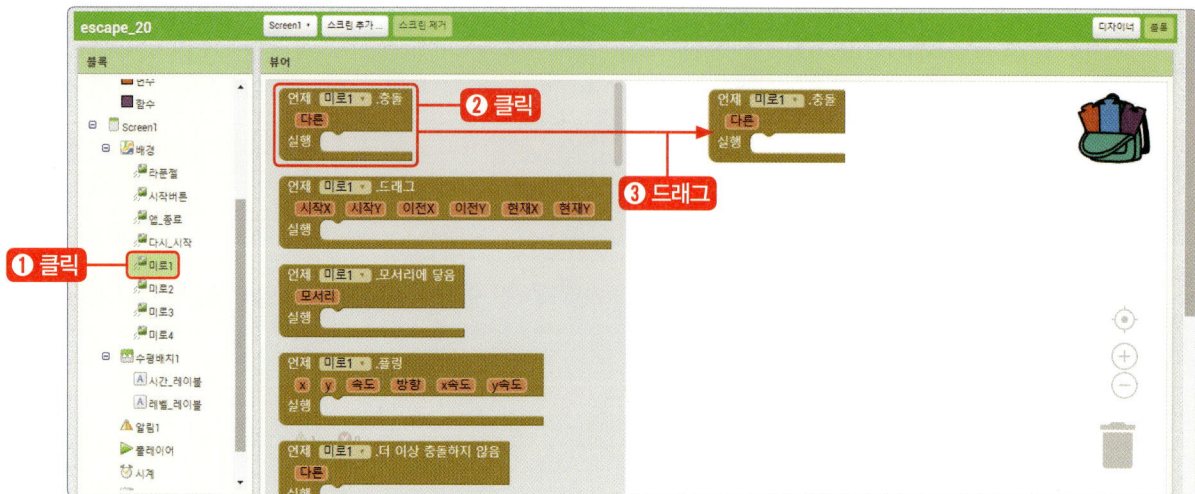

4 이어서 충돌이 일어나면 '라푼젤'의 위치를 변경하기 위해 다음과 같이 [블록]에서 '명령 블록'을 가져와 코딩을 완성합니다.

⬢ 블록 위치 확인
① [블록]-[Screen1]-[배경]-[라푼젤]
② [블록]-[공통 블록]-[함수]
③ [블록]-[공통 블록]-[수학]
④ [블록]-[공통 블록]-[텍스트]("미로와 충돌하여 처음 위치로 이동합니다." 입력)

⬢ 블록 이해하기
ⓐ '라푼젤'이 '미로1'에 닿으면 '라푼젤'의 x좌표 값을 처음 위치로 되돌립니다.
ⓑ '라푼젤'이 '미로1'에 닿으면 '라푼젤'의 y좌표 값을 처음 위치로 되돌립니다.
ⓒ 앱('App') 화면에 "미로와 충돌하여 처음 위치로 이동합니다." 메시지를 띄웁니다.

5 동일한 방법으로 '미로2'와 '미로3'도 다음과 같이 [블록]에서 '명령 블록'을 가져와 코딩을 완성합니다.

6 '1'초 간격으로 '시계'가 시간을 표시할 수 있도록 [블록]-[Screen1]-[시계]에서 [언제 시계.타이머 실행] 블록을 [뷰어]로 드래그 합니다.

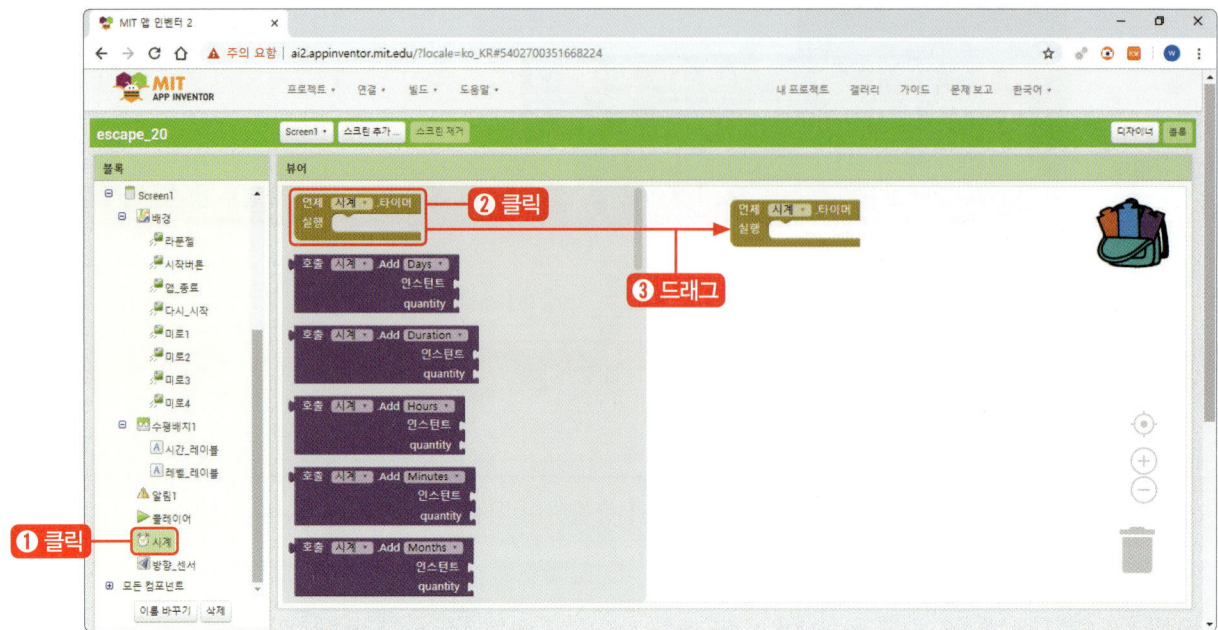

7 이어서 '1'초 간격으로 '알림'을 종료하고, '시간' 변수 값을 '1'만큼씩 증가시킬 수 있도록 다음과 같이 [블록]에서 '명령 블록'을 가져와 코딩을 완성합니다.

● 블록 위치 확인
   ❶ [블록]-[Screen1]-[알림1]
   ❷ [블록]-[공통 블록]-[변수]
   ❸ [블록]-[공통 블록]-[수학]
   ❹ [블록]-[공통 블록]-[변수]
   ❺ [블록]-[공통 블록]-[수학]

● 블록 이해하기
   ⓐ '1'초 간격으로 '알림1'의 대화를 종료합니다.
   ⓑ '1'초 간격으로 '시간' 변수 값을 '1'만큼씩 증가시켜 시간을 계산합니다.

8 증가된 시간을 앱('App') 화면에 표시하기 위해 다음과 같이 [블록]에서 '명령 블록'을 가져와 코딩을 완성합니다.

블록 위치 확인
① [블록]-[Screen1]-[수평배치1]-[시간 레이블]
② [블록]-[공통 블록]-[텍스트]
③ [블록]-[공통 블록]-[텍스트]("시간 : " 입력)
④ [블록]-[공통 블록]-[변수]

블록 이해하기
ⓐ 앱('App') 화면의 '시간 레이블'에 시간 변수 값을 표시합니다.

9 이어서 '시간' 변수 값이 '60'을 넘었는지 확인하기 위해 다음과 같이 [블록]에서 '명령 블록'을 가져와 코딩을 완성합니다.

블록 위치 확인
① [블록]-[공통 블록]-[제어]
② [블록]-[공통 블록]-[수학]
③ [블록]-[공통 블록]-[변수]
④ [블록]-[공통 블록]-[수학]

블록 이해하기
ⓐ '시간'이 게임의 진행 시간인 '60'초를 넘겼는지 확인합니다.

Chapter 20. '타이머' 코딩하기 _ 213

10 앱('App')의 '배경' 이미지를 변경하고 '종료' 함수를 호출할 수 있도록 다음과 같이 [블록]에서 '명령 블록'을 가져와 코딩을 완성합니다.

● **블록 위치 확인**

❶ [블록]-[Screen1]-[배경]

❷ [블록]-공통 블록]-[함수]

❸ [블록]-[공통 블록]-[텍스트]("lose-bg.png" 입력)

● **블록 이해하기**

ⓐ '60'초가 지나 게임이 종료되면 배경 이미지('lose-bg.png')를 변경하여 '미션 실패'를 나타내고 '종료' 함수를 호출합니다.

11 앱('App')이 종료될 수 있도록 [블록]-[Screen1]-[배경]-[앱 종료]에서 [언제 앱_종료.터치 실행 x y] 블록을 [뷰어]로 드래그 한 후 [블록]-[공통 블록]-[제어]에서 [앱 종료] 블록을 가져와 끼워 넣습니다.

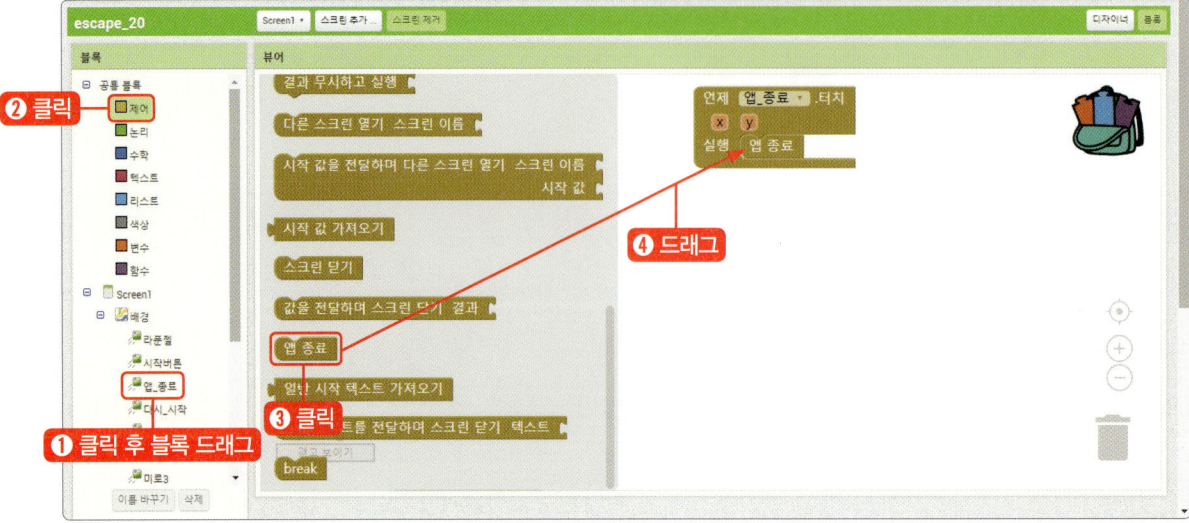

214 _ Part 06. 요리조리 미로 탈출하기

12 '다시 시작' 버튼을 누르면 앱('App')이 재시작될 수 있도록 [블록]-[Screen1]-[배경]-[다시 시작]에서 [언제 다시시작.터치] 블록을 [뷰어]로 드래그 한 후 [블록]-[공통 블록]-[함수]에서 [호출 초기화] 블록을 가져와 끼워 넣습니다.

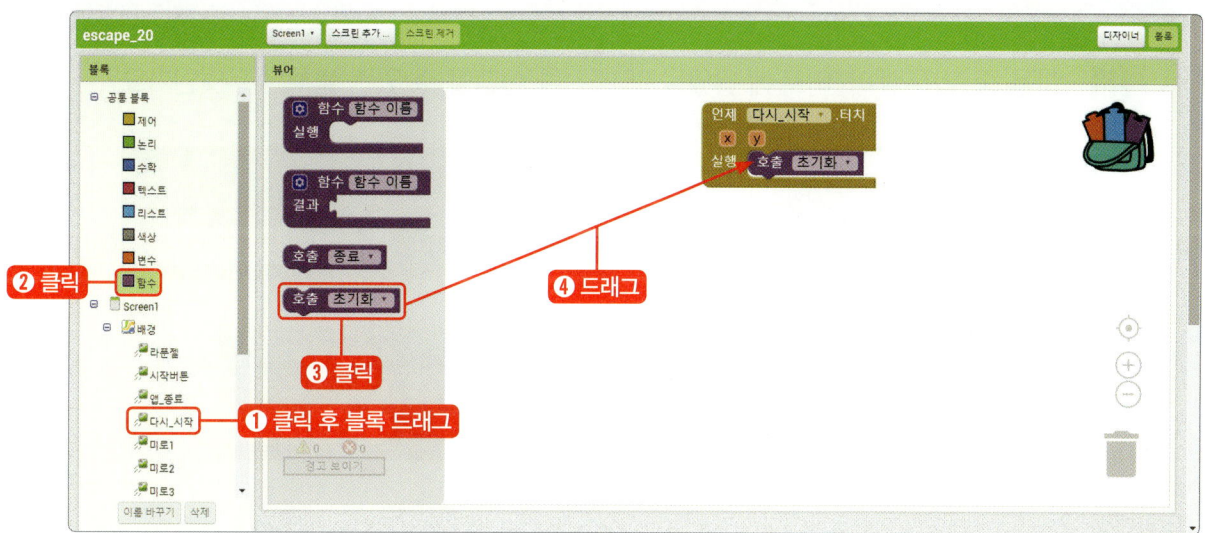

Chapter 20 척척박사의 퀴즈 타임!

01 다음 중 '라푼젤'이 '미로'에 닿았을 때 조건을 실행할 수 있는 블록은 무엇인가요?

① 언제 미로1.충돌 다른 실행

② 언제 미로1.모서리에 닿음 모서리 실행

③ 언제 미로1.터치 업 x y 실행

④ 언제 미로1.터치 x y 실행

02 다음 중 앱('App') 화면에 메시지를 띄우는데 사용하는 블록은 무엇일까요?

① 호출 알림1.경고창 나타내기 알림

② 호출 알림1.경고 로그 메시지

③ 호출 알림1.정보 로그 메시지

④ 호출 알림1.오류 로그 메시지

03 다음 중 방향 센서를 멈추기 위해 사용할 수 있는 블록은 무엇인가요?

① 거짓

② 참

Part 07

[근접 센서]

쓱싹쓱싹 창문 닦기

◆ 근접 센서는 물체가 센서 가까이 다가왔는지 확인하는 센서로 전화를 받을 때 스마트폰 화면이 어두워져 다른 버튼이 눌리지 않게 해주는 센서입니다. 스마트폰의 근접 센서는 적외선을 발사하여 돌아오는 값으로 물체가 접근했는지 판단합니다.

Chapter 21
화면 디자인하기

Chapter 22
'초기화' 코딩하기

Chapter 23
'근접 센서' 코딩하기

Chapter 24
'타이머' 코딩하기

Chapter 21

화면 디자인하기

● 컴포넌트를 이용하여 앱('App')을 디자인할 수 있습니다.
● 컴포넌트의 속성을 변경할 수 있습니다.

▶ 예제 파일 : window.aia

• 게임 난이도 : ☆☆☆★★   • 진행 시간 : 1분   • 디자인 난이도 : ☆☆☆★★

▲ 창문 닦기 디자인 완성 화면

영상 파일₩21-24강_창문 닦기.mp4   **영상 위치**

컴포넌트 스토리

① 캔버스 1개, 이미지 스프라이트 3개
② 수평배치 1개, 레이블 2개
③ 알림 1개, 플레이어 1개, 시계 1개, 근접 센서 1개

1 스크린 디자인하기

척척박사님! '창문 닦기' 앱('App') 디자인하는 방법을 빨리 알려주세요!

1 '크롬()'에서 '앱 인벤터2'를 검색한 후 'MIT App Inventor2'에 접속합니다. 상단 메뉴의 [프로젝트]-[내 컴퓨터에서 프로젝트 (.aia) 가져오기]를 클릭하여 예제 파일('window. aia')을 불러옵니다.

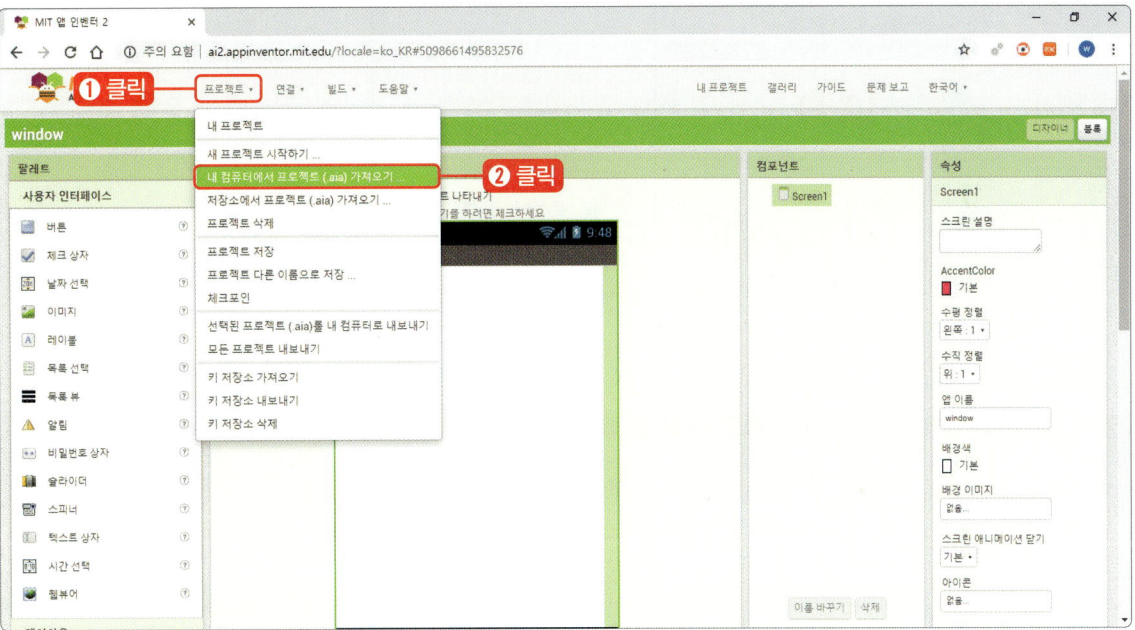

2 앱('App') 게임 화면을 만들기 위해 [팔레트]의 [그리기 & 애니메이션] 그룹에서 '캔버스' 컴포넌트를 [뷰어]로 드래그 합니다.

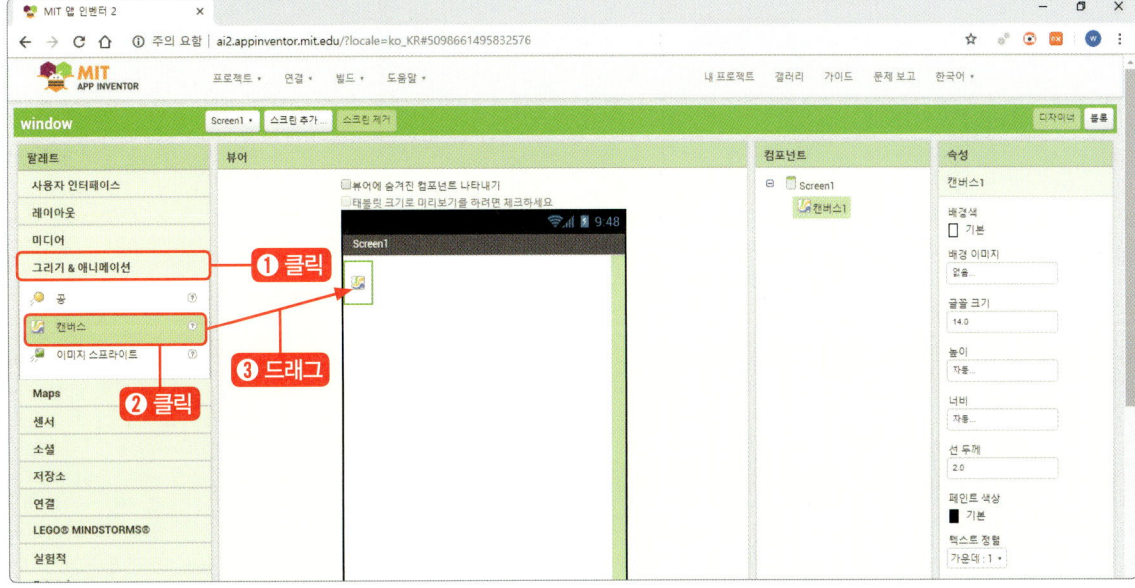

3 앱('App')에 필요한 '개체'를 화면에 표현하기 위해 [팔레트]의 [그리기 & 애니메이션] 그룹에서 '이미지 스프라이트' 컴포넌트를 [뷰어]에 있는 '캔버스' 안쪽으로 '3'개 드래그 합니다.

4 앱('App')에서 필요한 여러 '진행 상황'을 같은 줄에 표현하기 위해 [팔레트]의 [레이아웃] 그룹에서 '수평배치' 컴포넌트를 [뷰어]의 '캔버스' 아래쪽으로 드래그 합니다.

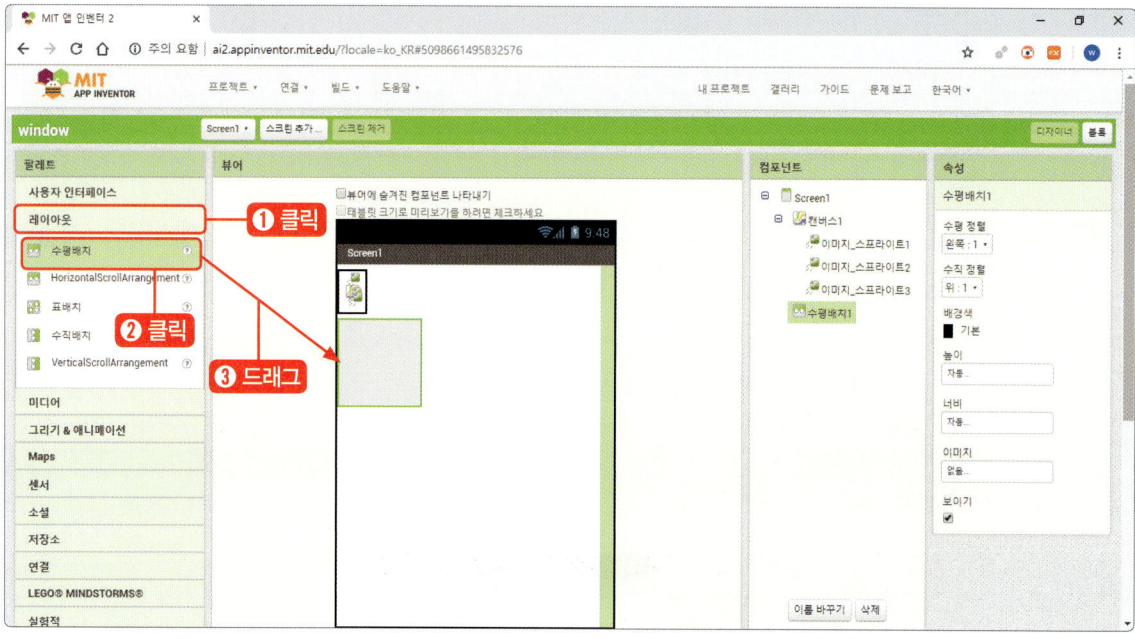

5 이어서 진행 상황을 나타내기 위해 [팔레트]의 [사용자 인터페이스] 그룹에서 '레이블' 컴포넌트를 [뷰어]에 있는 '수평배치1' 안쪽으로 2개 드래그 합니다.

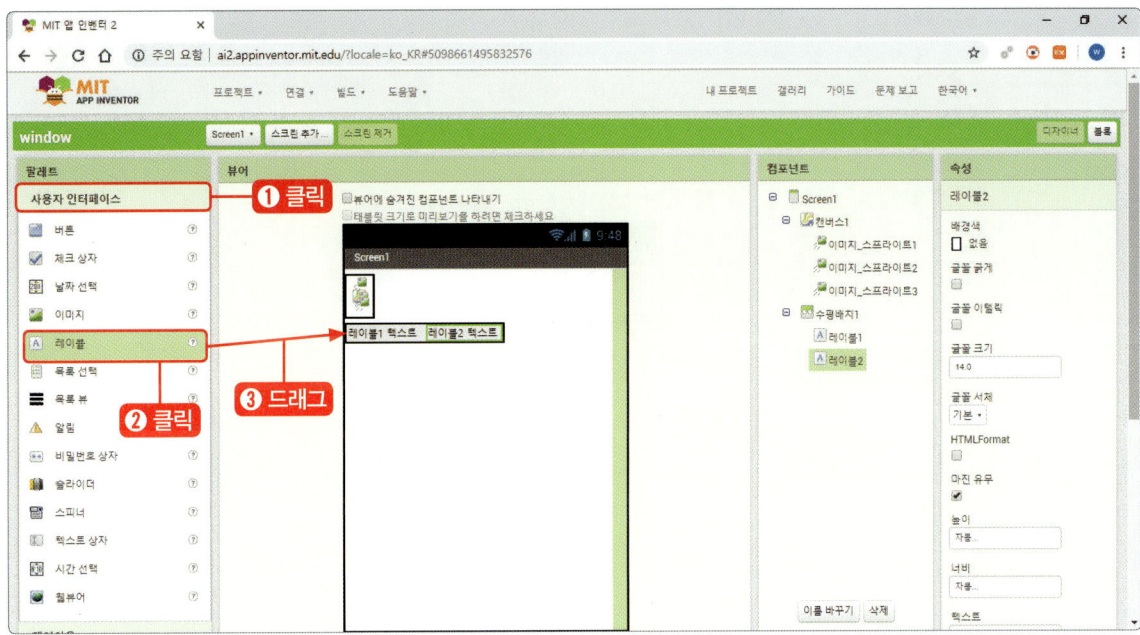

6 앱('App')에서 메시지를 띄우기 위해 [팔레트]의 [사용자 인터페이스] 그룹에서 '알림' 컴포넌트를 [뷰어]로 드래그 합니다.

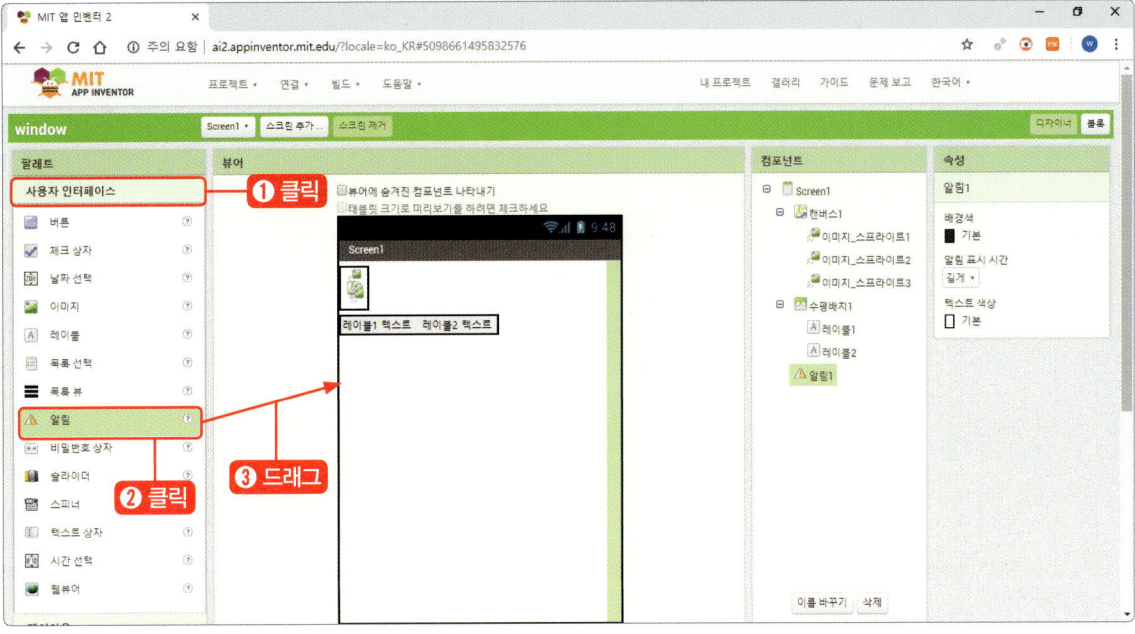

7 앱('App')이 실행되면 음악을 사용하기 위해 [팔레트]의 [미디어] 그룹에서 '플레이어' 컴포넌트를 [뷰어]로 드래그 합니다.

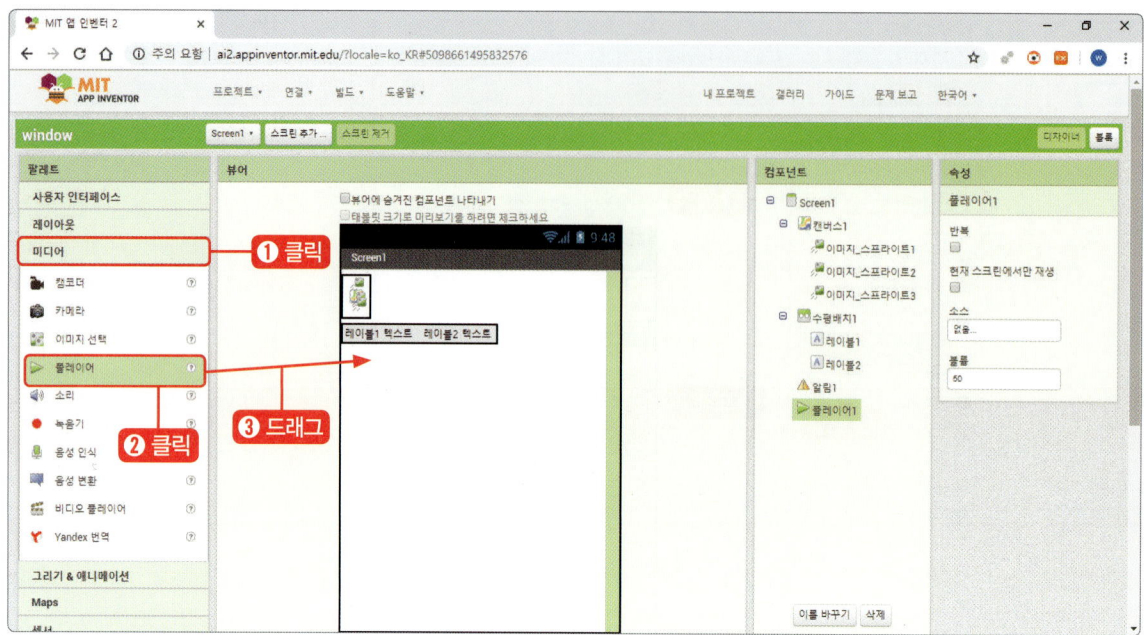

8 스마트폰의 시간과 근접 센서 값을 알 수 있도록 [팔레트]의 [센서] 그룹에서 '시계'와 '근접 센서' 컴포넌트를 [뷰어]로 드래그 합니다.

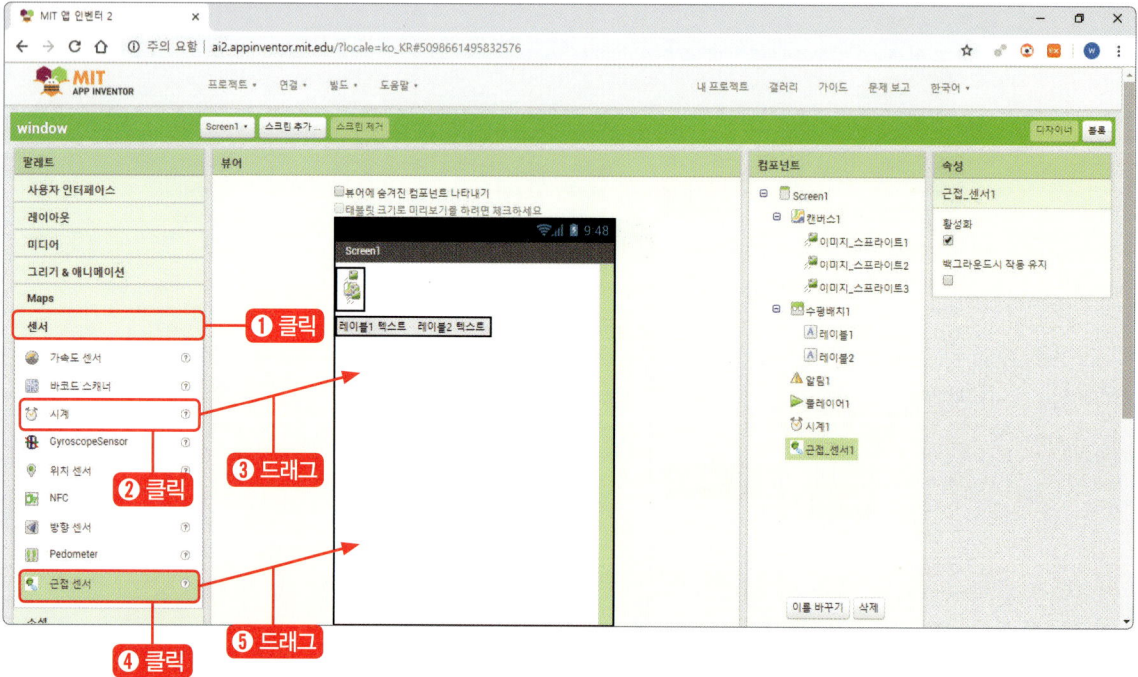

2 컴포넌트 속성 변경하기

 '뷰어'로 옮긴 '컴포넌트'의 '속성'을 변경하여 디자인을 마무리해 볼까?

1️⃣ 앱('App')의 기본 정보를 설정하기 위해 [컴포넌트] 창에서 'Screen1'을 선택한 후 속성을 다음과 같이 변경해 봅니다.

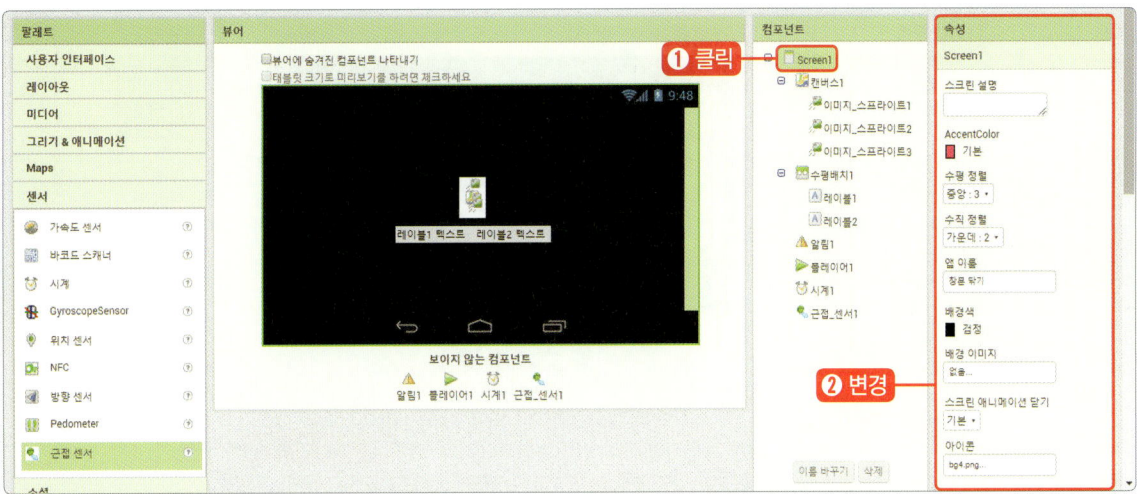

● Screen1

속성	❶ 수평 정렬	❷ 수직 정렬	❸ 앱 이름	❹ 배경색
변경	중앙 : 3	가운데 : 2	창문 닦기	검정
속성	❺ 아이콘	❻ 스크린 방향	❼ 크기	❽ 제목 보이기
변경	bg4.png	가로	고정형	비활성화

2️⃣ 앱('App')의 초기 화면을 디자인하기 위해 [컴포넌트] 창에서 '캔버스1'을 선택한 후 속성을 다음과 같이 변경해 봅니다.

캔버스1

속성	❶ 이름	❷ 배경 이미지	❸ 높이	❹ 너비
변경	배경	start-bg.png	부모에 맞추기	부모에 맞추기

3 앱('App')을 실행하면 화면에 '개체'가 나타날 수 있도록 [컴포넌트] 창에서 '이미지 스프라이트'를 선택한 후 속성을 다음과 같이 각각 변경해 봅니다.

이미지 스프라이트1~3

속성	❶ 이름	❷ 높이	❸ 너비	❹ 사진	❺ 보이기	❻ x	❼ y
변경	시작버튼	70	150	start_button.png	활성화	400	200
	앱 종료	70	150	close_button.png	비활성화	100	200
	다시 시작	70	150	restart_button.png	비활성화	400	200

4 'Screen1'의 배경색에 맞춰 '수평배치1'의 속성을 변경하기 위해 [컴포넌트] 창에서 '수평배치1'을 선택한 후 속성을 변경해 봅니다.

수평배치1

속성	❶ 배경색
변경	검정

5 '시간'과 '창문 닦은 횟수'를 앱('App') 화면에 표현하기 위해 [컴포넌트] 창에서 '레이블'을 선택한 후 속성을 다음과 같이 각각 변경해 봅니다.

레이블1~2

속성	❶ 이름	❷ 텍스트	❸ 텍스트 색상
변경	시간 레이블	시간 : 0	흰색
	창문 레이블	창문 닦은 횟수 : 0	흰색

6 앱('App') 화면에 나타나는 알림 표시 시간을 설정하기 위해 [컴포넌트] 창에서 '알림1'을 선택한 후 속성을 다음과 같이 변경해 봅니다.

알림1

속성	❶ 이름	❷ 알림 표시 시간
변경	알림	짧게

7 '플레이어'를 작동시키기 위해 [컴포넌트] 창에서 '플레이어1'을 선택한 후 속성을 변경해 봅니다.

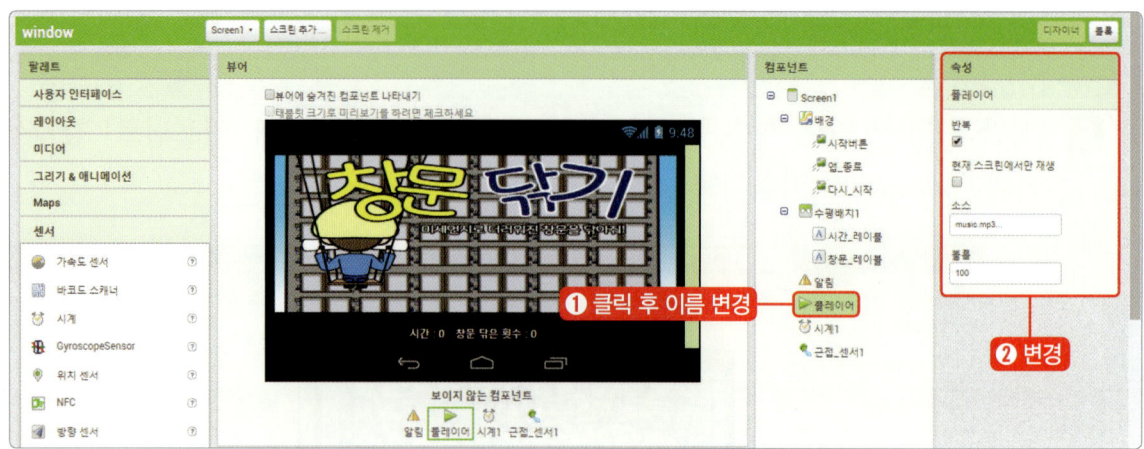

플레이어1

속성	❶ 이름	❷ 반복	❸ 소스	❹ 볼륨
변경	플레이어	활성화	music.mp3	100

8 '시계'는 작동시키고, '근접 센서'는 작동을 멈추기 위해 [컴포넌트] 창에서 '시계1'과 '근접 센서1'을 선택한 후 속성을 각각 변경해 봅니다.

시계1

속성	❶ 이름	❷ 타이머 활성 여부	❸ 타이머 간격
변경	시계	비활성화	1000

근접 센서1

속성	❶ 이름	❷ 활성화
변경	근접 센서	비활성화

Chapter 21 척척박사의 퀴즈 타임!

01 다음 중 '시간'과 '창문 닦은 횟수'를 같은 줄에 나열하기 위해 사용한 컴포넌트는 무엇일까요?

① 레이블　　　　　　　　　② 수평배치
③ 플레이어　　　　　　　　④ 시계

02 다음 중 플레이어의 음량을 조절할 때 사용하는 속성은 무엇일까요?

① 반복　　　　　　　　　　② 소스
③ 볼륨　　　　　　　　　　④ 현재 스크린에서 실행

03 다음 중 근접 센서는 [팔레트]의 어느 그룹에 있을까요?

① 사용자 인터페이스　　　　② Maps
③ 미디어　　　　　　　　　④ 센서

04 다음 중 근접 센서가 작동하거나 작동하지 않게 할 수 있는 속성은 무엇일까요?

① 백그라운드시 작동 유지　　② 활성화
③ 크기　　　　　　　　　　④ 볼륨

05 다음 중 이미지 스프라이트를 숨길 수 있는 속성은 무엇일까요?

① 보이기　　　　　　　　　② 활성화
③ 속도　　　　　　　　　　④ 크기

Chapter 22 '초기화' 코딩하기

- 변수를 생성할 수 있습니다.
- 함수를 사용할 수 있습니다.
- 근접 센서를 이해할 수 있습니다.

▶ 예제 파일 : window22.aia

• 코딩 난이도 : ☆☆☆★★

▲ 초기화 코딩 화면

코딩 스토리

영상 파일₩21-24_창문 닦기.mp4 **영상 위치**

❶ 변수를 초기화합니다(이미지 : 화면에 닦는 모습을 표현하는데 사용/시간 : 시간을 표시하는데 사용/닦기 : 창문 닦은 횟수를 표시하는데 사용).

❷ 게임을 실행하면 앱을 초기화하기 위해 이미지나 버튼을 화면에서 숨기거나 보이고 배경을 상황에 맞는 이미지로 변경합니다. 게임 진행 전이기 때문에 시계와 근접 센서의 작동을 멈춥니다. 이어서 변수를 모두 초기화하고, 시간과 창문 닦은 횟수를 초기화하여 시간과 창문 레이블에 표시하고 음악을 재생시킵니다.

❸ 시작버튼을 누르면 게임 진행을 위해 이미지나 버튼을 화면에서 숨기거나 보이고, 배경을 상황에 맞는 이미지로 변경합니다. 스마트폰의 근접 센서를 작동시키고 게임 진행 시간을 확인하기 위해 시계를 작동시킵니다.

 **앱 정보 확인하기**

 척척박사님! 오늘 만들 앱에 대한 정보를 알려주세요.

1. 앱 이름 : 창문 닦기
2. 게임 시간 : 1분
3. 플레이 : 1인용
4. 게임 방법

　❶ '시작' 버튼을 누르면 게임을 시작합니다.

　❷ 스마트폰 상단 '근접 센서' 부분에서 창문을 닦듯이 공중에서 손바닥을 흔듭니다.

　❸ 창문 닦는 모션을 취하면 '스마트폰' 화면에 '청소부'가 나타나 창문을 닦기 시작합니다.

　❹ 창문을 하나씩 닦을 때마다 '창문 닦은 횟수'가 올라갑니다.

　❺ '1'분 동안 창문을 '20'개 닦으면 미션에 성공합니다.

　❻ 게임을 다시 시작하려면 '다시 시작' 버튼을 누르고 끝내려면 '나가기' 버튼을 누릅니다.

근접 센서란?
'스마트폰'의 상단 스피커 쪽에 존재하는 센서로, 사물이 가까이 있는지 확인합니다. '근접 센서'는 전화를 받을 때 '스마트폰'에 얼굴이 가까워지면 '스마트폰' 화면이 어두워지도록 합니다.

2 블록 코딩하기

척척박사님! 블록 코딩은 어떻게 하는 건가요? 빨리 앱을 만들고 싶어요!

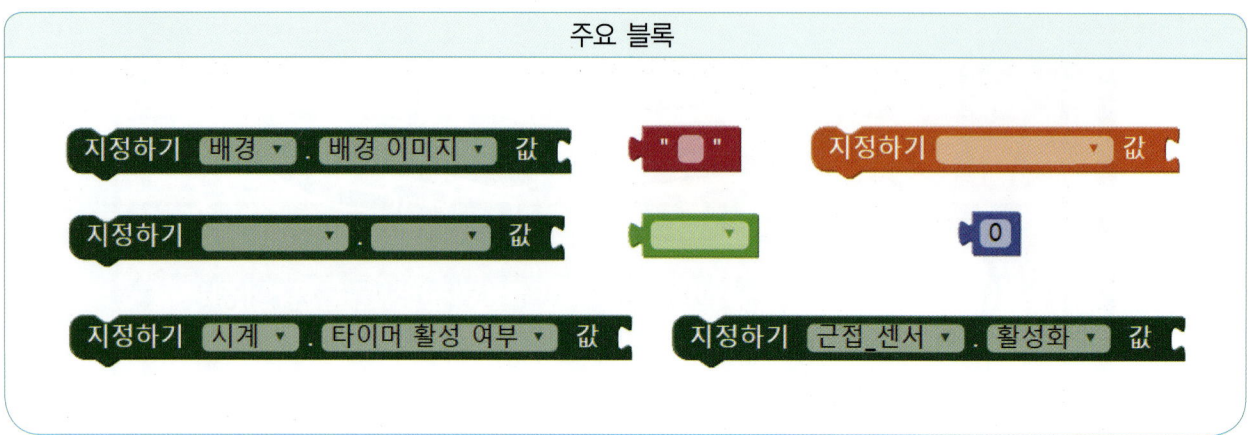

주요 블록

1️⃣ [프로젝트]-[내 컴퓨터에서 프로젝트 (.aia) 가져오기]를 클릭하여 예제 파일('window22. aia')을 불러온 후 오른쪽 상단의 [블록]을 클릭하여 코딩창으로 이동합니다. 그 후 다음과 같이 [블록]에서 '명령 블록'을 가져와 코딩을 완성합니다.

ⓐ ❶ 전역변수 초기화 시간 값 0 ❷
ⓑ ❶ 전역변수 초기화 이미지 값 1 ❷
ⓒ ❶ 전역변수 초기화 닦기 값 0 ❷

🔴 **블록 위치 확인**
  ❶ [블록]-[공통 블록]-[변수]
  ❷ [블록]-[공통 블록]-[수학]

🔴 **블록 이해하기**
  ⓐ '시간'을 기록할 수 있는 변수를 생성합니다.
  ⓑ 창문을 닦는 모습을 표현할 '이미지' 변수를 생성합니다.
  ⓒ 창문을 닦으면 몇 개를 닦았는지 기록하는 '닦기' 변수를 생성합니다.

2 앱('App')을 실행하면 게임을 초기화하기 위해 다음과 같이 [블록]에서 '명령 블록'을 가져와 코딩을 완성합니다.

- **블록 위치 확인**
  ❶ [블록]-[공통 블록]-[제어]   ❷ [블록]-[공통 블록]-[함수]

- **블록 이해하기**
  ⓐ 앱('App')이 실행되면 '초기화' 함수를 호출합니다.

3 이어서 초기화할 수 있도록 [함수 초기화 실행] 블록 안쪽에 다음과 같이 [블록]에서 '명령 블록'을 가져와 코딩을 완성합니다.

```
함수 초기화
실행 ⓐ 지정하기 배경 . 배경 이미지 값 " start-bg.png "
     ⓑ 지정하기 시작버튼 . 보이기 값 참
     ⓒ 지정하기 다시_시작 . 보이기 값 거짓
     ⓓ 지정하기 앱_종료 . 보이기 값 거짓
     ⓔ 지정하기 시간_레이블 . 텍스트 값 " 시간 : 0 "
     ⓕ 지정하기 창문_레이블 . 텍스트 값 " 창문 닦은 횟수 : 0 "
     ⓖ 호출 플레이어 . 시작
     ⓗ 지정하기 시계 . 타이머 활성 여부 값 거짓
     ⓘ 지정하기 근접_센서 . 활성화 값 거짓
     ⓙ 지정하기 global 시간 값 0
     ⓚ 지정하기 global 닦기 값 0
```

- **블록 이해하기**
  ⓐ '초기화' 함수가 호출되면 배경 이미지('start-bg.png')를 변경합니다.
  ⓑ '초기화' 함수가 호출되면 '시작버튼'을 화면에 보입니다.
  ⓒ '초기화' 함수가 호출되면 '다시 시작'을 화면에서 숨깁니다.
  ⓓ '초기화' 함수가 호출되면 '앱 종료'를 화면에서 숨깁니다.
  ⓔ '초기화' 함수가 호출되면 '시간 레이블'에 초기화된 시간("시간 : 0")을 보입니다.
  ⓕ '초기화' 함수가 호출되면 '창문 레이블'에 초기화된 창문 닦은 횟수("창문 닦은 횟수 : 0")를 보입니다.
  ⓖ '초기화' 함수가 호출되면 음악을 재생시킵니다.
  ⓗ '초기화' 함수가 호출되면 작동하던 '시계'를 멈춥니다.
  ⓘ '초기화' 함수가 호출되면 '근접 센서'의 작동을 멈춥니다.
  ⓙ '초기화' 함수가 호출되면 '시간' 변수 값을 '0'으로 초기화합니다.
  ⓚ '초기화' 함수가 호출되면 '닦기' 변수 값을 '0'으로 초기화합니다.

4 게임을 시작하기 위해 '시작버튼'을 터치했는지 확인할 수 있도록 [블록]-[Screen1]-[배경]-[시작버튼]에서 [언제 시작버튼.터치] 블록을 [뷰어]로 드래그 한 후 이어서 블록 안쪽에 다음과 같이 [블록]에서 '명령 블록'을 가져와 코딩을 완성합니다.

🔴 블록 이해하기

ⓐ '시작버튼'을 눌러 게임이 시작되면 배경 이미지('bg1.png')를 변경합니다.
ⓑ '시작버튼'을 눌러 게임이 시작되면 '시작버튼'을 화면에서 숨깁니다.
ⓒ '시작버튼'을 눌러 게임이 시작되면 멈춰 있는 '시계'를 작동시킵니다.
ⓓ '시작버튼'을 눌러 게임이 시작되면 '근접 센서'를 작동시킵니다.

Chapter 22 척척박사의 퀴즈 타임!

01 다음 중 '스마트폰'에 사물이 가까워졌는지 알 수 있는 컴포넌트는 무엇일까요?

① 방향 센서 ② 터치 센서

③ 위치 센서 ④ 근접 센서

02 다음 중 '근접 센서'와 '시계'를 작동시키는 블록은 무엇일까요?

① 지정하기 시계▼ . 타이머 활성 여부▼ 값 참▼
   지정하기 근접_센서▼ . 활성화▼ 값 참▼

② 지정하기 시계▼ . 타이머 활성 여부▼ 값 거짓▼
   지정하기 근접_센서▼ . 활성화▼ 값 참▼

③ 지정하기 시계▼ . 타이머 활성 여부▼ 값 거짓▼
   지정하기 근접_센서▼ . 활성화▼ 값 거짓▼

④ 지정하기 시계▼ . 타이머 활성 여부▼ 값 참▼
   지정하기 근접_센서▼ . 활성화▼ 값 거짓▼

03 다음 중 '초기화' 함수를 만드는 방법으로 옳은 것은 무엇일까요?

① [블록]-[공통 블록]-[함수]-[함수 함수_이름 실행] 블록을 [뷰어]로 드래그 하여 함수명 ("초기화")을 입력합니다.

② [블록]-[공통 블록]-[함수]-[함수 함수_이름2 결과] 블록을 [뷰어]로 드래그 하여 함수명 ("초기화")을 입력합니다.

Chapter 23 '근접 센서' 코딩하기

- 알림 컴포넌트를 활용할 수 있습니다.
- 미션 성공 조건을 지정할 수 있습니다.
- 근접 센서를 활용할 수 있습니다.

▶ 예제 파일 : window23.aia

• 코딩 난이도 : ★★★★★

▲ 근접 센서 코딩 화면

영상 파일₩21-24_창문 닦기.mp4

영상 위치

코딩 스토리

❶ 근접 센서에 물체가 가까워지면(거리 값이 0) 스마트폰 화면에 띄워진 메시지를 지우고 이미지 변수 값을 증가시켜 창문 닦는 모습으로 이미지를 한 장씩 변경합니다.

❷ 이미지가 창문 하나를 모두 닦은 이미지인 '5'번째와 같다면 이미지를 '0'으로 다시 초기화하여 처음 창문을 닦는 이미지로 변경하고 창문 닦은 횟수를 '1' 증가시켜 스마트폰 화면의 '창문 레이블'에 닦은 횟수를 표시합니다.

❸ 다음 창문을 닦는다는 것을 알리기 위해 '다음 창문 닦기' 메시지를 스마트폰 화면에 띄우고 창문을 총 '20'개 닦으면 화면에 "창문을 다 닦았습니다." 메시지를 띄우고 배경('win-bg.png')을 변경한 후 앱을 종료할지 확인하는 종료 함수를 호출합니다.

1 블록 코딩하기

 척척박사님! '근접 센서'로 창문 닦기 앱('App') 코딩을 어떻게 하나요?

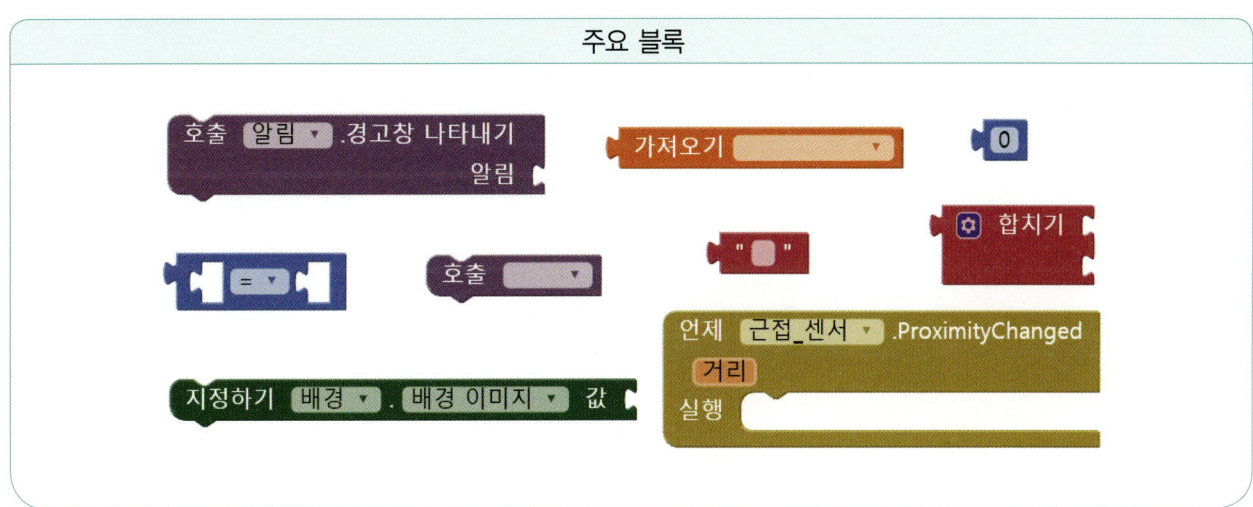

1 [프로젝트]-[내 컴퓨터에서 프로젝트 (.aia) 가져오기]를 클릭하여 예제 파일('window23.aia')을 불러온 후 오른쪽 상단의 [블록]을 클릭하여 코딩창으로 이동합니다. 그 후 '근접 센서'의 거리가 가까우면 배경 이미지를 변경할 수 있도록 다음과 같이 [블록]에서 '명령 블록'을 가져와 코딩을 완성합니다.

⬢ 블록 위치 확인

❶ [블록]-[Screen1]-[근접 센서]
❷ [블록]-[공통 블록]-[수학]
❸ [블록]-[Screen1]-[알림]
❹ [블록]-[공통 블록]-[변수]
❺ [블록]-[Screen1]-[배경]
❻ [블록]-[공통 블록]-[변수]
❼ [블록]-[공통 블록]-[수학]
❽ [블록]-[공통 블록]-[변수]
❾ [블록]-[공통 블록]-[수학]
❿ [블록]-[공통 블록]-[텍스트]
⓫ [블록]-[공통 블록]-[텍스트]("bg" 입력)
⓬ [블록]-[공통 블록]-[변수]
⓭ [블록]-[공통 블록]-[텍스트](".png" 입력)

🔷 블록 이해하기

ⓐ '근접 센서' 값이 변경되었는지 알 수 있습니다.
ⓑ '스마트폰'의 '근접 센서'에 사물이 가까이 왔는지('거리'가 '0') 확인합니다.
ⓒ '근접 센서' 값이 '0'이 되면 떠 있던 '알림'의 대화를 종료합니다.
ⓓ '근접 센서' 값이 '0'이 되면 배경 이미지를 변경할 '이미지' 변수 값을 '1'만큼씩 증가시킵니다.
ⓔ '근접 센서' 값이 '0'이 되면 '이미지' 변수 값을 이용하여 '배경' 이미지를 변경합니다.

2 이어서 '이미지' 변수 값이 '5'가 되면 '닦기' 변수 값을 증가시키기 위해 다음과 같이 [블록]에서 '명령 블록'을 가져와 코딩을 완성합니다.

🔷 블록 위치 확인

❶ [블록]-[공통 블록]-[제어]
❷ [블록]-[공통 블록]-[수학]
❸ [블록]-[공통 블록]-[변수]
❹ [블록]-[Screen1]-[수평배치1]-[창문 레이블]
❺ [블록]-[Screen1]-[알림]
❻ [블록]-[공통 블록]-[변수]
❼ [블록]-[공통 블록]-[수학]
❽ [블록]-[공통 블록]-[변수]

❾ [블록]-[공통 블록]-[수학]
❿ [블록]-[공통 블록]-[텍스트]
⓫ [블록]-[공통 블록]-[텍스트]
  ("창문 닦은 횟수 : " 입력)
⓬ [블록]-[공통 블록]-[변수]
⓭ [블록]-[공통 블록]-[텍스트]
  ("다음 창문 닦기" 입력)

🔷 블록 이해하기

ⓐ '이미지' 변수 값이 '5'와 같은지 확인합니다. 이는 창문을 하나 닦았다는 것입니다.
ⓑ '이미지' 변수 값이 '5'와 같아지면 이미지 변수 값을 '1'로 초기화합니다.
ⓒ '창문'을 하나 닦았기 때문에 '닦기' 변수가 '1'만큼 증가합니다.
ⓓ '스마트폰' 화면의 '창문 레이블'에 "창문 닦은 횟수"를 변수 값과 함께 표시합니다.
ⓔ "다음 창문 닦기" 알림을 '스마트폰' 화면에 띄웁니다.

3 이어서 '닦기' 변수 값이 '20'과 같아지면 미션 성공을 알리기 위해 다음과 같이 [블록]에서 '명령 블록'을 가져와 코딩을 완성합니다.

블록 위치 확인

❶ [블록]-[공통 블록]-[제어]
❷ [블록]-[공통 블록]-[수학]
❸ [블록]-[Screen1]-[알림]
❹ [블록]-[Screen1]-[배경]
❺ [블록]-[공통 블록]-[함수]
❻ [블록]-[공통 블록]-[변수]
❼ [블록]-[공통 블록]-[수학]
❽ [블록]-[공통 블록]-[텍스트]("창문을 다 닦았습니다." 입력)
❾ [블록]-[공통 블록]-[텍스트]("win-bg.png" 입력)

블록 이해하기

ⓐ '닦기' 변수 값으로 창문을 20개 닦았는지 확인합니다.
ⓑ 창문을 '20'개 닦았으면 "창문을 다 닦았습니다." 메시지를 '스마트폰' 화면에 띄웁니다.
ⓒ 창문을 '20'개 닦았으면 성공을 알리는 'win-bg.png'로 배경 이미지를 변경합니다.
ⓓ 창문을 '20'개 닦았으면 '종료'를 호출합니다.

Chapter 23. '근접 센서' 코딩하기 _ **237**

Chapter 23

01 다음 중 '근접 센서'에 사물이 가까이 있음을 알 수 있는 블록은 무엇일까요?

① 가져오기 거리 = 0
② 가져오기 global 이미지 = 0
③ 가져오기 global 시간 = 0
④ 가져오기 거리 > 0

02 다음 중 배경 이미지가 제대로 보이는 블록은 무엇일까요?

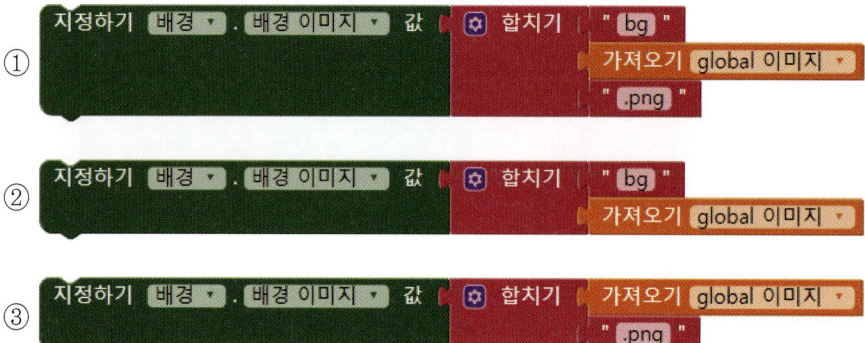

03 다음 중 '닭기' 변수 값을 '1'만큼씩 증가시키는 블록은 무엇일까요?

① 지정하기 global 닭기 값 = 가져오기 global 닭기 + 1
② 지정하기 global 닭기 값 = 가져오기 global 닭기
③ 지정하기 global 닭기 값 = 1
④ 지정하기 global 닭기 값 = 가져오기 global 닭기 - 1

Chapter 24. '타이머' 코딩하기

- 알림 컴포넌트를 활용할 수 있습니다.
- 미션 실패 조건을 지정할 수 있습니다.
- 타이머를 활용할 수 있습니다.

▶ 예제 파일 : window24.aia

• 코딩 난이도 : ☆☆★★★

▲ 타이머 코딩 화면

영상 파일₩21-24_창문 닦기.mp4 **영상 위치**

코딩 스토리

❶ 종료 함수가 호출되면 이미지나 버튼을 화면에서 숨기거나 보이고, 근접 센서와 시계의 작동을 멈춥니다.
❷ 앱 종료를 터치하면 앱을 종료시키고 다시 시작을 터치하면 초기화 함수를 호출합니다.
❸ '1'초 간격으로 시간 변수 값을 '1'씩 증가시켜 시간을 스마트폰 화면의 시간 레이블에 표시합니다. 시간이 게임 시간인 '60'초를 넘기면 "창문을 다 닦지 못했습니다." 메시지를 스마트폰 화면에 띄우고, 미션 실패 배경(lose-bg.png)으로 변경하고, 종료 함수를 호출합니다.

1 블록 코딩하기

 척척박사님! '타이머'로 실패 조건 코딩을 어떻게 하나요?

주요 블록

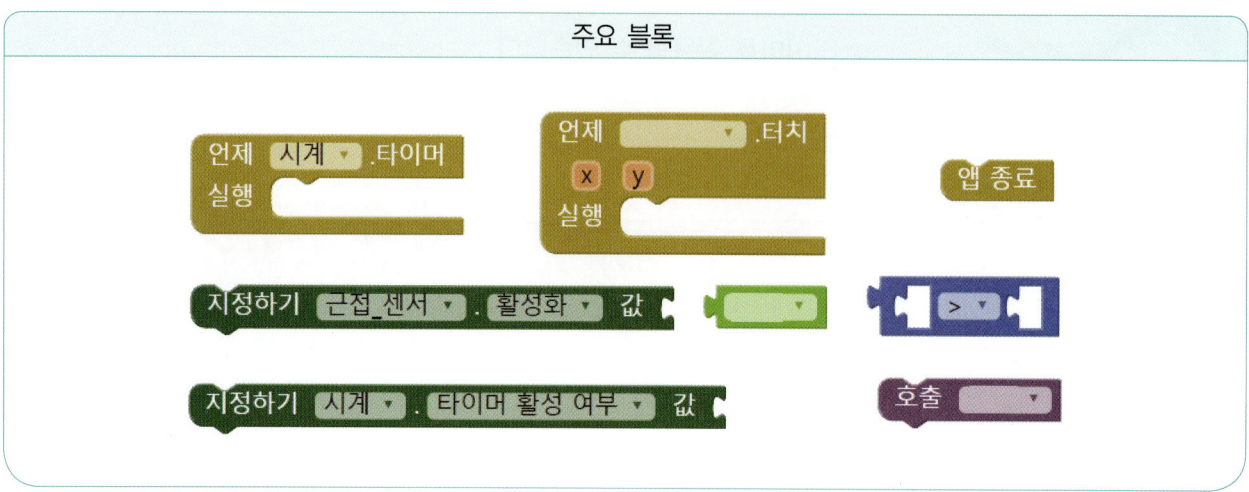

1. [프로젝트]-[내 컴퓨터에서 프로젝트 (.aia) 가져오기]를 클릭하여 예제 파일('window24.aia')을 불러온 후 '종료' 함수가 호출되면 종료 화면을 만들기 위해 다음과 같이 [블록]에서 '명령 블록'을 가져와 코딩을 완성합니다.

🔶 블록 이해하기

ⓐ '종료' 함수가 호출되면 '알림' 창의 대화를 종료합니다.
ⓑ '종료' 함수가 호출되면 작동하던 '시계'를 멈춥니다.
ⓒ '종료' 함수가 호출되면 '근접 센서'의 작동을 멈춥니다.
ⓓ '종료' 함수가 호출되면 '다시 시작'을 화면에 보입니다.
ⓔ '종료' 함수가 호출되면 '앱 종료'를 화면에 보입니다.

2. '1'초 간격으로 '시간' 변수 값을 증가시키고, '시간' 변수 값이 '60'을 넘겼는지 확인하기 위해 다음과 같이 [블록]에서 '명령 블록'을 가져와 코딩을 완성합니다.

🔷 블록 위치 확인

❶ [블록]-[Screen1]-[시계]
❷ [블록]-[공통 블록]-[변수]
❸ [블록]-[Screen1]-[수평배치1]-[시간 레이블]
❹ [블록]-[공통 블록]-[제어]
❺ [블록]-[공통 블록]-[수학]
❻ [블록]-[공통 블록]-[변수]
❼ [블록]-[공통 블록]-[수학]
❽ [블록]-[공통 블록]-[텍스트]
❾ [블록]-[공통 블록]-[텍스트]("시간 : " 입력)
❿ [블록]-[공통 블록]-[변수]
⓫ [블록]-[공통 블록]-[수학]
⓬ [블록]-[공통 블록]-[변수]
⓭ [블록]-[공통 블록]-[수학]
⓮ [블록]-[Screen1]-[알림]
⓯ [블록]-[공통 블록]-[텍스트]
 ("창문을 다 닦지 못했습니다." 입력)
⓰ [블록]-[Screen1]-[배경]
⓱ [블록]-[공통 블록]-[텍스트]
 ("lose-bg.png" 입력)
⓲ [블록]-[공통 블록]-[함수]

🔷 블록 이해하기

ⓐ '1'초 간격으로 '시간' 변수 값을 '1'만큼씩 증가시킵니다.
ⓑ '1'초 간격으로 '스마트폰' 화면의 '시간 레이블'에 변경된 '시간'을 표시합니다.
ⓒ '1'초 간격으로 '시간' 변수 값이 '60'초를 넘겼는지 확인합니다.
ⓓ '1'초 간격으로 '시간' 변수 값이 '60'초를 넘겼으면 "창문을 다 닦지 못했습니다." 메시지를 화면에 띄웁니다.
ⓔ '시간' 변수 값이 '60'초를 넘겼으면 실패를 알리는 'lose-bg.png'로 배경 이미지를 변경합니다.
ⓕ '시간' 변수 값이 '60'초를 넘겼으면 '종료' 함수를 호출합니다.

3 '나가기' 버튼을 누르면 앱('App')이 종료되고, '다시 시작' 버튼을 누르면 앱('App')이 재시작 될 수 있도록 다음과 같이 [블록]에서 '명령 블록'을 가져와 코딩을 완성합니다.

🔷 블록 이해하기

ⓐ '앱 종료' 버튼을 누르면 앱('App')을 종료합니다.
ⓑ '다시 시작' 버튼을 누르면 앱('App')을 초기화합니다.

Chapter 24

척척박사의 퀴즈 타임!

01 다음 중 '시간 레이블'에 시간을 "시간 : 23"의 형식으로 표현할 수 있는 블록은 무엇일까요?

① 지정하기 시간_레이블.텍스트 값 합치기 " 시간 : " 가져오기 global 시간

② 지정하기 시간_레이블.텍스트 값 합치기 가져오기 global 시간 " 시간 : "

③ 지정하기 시간_레이블.텍스트 값 가져오기 global 시간

④ 지정하기 시간_레이블.텍스트 값 " 시간 : "

02 다음 중 '시간'이 '60'초를 넘겼을 때 '종료'를 호출하는 블록은 무엇일까요?

① 만약 가져오기 global 시간 < 60 그러면 호출 종료

② 만약 가져오기 global 시간 > 60 그러면 호출 종료

③ 만약 가져오기 global 시간 = 60 그러면 호출 종료

④ 만약 가져오기 global 시간 ≠ 60 그러면 호출 종료

03 다음 중 앱이 종료되는 블록은 무엇일까요?

① 언제 앱_종료.터치 x y 실행 앱 종료

② 언제 앱_종료.터치 x y 실행 호출 앱_종료

③ 함수 앱_종료 실행 앱 종료

④ 함수 앱_종료 실행 호출 앱_종료

메모

척척박사의 퀴즈 타임!

 01   1. ②   2. ①   3. ④   4. ③   5. ②

 02   1. ①   2. ②   3. ④   4. ①

 03   1. ①   2. ④   3. ③   4. ②   5. ③

 04   1. ④   2. ③   3. ①   4. ①

 05   1. ①   2. ③   3. ②   4. ②   5. ④

 06   1. ②   2. ②   3. ①

 07   1. ①   2. ③   3. ①

 08   1. ③   2. ①   3. ①

 09   1. ①   2. ②   3. ③   4. ④   5. ②

 10   1. ①   2. ①   3. ③   4. ③

 11   1. ①   2. ②   3. ①

 12   1. ①   2. ①   3. ②   4. ①

 13   1. ③   2. ①   3. ④   4. ①   5. ②

 14   1. ①   2. ①   3. ③

 15   1. ③   2. ①   3. ①

 16   1. ③   2. ①   3. ④

 17   1. ①   2. ②   3. ②   4. ①, ②   5. ③, ④

 18   1. ①   2. ①   3. ②   4. ②

 19   1. ②   2. ①   3. ①

 20   1. ①   2. ①   3. ①

 21   1. ②   2. ③   3. ④   4. ②   5. ①

 22   1. ④   2. ①   3. ①

 23   1. ①   2. ①   3. ①

 24   1. ①   2. ②   3. ①